URSULA SUMM

Mein Trennkost Kochbuch

Weltbild

Liebe Leserinnen und Leser,

nicht weniger, sondern anders essen – das ist das Prinzip der Trennkost, das ich bereits in vielen Büchern veröffentlicht habe. Gesundes Essen muss nicht Verzicht bedeuten. Was auch Skeptiker beim Kochen mit Trennkost überzeugt, ist, dass sie leckere Gerichte genießen und mit Familie oder Freunden schlemmen können, ohne dass es die Gesundheit oder Figur übel nehmen.

Durch meine jahrelange Erfahrung mit Trennkost, das Feedback in Seminaren und die Fragen vieler Leser sehe ich heute aber einige Aspekte der Trennkost aus einem anderen Blickwinkel und habe Änderungen an der Ihnen bisher vertrauten Trennkost vorgenommen.

Was ist die neue Summ-Trennkost?
Meine Trennkost war immer eine gesunde Ernährung mit viel frischem Gemüse und Salat. Wer sich daran hielt, wurde belohnt – mit Gesundheit und einer guten Figur. Aber ich möchte, dass Sie sich rundum fit und wohl fühlen. Daher enthalten die neuen leckeren Rezepte jetzt weniger Fett. Den Rezeptteil ergänzen Seiten zu Fitness und Wellness und ein Special »Trennkost in der Praxis«.

Es finden auch einige Zutaten wieder mehr Beachtung, die ursprünglich in der Trennkost nicht erlaubt waren. Nahrungsmittel wie Essig, Pfeffer oder auch Meerrettich waren bei Dr. Hay nicht vorgesehen, da er sich auf die Heilung kranker Menschen konzentrierte. Für gesunde Abnehmwillige stellen diese Zutaten aber eine Bereicherung des Speiseplans dar.

Der Clou dieses Buches: Schon seit geraumer Zeit wünschen sich meine Leser eine andere Einteilung der Kapitel nach den beliebtesten Nahrungsmitteln. Hier finden Sie nun 9 Kapitel mit allen Ihren Lieblingszutaten. So können Sie sich vielseitig ernähren, Ihrer Kochlust frönen – und dabei auch abnehmen.

Herzlichst, Ihre

Inhaltsverzeichnis

Symbolfarben der Trennkost-Gruppen

- = **Eiweißgruppe**
- = **Kohlenhydratgruppe**
- = **Neutrale Gruppe**

Die Praxissymbole im Überblick

- = **vegetarisch**
- = **für Gäste**
- = **zum Mitnehmen**
- = **schnell**
- = **gelingt leicht**
- = **kostengünstig**

Die Rezepte

Meine eigenen Erfahrungen

Mein Weg zur Trennkost

Ich habe am eigenen Leib erfahren, was die einfache Umstellung der Ernährung auf Trennkost bewirken kann. Zunächst scheinen die Trennpläne vielleicht rigide und kompliziert, aber glauben Sie mir: Es lohnt sich, sich damit zu beschäftigen!

Als ich noch nichts über den Zusammenhang zwischen Ernährung und Gesundheit wusste, achtete ich weder auf Verträglichkeit und Bekömmlichkeit der Lebensmittel noch auf eine gesunde Zubereitungsart. Die Folge: Ich wurde nicht nur sehr dick, sondern entwickelte auch eine Reihe von Krankheiten. Zunächst brachte ich diese nicht mit meiner Ernährung in Verbindung, vielmehr glaubte ich an eine Vererbung meiner Leiden. Rückblickend weiß ich, dass dies die einfachste Erklärung für meine Beschwerden und gleichzeitig ein Abschieben der eigenen Verantwortung war.

Durch Zufall entdeckte ich die Hay'sche Trennkost. Mit dieser neuen Ernährungsform konnte ich nicht nur mein Übergewicht wieder in normale Bahnen lenken, sondern auch am eigenen Körper erleben, wie meine Krankheiten allmählich völlig ausheilten. Mich beeindruckte der geringe Aufwand, mit dem ich eine so unglaublich große Wirkung erzielen konnte. Und die Ernährungsform machte sogar einer leidenschaftlichen Köchin wie mir Spaß! Nach dieser Erfahrung wurde für mich die Trennkost zur Naturmedizin. Heute weiß ich, wie wichtig und wohltuend eine harmonische, gesunde Ernährung für meinen Körper ist.

Die Erfahrungen weitergeben

Trennkost ist eine Ernährungsform, mit der man auf Dauer leben kann. Sie können schmackhafte Gerichte in immer neuen Varianten kochen. Von »gut deutsch« bis Thai lassen sich in jeder Küche viele Gerichte finden, die in der Originalform oder leicht abgewandelt in die Trennkostregeln passen.

Was mir aber sehr am Herzen liegt: Wenn Sie die Erfolge der Trennkost spüren: Werden Sie nicht zu streng mit sich! Ich werde des Öfteren gefragt, ob ich immer hundertprozentig nach den Regeln der Trennkost esse. Natürlich nicht! Es gibt gewisse Speisen, die nicht eindeutig einzuordnen sind, die ich mir aber trotzdem nicht verbieten möchte. Jeder hat seine Schwächen, zum Glück aber auch seine Stärken. Ich liebe frisches Obst, knackige Salate, aber auch Nudelgerichte, meine selbst gemachte Pizza und gelegentlich auch Eiscreme. Finden Sie einfach eine gute Mischung aus gesunder Kost und Vergnügen. Übertreiben Sie nichts, sondern betrachten Sie die Trennkost als eine Richtschnur, die Ihnen auf Dauer mehr Lebensqualität beschert.

Die Trennkost nach Dr. Howard Hay ist keine strenge Diät, sondern eine gesunde Ernährungsform mit viel Genuss und Abwechslung. Das Besondere: Die Nahrungsmittel werden immer harmonisch und gut verträglich kombiniert.

Aus der allgemeinen Vitamin- und Mineralstofflehre ist bekannt, dass sich bestimmte Nährstoffe in ihrer Wirkung sowohl behindern als auch verstärken können. So kann der Körper auf schlechte Nahrungsmittelkombinationen mit Unverträglichkeiten reagieren, während optimal kombinierte Speisen ein wohliges Gefühl auslösen. Dafür gibt es eine biochemische Erklärung: Alles, was Sie essen, wird von unterschiedlichen Verdauungssäften gespalten, in Bausteine zerlegt und dann dem Körper zur Verfügung gestellt.

Ein Stück Fleisch zum Beispiel benötigt zur Verdauung einen ganz anderen Verdauungssaft als Kartoffeln. Fleisch, Fisch, Käse, Eier und verschiedene Früchte brauchen zur Aufspaltung saure Verdauungssäfte. Kartoffeln, Reis, Nudeln und Brot lassen sich mit basischen Verdauungssäften aufspalten.

Vor diesem Hintergrund entwarf Dr. Howard Hay die Prinzipien der Hay'schen Trennkost. Seiner Gesundheit zuliebe trennte er vorwiegend eiweißreiche Nahrungsmittel von den vorwiegend kohlenhydratreichen. Zudem teilte er sämtliche Nahrungsmittel in Basen bildende und Säure bildende ein. Gleichzeitig ernährte er sich so natürlich und vollwertig wie möglich.

Verdauung in Etappen

Der menschliche Körper grenzt in seiner unendlichen Perfektion fast an ein Wunder. Eines dieser Wunder ist der Verdauungsvorgang, der für den Organismus Schwerstarbeit bedeutet.

Die Verdauung erfolgt in mehreren Stufen, die erste beginnt schon im Mund: Zunächst werden die Speisen durch ausgiebiges Kauen zerkleinert und gleichzeitig durch den Speichel schluckfähig gemacht. Es folgt die chemische Aufspaltung mithilfe von Verdauungssäften und Enzymen. Der Speichel enthält das Verdauungsenzym Amylase, welches für die Vorverdauung der Kohlenhydrate in Getreide, Brot, Nudeln, Kartoffeln und Reis verantwortlich ist. Deshalb empfehlen Ernährungsexperten: Jeden Bissen gründlich kauen. Wenn Sie zum Beispiel längere Zeit auf einem Stück Brot kauen, nehmen Sie deutlich einen süßlichen Geschmack wahr. Bei der Vorverdauung wird die neutral schmeckende Stärke im Brot durch die Amylase in süß schmeckende Dextrine gespalten.

Auf der nächsten Etappe, im Magen, herrscht ein saures Milieu vor. Hier werden keine Verdauungsenzyme für die Kohlenhydratverdauung bereitgestellt. Mit Hilfe von Salzsäure und Pepsin werden dagegen Eiweiße, enthalten in Fleisch, Fisch, Milch, Milchprodukten, Käse und Eiern, in kleinere Bausteine, die Peptide, zerlegt. Da nach dem Verzehr von Eiweiß im Magen die Produktion von Salzsäure und Pepsin in Gang gesetzt wird, behindern diese beiden Säfte die Wirkung der Amylase aus dem Speichel, und somit ist die Vorverdauung der Kohlenhydrate blockiert. Genießen Sie dagegen eine Kohlenhydratmahlzeit, entstehen nur wenig saure Säfte im Magen, die Wirkung der Amylase bleibt erhalten, die Kohlenhydrate können besser vorverdaut werden.

Die Rolle der Bauchspeicheldrüse

Auf der nächsten Etappe übernehmen die Bauchspeicheldrüse (Pankreas) und der Dünndarm die Verdauungsarbeit. In einem Teil der Bauchspeicheldrüse werden das Dickmacherhormon Insulin und das Schlankmacherhormon Glukagon produziert. Beide werden bei Bedarf zur Regulierung des Blutzuckerspiegels ins Blut abgegeben. In einem anderen Teil werden Verdauungsenzyme wie Trypsin und Chymotrypsin (Eiweiß spaltende Enzyme), Amylase (Kohlenhydrat spaltendes Enzym) sowie Lipase (Fett spaltendes Enzym) gebildet und an den Dünndarm abgegeben. Dort werden die in Mund und Magen gespaltenen Nährstoffe vollständig zerlegt.

Damit die komplizierten und vielfältigen Verdauungsvorgänge reibungslos ablaufen können, dürfen Sie die Bauchspeicheldrüse nicht überfordern. Werden beispielsweise Nahrungsmittel dauernd ungünstig kombiniert und in viel zu großen Mengen verzehrt, macht die Bauchspeicheldrüse irgendwann schlapp. Infolgedessen verzögert sich der Verdauungsprozess und die unvollständig verdauten Nahrungsbestandteile liegen zu lange im Darm.

Von den Nährstoffschleusen zur Leber

Die Oberfläche der Dünndarmschleimhaut ist von vielen Millionen kleinster Zotten übersät. Auf dieser Etappe werden die zerlegten Nahrungsbestandteile sowie Vitamine, Mineralstoffe, Spurenelemente und Enzyme über das Blut in die Leber geschleust. Diese muss alle ankommenden Stoffe um- beziehungsweise abbauen und verwerten. Das gilt auch für angelieferte Fäulnis- und Gärungsbestandteile. Diese Stoffe werden in der Leber entgiftet, zum einen gespeichert, zum anderen ans Blut abgegeben und somit im gesamten Organismus verteilt. Jetzt schließt sich der Kreis: Ungünstig kombinierte Nahrungsmittel belasten nicht nur das Verdauungssystem, sondern auch die Leber und den gesamten Körper. Kein Wunder also, wenn dieser irgendwann rebelliert.

Säuren und Basen im Gleichgewicht

Warum verbessert sich der Gesundheitszustand durch Trennkost? Ausschlaggebend ist das Säure-Basen-Gleichgewicht, das durch die Ernährung, aber auch durch eine gesunde Lebensführung beeinflusst wird.

Neben der Regulation durch Blut, Lunge und Nieren fällt der Ernährung die bedeutendste Rolle im Säuren-Basen-Haushalt zu. Durch eine vitamin-, mineralstoff- und enzymreiche Ernährung wird der Stoffwechsel angeregt und die Blutwerte günstig beeinflusst. Die Lebensmittel, die wir täglich zu uns nehmen, sind entweder Säure- oder Basenbildner. Das hängt jeweils davon ab, ob am Ende des Verdauungsprozesses ein saures oder basisches Endprodukt entsteht. Mineralstoffe und Spurenelemente hinterlassen ein basisches Endprodukt, Eiweiß und Kohlenhydrate dagegen verstärken die Säurebildung. Durch tierisches Eiweiß wird mehr Salzsäure produziert als durch pflanzliches. So sind Obst und Gemüse die besten Basenbildner.

Ohne eine gesunde Ernährung, Harmonie im Alltag und ausreichend Bewegung läuft nichts, denn für das Säure-Basen-Gleichgewicht müssen auch Körper und Seele im Einllang sein.

Die Säuren

Für bestimmte Funktionen ist der Körper auf Säuren angewiesen. So kann ohne Salzsäure im Magen keine Verdauung stattfinden. Bei Überanstrengung rufen Säuren zur Selbstregulation ein Müdigkeitsgefühl hervor. Zudem erweitern Säuren die Blutgefäße, so dass Muskeln besser durchblutet und die entstandene Milchsäure schneller abtransportiert werden.

Dr. Howard Hay kannte die Zusammenhänge zwischen Übersäuerung und Krankheit. Er wusste, dass sich bei übermäßigem Fleischverzehr außerordentlich viele Säuren im Körper bilden. Er zählte nicht nur Fleisch zu den Säurebildnern, sondern auch Fisch, Eier, Käse sowie bestimmte kohlenhydratreiche Nahrungsmittel, zum Beispiel Zucker, polierten Reis und geschältes Getreide.

Überwiegen nach der Verdauung dieser Lebensmittel die Säuren im Körper, geht es allmählich mit dem Wohlbefinden bergab. Heimlich und ohne Vorankündigung kippt das innere Säuren-Basen-Gleichgewicht und begünstigt Krankheiten wie Gicht, Rheuma, Bandscheibenvorfall, Nierenerkrankungen, Arterienverkalkung, Herzinfarkt und Schlaganfall, auch Krebs. Erste Anzeichen einer Übersäuerung sind

Wieso zu sauer?

Die Balance kippt leicht

Der menschliche Körper ist täglich einer ständig wechselnden Menge von Säuren und Basen ausgesetzt, doch beim Gesunden überwiegt das basische Milieu.

Durch den Genuss Säure bildender Lebensmittel und durch eine disharmonische, Säure fördernde Lebensweise verschiebt sich das basische Milieu zur sauren Seite hin. Alle Säuren müssen durch basische Stoffe neutralisiert werden.

Nach Fleischgenuss steigt der Pegel von Harnsäure, Schwefel- und Salpetersäure an. Der Abbau von Süßigkeiten, Kuchen und minderwertigem Fett setzt Essigsäure frei. Kaffee sowie schwarzer Tee produzieren Salz- und Gerbsäure. Aus Wein wird Wein- und Schwefelsäure gebildet, Colagetränke hinterlassen Phosphorsäure und kohlensäurehaltiges Wasser Kohlensäure.

Bei Streitereien, Stress, Ärger oder Angst entsteht im Körper Salzsäure, und der Adrenalinspiegel steigt an. Beim Sport und bei anderen körperlichen Belastungen wird die Produktion von Milchsäure angekurbelt. Auf Vitamin- und Mineralstoffmangel sowie auf Krankheiten reagiert der Körper sauer. Die anfallenden Säuren umspülen das Bindegewebe, sämtliche Muskeln, Gelenke und Organe.

unter anderem Müdigkeit und Schlappheit sowie Muskel- und Glenkschmerzen.

Die Basen

Basen oder Laugen sind chemisch gesehen Gegenspieler der Säuren. Gemüse, Salate, Keimlinge, Obst und Kartoffeln gehören nach Dr. Hay zur Kategorie der Basenbildner. Sie enthalten basische Vitalstoffe, also Mineralstoffe, Vitamine, Spurenelemente und Enzyme.

Wenn Basen und Säuren aufeinander treffen, bemüht sich der Körper, die aggressiven Säuren zu neutralisieren, zu binden und auszuscheiden. Um eine Übersäuerung zu vermeiden, benutzt er verschiedene Puffersysteme. Dazu gehören das Hämoglobin (der rote Blutfarbstoff), bestimmte Eiweißkörper, das Bicarbonatsystem, aber auch Organe wie Nieren, Lunge, Haut und Darm. Muskeln, Sehnen, Bänder, Knorpel und das Skelett sind eine Art Mineralstoffdepot, das bei Bedarf zum Abpuffern von Säuren geleert wird.

Gesund und schlank

Es gibt keine allgemein gültige »Idealgewichtsformel«, die zu jedem passt. Jeder Mensch ist anders. Werfen Sie einmal einen Blick in den Spiegel und prüfen Sie genau, ob eine Gewichtsabnahme wirklich nötig ist. Wenn ja, dann befreien Sie sich aus der Diätfalle und verzichten Sie auf Radikalkuren und Blitzdiäten. Diese lassen zwar zu Beginn die Pfunde purzeln, doch bei der nächstbesten Gelegenheit sind die Kilos wieder drauf.

Besser ist es, das bisherige Essverhalten über Bord zu werfen und die Lebensweise zu verändern, nur so erreichen Sie einen dauerhaften Erfolg. Sich satt essen und dabei trotzdem abnehmen, wer träumt nicht davon? Mit Trennkost gelingt dies ganz einfach und fast wie von selbst. Kümmern Sie sich ab sofort um Ihr Wohlgefühl! Entscheiden Sie sich für die neue Trennkost und ändern Sie Schritt für Schritt Ihre Gewohnheiten!

Dass die Trennkost immer mehr Liebhaber hat, liegt am einfachen Konzept, das dahinter steckt. Jeder kann sich schnell mit den Trennregeln vertraut machen und nach eigenen Wünschen, Geschmack und Vorlieben sowohl einfache Mahlzeiten als auch aufwändige Menüs zubereiten. Dabei werden die Nahrungsmittel nicht wahllos miteinander gemischt, sondern harmonisch aufeinander abgestimmt. Die vielen Kombinationsmöglichkeiten garantieren zudem eine gute Nährstoffversorgung. Vegetarier kommen bei dieser Ernährungsweise ebenso auf ihre Kosten wie Fleischliebhaber und Fischfreunde. Strenge Verbote gibt es nicht und auch das Kalorienzählen ist nicht unbedingt nötig, wenn Sie die Trennkostregeln exakt beachten.

Ohne Treibstoff geht nichts

Der Körper arbeitet wie eine gut organisierte kleine chemische Fabrik. Für Wachstum, Zellerneuerung, Bewegungen, Körperwärme, Gedanken und Gefühle braucht der Körper täglich Brennstoff.

Gute Brennstoffe sind die Hauptnährstoffe Eiweiß, Fett und Kohlenhydrate. Zur Aufrechterhaltung sämtlicher Funktionen ist der Körper zwar auf die regelmäßige Zufuhr angewiesen, doch nach Verdauung und Verstoffwechselung hinterlassen sie saure Endprodukte, die normalerweise entsorgt werden. Ein anhaltender Säurenüberschuss greift aber den Körper an, schädigt auf Dauer das Gewebe, löst Entzündungen sowie Geschwüre aus.

Das Trennkostprinzip bedeutet nichts anderes, als dass eiweißreiche Nahrungsmittel nicht zusammen mit kohlenhydratreichen gegessen werden. Neben der Einteilung der Nahrungsmittel in eiweißreiche, kohlenhydratreiche Nahrungsmittel und neutrale Nahrungsmittel basiert die Trennkost auf einer vollwertigen Ernährungsweise, dem Säure-Basen-Gleichgewicht und den Verdauungsmechanismen.

Fit und vital

Die neue Trennkost mit ihrem optimalen Nährstoffmix aus leicht verdaulichen Eiweißen, Kohlenhydraten mit einem niedrigen glykämischen Index, Ballaststoffen, hochwertigen Ölen, Vitaminen, Mineralstoffen und Spurenelementen sowie unzähligen bioaktiven Stoffen macht auf Dauer fit, schlank, schön und leistungsfähig. Mit dem großen Angebot an nährstoffreichen Lebensmitteln schützt die Trennkost nicht nur vor Herz-Kreislauf-Erkrankungen, hohen Cholesterinwerten, Übergewicht und Übersäuerung, sondern entlastet auch Magen und Darm, entgiftet und heilt.

Blutzucker und Insulin

Nach dem Genuss von Vollkornprodukten, Müsli, Naturreis, Obst, Salat, Rohkost und Gemüse, Nüssen und Samen steigt der Blutzuckerspiegel nur langsam an. Zucker, Süßigkeiten, Weißmehl oder Cornflakes dagegen führen zu einem raschen Anstieg.

Wie schnell die Kohlenhydrate einer Mahlzeit ins Blut übergehen, hängt von der Blutzuckerwirkung eines Lebensmittels ab. Ausgedrückt wird dies durch den glykämischen Index (GLYX). Je höher dieser Wert ist, desto schneller und höher steigt der Blutzucker an. Das bedeutet: Mit steigendem Blutzucker gibt die Bauchspeicheldrüse immer mehr Insulin ab. Dieses Hormon schleust die Glukose, das Abbauprodukt der Kohlenhydrate, in die Zellen, wo sie schließlich in Fett umgewandelt wird. Viel Insulin im Blut bedeutet gleichzeitig auch eine rasante Blutzuckersenkung, was wiederum Heißhunger auslöst. Wissenschaftler fordern daher, den Insulinspiegel niedrig zu halten, und das ist mit der neuen Trennkost möglich.

Vitalstoffe in Hülle und Fülle

Ein bunter Speisezettel mit reichlich Salat, Gemüse und Obst garantiert nicht nur eine gute Versorgung mit Ballaststoffen, Vitaminen, Mineralstoffen, sekundären Pflanzenstoffen und Enzymen, sondern auch für ein gesundes Säure-Basen-Gleichgewicht. Da die Portionen pflanzlicher Nahrungsmittel, also Basen bildender Lebensmittel, drei- bis viermal größer sein sollen als eine Eiweiß- oder Kohlenhydratmahlzeit, ist ein gesundes Gleichgewicht leicht zu erreichen.

Fatburner für eine gute Figur

Die großen Portionen an Obst, Salat, Gemüse und Rohkost in der Trennkost versorgen den Körper auch mit Fatburnern, diese kurbeln den Fettstoffwechsel an und lassen somit Pfunde purzeln. Ideale Fatburner sind beispielsweise Vitamin C, Magnesium und Kohlenhydrate mit einem niedrigen glykämischen Index. Sie greifen die Fettzellen an und senken auf natürliche Weise den Körperfettgehalt sowie die Körpermasse. Darüber hinaus sorgen sie dafür, dass überschüssiges Wasser ausgeschieden wird.

Neben einer gesunden Ernährung formt auch regelmäßige Bewegung Ihre Figur. Einmal ausprobiert, macht sportliche Aktivität nicht nur Spaß, sondern erhöht die Leistungsfähigkeit, fördert das Wohlbefinden und stabilisiert die Gesundheit.

Wenn nichts mehr läuft, bewegen Sie sich!

Lassen Sie es langsam angehen, aber wagen Sie den ersten Schritt: auf das Fahrrad oder den Stepper vorm Fernsehen. Es bringt auch schon etwas, regelmäßig spazieren zu gehen.

Was macht Cardio-Training so gesund? Wenn sich Blut, Sauerstoff und Nervensignale im Körper bewegen, fließt Energie. Von seiner Veranlagung her ist der Mensch kein sitzendes Wesen. Er ist für Bewegung geschaffen, Muskeln, Knochenapparat, innere Organe oder auch Stoffwechsel sind regelrecht auf Fortbewegung spezialisiert.

Daher trainiert Cardio-Training das Herz-Kreislauf-System, entspannt, hilft bei der Gewichtsregulierung, stärkt das Wohlbefinden, Körpergefühl und Selbstbewusstsein. Bewegung an der frischen Luft ist besser als jedes Schlafmittel, stärkt die Libido, und wer regelmäßig trainiert, bewahrt sich auf Dauer seine Attraktivität und Jugendlichkeit.

Auch im Alltag gibt es viele Möglichkeiten, körperlich aktiv zu werden, ob intensives Staubsaugen oder leichte Gymnastik. Ändern Sie zunächst Kleinigkeiten. Gehen Sie zum Beispiel aufrecht durch den Tag, denn wer gerade geht, steht oder sitzt, wirkt selbstbewusster und schlanker.

Einfach beginnen

Bauen Sie Fitness in Ihr tagtägliches Leben ein. Die meisten Fitness-Einsteiger geben wieder auf, da sie zu schnell zu viel erreichen wollten. Das erste Ziel sollte vielmehr sein, dass Ihr Körper seinem natürlichen Bewegungsdrang nachgehen kann und Sie nach und nach fitter werden. Jetzt mag es noch abschreckend klingen, einmal die Woche beim Thai-Bo den Körper auf Touren zu bringen. Aber wenn Sie jeden Tag mit einem Riesenkorb Wäsche in den Keller und wieder rauf hechten, erscheint Ihnen das natürlich. Erweitern Sie Ihre »natürlichen« sportlichen Aktivitäten: Staubsaugen Sie so energisch, als käme morgen die Schwiegermutter zu Besuch, fahren Sie zur Videothek nicht mit dem Auto, sondern gehen Sie zu Fuß, summen Sie nicht nur zu Ihrem Lieblingssong, sondern tanzen Sie im Wohnzimmer... Ihr Körper wird sich anpassen und schließlich den Step- oder Thai-Bo-Kurs als Gelegenheit zum Austoben regelrecht genießen.

Auf den Geschmack gekommen

Zugegeben, ein wenig Selbstmotivation brauchen Sie schon, um alte Gewohnheiten über Bord zu werfen. Doch mit etwas gutem Willen und einem sanften Einstieg schaffen Sie es. Wenn Sie auf den Geschmack gekommen sind und merken, dass Ihnen schon jetzt der Körper leise »Danke« sagt, dann sollten Sie Ihr Bewegungs- und Fitnessprogramm erweitern. Hören Sie sich um, was in Ihrer Region angeboten wird. Sie werden staunen, welche Möglichkeiten und Chancen sich Ihnen eröffnen. Schnell werden Sie erkennen, dass Sie die Qual der Wahl haben – die Angebotspalette der Vereine, Fitnesscenter, Gesundheitsparks, Volkshochschulen und sonstigen Institutionen ist riesengroß und reicht vom Schwimmen, Tanzen, Radfahren über Wandern und Laufen bis hin zu Stretching, Aerobic, Bodyforming, Yoga, Qigong oder Tai Chi. Ob Sie sich allein, mit einem Partner oder in der Gruppe bewegen, hängt von Ihren Wünschen ab – suchen Sie sich eine Sportart aus, die Ihnen Spaß macht, Ihrem Alter und Ihrer körperlichen Konstitution entspricht.

Entspannungsabend mal anders: Wenn Sie nach einem anstrengenden Tag ganz kaputt nach Hause kommen, dann gönnen Sie sich einen Wohlfühl-Abend der entspannenden Couch-Potato-Variante.

Wellness muss nicht immer bedeuten, sich in Beauty-Orgien zu stürzen. Singen Sie mit den Beatles »Let it be« und stehen Sie dazu, dass Sie für irgendetwas Aktives einfach zu groggy sind. Bitten Sie Ihre Familie um Verständnis, dass es Zeit für Sie ist, die Batterien mal neu aufzuladen. Heute Abend wollen Sie kein Kinder-Gejaule hören, keinen Abwasch sehen und bestimmt nicht kochen. Schicken Sie Ihre Liebsten ins Kino oder ins Restaurant. Schlüpfen Sie in bequeme Sachen, legen Sie eine Videokassette ein (TV-Lieblingsserien vom Band oder Zeichentrickfilme wie »Die Schöne und das Biest« sind erstklassige Seelentröster). Kuscheln Sie sich behaglich mit einer Wärmflasche in eine weiche Decke.

Dazu der ideale Entspannungstrunk: **1 Banane** mit **1 EL Honig, 1 Msp. Kardamom** und **300 g Buttermilch** gut durchmixen. Mit Zimt bestäuben und genießen.

Relaxen Sie auch Ihr Gesicht

Knabbern und krachendes Kauen trägt zur Entspannung der Kiefer- und Gesichtsmuskulatur bei, die wir bei Stress immer zu stark anspannen. Da Chips Gift für den Körper sind und auch den Stopp-Reflex des Gehirns ausschalten, sind folgende Alternativen besser: Kauen Sie beim Fernsehen rohe geschälte Möhren und bereiten Sie eine kleine Portion Popcorn in der Mikrowelle ohne Fettzugabe zu.

Mein Tipp

Der Schoko-Zwang

Es ist besser, einmal ein Stück Schokolade zu essen, als ständig an Schokolade denken zu müssen (und dann irgendwann zuzuschlagen)! Um dem Süßhunger nicht jedes Mal zu verfallen, habe ich mir eine Reihe von Tricks angeeignet:

- **Ich lutsche gefrostetes Obst.**
- **Ich rühre mir 2 EL Haferflocken, 2 EL Ahornsirup mit einem Naturjoghurt (150 g, 3,5 % Fett) zusammen.**
- **Ich kaue Rosinen bzw. Trockenobst.**

Damit dieser Schoko-Ersatz wirkt, ist es wichtig, alles gut zu kauen und langsam und mit Genuss zu essen.

Auch wenn Sie müde sind, ist eine Übung gerade für Schreibtischtäter, aber auch als Abschluss des Fernsehabends wichtig: die Position »Krokodil« aus dem Yoga. Legen Sie sich auf einen Teppich oder noch besser auf eine Übungsmatte. Breiten Sie die Arme gerade zu beiden Seiten aus, ziehen Sie die Beine an. Nun drehen Sie den Kopf zur einen Seite und die Beine (geschlossen) zur anderen. Verharren Sie einige Sekunden in einer sanften Dehnung. Drehen Sie dann vorsichtig über die mittlere Position zurück auf die andere Seite. Führen Sie die Übung sanft zu beiden Seiten je zweimal aus. Sie sollten eine angenehme Streckung spüren. Es darf dabei nichts im Rücken ziepen, dann haben Sie zu stark gedehnt! Wenn Sie eine schlechte Arbeitshaltung haben oder sehr verspannt sind, merken Sie sogar deutlich, dass sich in Ihrem Rücken etwas streckt.

Wenn Sie fest entschlossen sind, an Ihrer Lebensführung etwas zu ändern, und auf die Trennkost umsteigen möchten, empfehle ich gezielt vorzugehen: mit einem Vorbereitungstag starten, zur Powerwoche übergehen, dann den Alltag mit der Trennkost beginnen. Die vielen leckeren Rezepte und Tipps ab Seite 20 helfen Ihnen dabei.

Stellen Sie Ihre Ernährung aus gesundheitlichen Gründen um, so stimmen Sie sich am besten mit der basischen Suppe ein. Sie entgiftet, füllt die Basendepots auf, aktiviert den Stoffwechsel, lindert Verdauungsprobleme und beseitigt Sodbrennen und Magendruck.

Grundrezept basische Suppe **3 mittelgroße Kartoffeln** und **1 Salatgurke** schälen. **3 mittelgroße Zucchini** waschen, putzen und alles klein schneiden. Das exakte Gewicht spielt keine Rolle. In einen Topf geben, mit Wasser auffüllen, mit wenig **vegetarischer Gemüsebrühe** und **frisch gehacktem Bärlauch** (ersatzweise 1 Knoblauchzehe) würzen. Die Suppe zum Kochen bringen und bei schwacher Hitze kochen lassen, bis das Gemüse weich ist.

Der Einstieg für Übergewichtige

Die folgenden Rezepte entwässern und entschlacken und geben Ihnen einen guten Start für den Wechsel zur Trennkost. Wählen Sie aus den Beispielen das Grundrezept aus, das Ihnen am meisten zusagt.

Vorbereitungstag

So gehen Sie vor

- **Frühstücken Sie eine Kleinigkeit.**
- **Essen Sie die Suppe Ihrer Wahl ab etwa 11 Uhr in mehreren Portionen über den Tag verteilt.**
- **Dabei reichlich trinken (2–3 Liter), das fördert die Ausscheidung.**
- **Zum Trinken sind natriumarmes, stilles Mineralwasser sowie Tee (Früchte- und Kräutertee, z. B. Brennesseltee) ideal.**
- **Dieser erste Tag beschert Übergewichtigen eine beachtliche Gewichtsabnahme und motiviert zum Durchhalten.**

Essen im Zeittakt

Finden Sie Ihren Essrhythmus

In der Praxis haben sich für das Wohlbefinden bestimmte Essrhythmen als vorteilhaft herausgestellt. Hier eine Tabelle zu Ihrer Orientierung. Sie können die Zeiten Ihren persönlichen Bedürfnissen anpassen. Nach dem Abendessen sollten Sie jedoch möglichst nichts mehr essen.

Mahlzeit	Uhrzeit	Esspause
Frühstück	**8.00**	**2–3 Std.**
Vormittags-Snack	11.00	1,5 Std.
Mittagessen	**12.30**	**3–4 Std.**
Nachmittags-Snack	16.00	2–3 Std.
Abendessen	**19.00**	**13 Std.**

Grundrezept Entschlackungssuppe **3 Kartoffeln, 1 Stück Sellerie** und **4 Möhren** schälen, eventuell putzen und klein würfeln. **2 Stangen Lauch** putzen, längs aufschneiden, gründlich waschen und klein schneiden. **1/2 Weißkohl** putzen und ebenfalls klein schneiden. Das exakte Gewicht spielt keine Rolle. In einen Topf geben, mit Wasser auffüllen, mit **wenig vegetarischer Gemüsebrühe** und **frischen Kräutern** (zum Beispiel Petersilie, Majoran, Liebstöckel), **Kümmel** und **1 Knoblauchzehe** würzen. Die Suppe zum Kochen bringen und bei schwacher Hitze kochen lassen, bis das Gemüse weich ist.

Grundrezept Kartoffel-Sauerkrautsuppe
4–5 Kartoffeln schälen, klein schneiden und in einen Topf geben. Mit reichlich Wasser auffüllen, mit wenig **vegetarischer Gemüsebrühe** würzen, alles zum Kochen bringen und 10 Min. kochen lassen. **300 g Sauerkraut** zugeben und kochen lassen, bis das Gemüse weich ist. Die Suppe fein pürieren.

Gemüse-Salat-Tag Essen Sie **ausschließlich Gemüse** der Saison in roher und/oder gedünsteter Form und/oder als Salat. Die Menge spielt keine Rolle. Bereiten Sie alles **ohne Fett und Salz** zu. Zum Würzen eventuell nur etwas **vegetarische Gemüsebrühe** verwenden.

Obsttag Bis 15 Uhr können Sie **frisches Obst** in beliebiger Menge essen. Ab 17 Uhr sind **2 Bananen** und **4 getrocknete ungeschwefelte Aprikosen** erlaubt. (Säurereiches Obst am Nachmittag oder Abend ist zu belastend für die Verdauung.)

Powerwoche und Trennkost-Tag

Powerwoche	1. Tag	2. Tag	3. Tag	4. Tag	5. Tag	6. Tag	7. Tag
Frühstück	2 Scheiben Knäckebrot mit Butter und Radieschenscheiben	Obstsalat mit Zitronen-Joghurt-Sauce (S. 184)	1/2 Ananas	Joghurt-Gurken-Drink (S. 51)	Salami-Baguette (S. 127)	Schinkenbrötchen mit Gurke	Rühreier mit Tomaten (S. 157)
Erste Zwischenmahlzeit	Marinierte Kiwis (S. 185)	Rosinenbrötchen mit Rapshonig	Buttermilch-Drink mit Kerbel (S. 50)	1 Banane	1 Banane	1/2 Galia-Melone	Gebratene Kokosananas mit Rumsahne (S. 186)
Mittagessen	Blumenkohl-Eier-Auflauf (S. 151)	Paprikagemüse mit Schafkäse (S. 166)	Fleischklößchen mit Gurkengemüse (S. 114)	Gemüsepaella (S. 74)	Seezungenfilets mit Ananas und Currysauce (S. 138)	Dinkel-Möhren-Eintopf (S. 71)	Lammkoteletts mit Ratatouille (S. 116)
Zweite Zwischenmahlzeit	Ziegenkäse mit Früchten (S.187)	Apfelmus (S. 181)	Haselnuss-Zimt-Joghurt (S. 183)	Birnenjoghurt »geeist« (S. 183)	Erdbeer-Joghurt-Sorbet (S. 184)	Mandarinen-Trauben-Salat mit Quarkcreme (S. 186)	Bananen-Dickmilch-Eis mit Heidelbeersauce (S. 182)
Abendessen	Püree mit Sauerkraut (S. 64)	Gemüsesuppe (S. 48) mit Schinken-Käse-Sandwich (S. 174)	Bandnudeln in Mandelsauce (S. 97) mit Fenchelrohkost (S. 33)	Möhren-Lauch-Gratin (S. 165)	Kartoffel-Apfel-Pfanne mit Kräutern (S. 56)	Vollkorntoast mit Lachsquark (S. 142) und Rettichsalat (S. 29)	Zwiebel-Pizza mit Schafkäse (S. 90)

Mit der Powerwoche klappt der Einstieg. Weiter unten sehen Sie, wie ein typischer Trennkost-Tag aussieht.

Die Powerwoche (siehe Tabelle oben) erlaubt Ihrem Körper, sich auf die Trennkost einzustellen. Schließen Sie sie gleich an den Vorbereitungstag an. Mit diesem Wochenplan lernen Sie von selbst, wie man eine typische Trennkost-Woche mit Rezepten aus diesem Buch zusammenstellen kann.

Der Trennkost-Tag

Wie lebt es sich mit Trennkost? Folgender Zeit- und Mengenplan zeigt Ihnen einen typischen Tagesablauf.

Frühstück um 8 Uhr Vor dem Frühstück 1 Glas (ca. 200 ml) natriumarmes, stilles Mineralwasser trinken. Dann haben Sie die Wahl zwischen einer Kohlenhydrat-, Eiweiß- oder Obstmahlzeit.

- **Beispiel Kohlenhydratmahlzeit**
  1 Scheibe Vollkornbrot (50 g), 1 Vollkornbrötchen oder **3 Scheiben Vollkornknäckebrot**; diese dünn mit **Butter oder Margarine** bestreichen und belegen bzw. bestreichen mit **30 g roher Wurst** (ca. 3 dünne Scheiben) oder **30 g Käse** ab 60 % Fett i. Tr. (ca. 1 Scheibe) oder **50 g Quark** (ca. 2 EL) oder **2 TL Honig.** Alternative dazu: **Müsli oder Getreidebrei**
- **Beispiel Eiweißmahlzeit**
  2 Eier (als Spiegeleier, Rühreier, gekocht oder im Glas), **Tomaten, Gurken, Paprikaschoten, Radieschen** oder ein anderes **neutrales Gemüse,** aber kein Brot
- **Obstmahlzeit**
  Frisches Obst der Saison (außer Bananen, Feigen und Datteln) **in beliebiger Menge**

Vormittags-Snack Knabbern oder naschen Sie überwiegend Basen bildende Lebensmittel, d. h. so viel **reife Früchte** oder **Rohkost,** wie der Körper verlangt oder verträgt. Wer so große Mengen an Obst oder rohem Gemüse nicht verträgt, kann **Naturjoghurt** löffeln oder 1 Glas **Buttermilch** trinken.

Ein guter Start

Trennkost-Frühstück

Bis 12 Uhr mittags können Sie frische Früchte in beliebiger Menge essen. Für ein Müsli kombinieren Sie Haferflocken mit einem gesäuerten Milchprodukt, zum Beispiel Joghurt, Buttermilch, Kefir, Trinksauermilch oder mit Wasser verdünnter Sahne. Mit Nüssen, Rosinen, Honig, Banane oder mit einem geriebenen mürben Apfel können Sie es noch anreichern.

Marmelade ist nicht empfehlenswert, da diese aus Früchten (Eiweiß) und aus Zucker (Kohlenhydrate) besteht. Besser wäre Honig oder Apfelkraut. Wer auf Kaffee oder schwarzen Tee nicht verzichten möchte, sollte etwas Sahne, eventuell auch Honig, unterrühren.

Um 9 Uhr und um 10 Uhr jeweils ein großes Glas Früchte- oder Kräutertee oder stilles Mineralwasser trinken.

Mittagessen ab 12 Uhr Vor dem Essen ein großes Glas Früchte- oder Kräutertee oder stilles Mineralwasser trinken. Zum Mittagessen können Sie entweder eine Eiweiß- oder Kohlenhydratmahlzeit wählen.

- **Beispiel Eiweißmahlzeit**
  100–150 g Fleisch oder **150–200 g Fisch** oder **2 Eier** oder **60 g Käse** (bis 50 % Fett i. Tr.) oder **80 g gegarte Wurstsorten**; dazu **400 g neutrales Gemüse und Salat** servieren, dabei das Dressing mit **Essig oder Zitronensaft** zubereiten.
- **Beispiel Kohlenhydratmahlzeit**
  50 g Getreide (roh gewogen) oder **50 g Naturreis** (roh gewogen) oder **50 g Vollkornnudeln** (roh gewogen) oder **200 g Kartoffeln**; dazu **400 g neutrales Gemüse und Salat** servieren, dabei für das Dressing entweder **Obstessig** oder **Molkosan** verwenden.

Nachmittags-Snack Gönnen Sie dem Magen nach dem Mittagessen eine Esspause von 3–4 Stunden. In der Zwischenzeit reichlich **Kräuter- oder Früchtetee** oder **Mineralwasser** trinken.
Da am Nachmittag meist der Blutzuckerspiegel sinkt, brauchen Sie unbedingt Kohlenhydrate.
Eine **reife Banane, Müsliriegel ohne Zucker, Trockenobst, Studentenfutter, Haferflocken mit Kefir, Rosinen und Honig, 1 Stück Kuchen, 2–3 Plätzchen, 1 Scheibe Knäckebrot mit 1 TL Honig, 2 EL Quark mit 1 TL Honig, 1 EL Vollkornhaferflocken und 1 Becher Joghurt** oder **200 g angesäuerte Milchprodukte** helfen über das Tief hinweg. Nachmittags auch **säurereiches Obst**, aber keine Frischmilch trinken, da sie dann schwer verdaulich ist.

Abendessen ab 18.30 Uhr Den Tag mit einem Kohlenhydratgericht ausklingen lassen. Bevorzugen Sie Leichtverdauliches, denn eine üppige Mahlzeit kann die Nachtruhe stören.

- **Beispiel Kohlenhydratmahlzeit**
  50 g Getreide (roh gewogen) oder **100 g Vollkornbrot** oder **50 g Naturreis** (roh gewogen) oder **50 g Vollkornnudeln** (roh gewogen) oder **200 g Kartoffeln**; dazu **400 g Gemüse und Salat** servieren, dabei für das Dressing **Obstessig** oder **Molkosan** nehmen. Plus **30–50 g neutrale Lebensmittel** und in kleinen Mengen Butter, Margarine, Öl oder Sahne. Leicht bekömmlich sind um diese Tageszeit **Kartoffel-, Reis-, Nudelgerichte** oder **Brot**. Wer abends Salat oder Rohkost nicht verträgt, dünstet die Gemüseration in etwas Öl leicht an.

Schnell und trennkostgerecht kochen

Welche Möglichkeiten haben Sie, wenn Sie sich vollwertig ernähren möchten, nur wenig Zeit haben und Fertigprodukte meiden möchten? Es gibt kein Patentrezept, dafür aber viele nützliche Tipps und Tricks. Diese Empfehlungen helfen Ihnen weiter:

Machen Sie sich so gut mit den Trennkostregeln vertraut, dass Sie alle Lebensmittel blitzschnell in die Gruppen ■ Neutral, ■ Eiweiß und ■ Kohlenhydrate einordnen können.

Benutzen Sie Küchenhelfer, die Zeit sparen helfen und Nährstoffe schonen, zum Beispiel Schnellkochtopf, Töpfe mit Hitze speichernden Böden, Dämpfeinsätze oder Pürierstab.

Suchen Sie sich einfache Rezepte mit wenig Zutaten und kurzer Garzeit aus, zum Beispiel Spaghetti mit Kräuterbutter, Pellkartoffeln mit Kräuter-Dip, Gemüsesuppen oder Eintöpfe.

Notieren Sie sich in einem Heft oder im Computer alle Gerichte mit Rezepthinweisen, die gut schmecken, leicht gelingen und im Handumdrehen fertig sind, eventuell auch Eigenkreationen, die gut geklappt haben. So entsteht mit der Zeit Ihr persönliches Trennkost-Kochbuch.

Legen Sie sich einen trennkostgerechten Vorrat an und planen Sie Ihre Einkäufe so, dass nur einmal in der Woche der Großeinkauf gemacht werden muss und alle zwei Tage die weniger haltbaren Lebensmittel schnell besorgt werden können.

Trennkost für Berufstätige

Berufstätige müssen kluge Essensplaner sein, denn wer nur frühstückt und seinen Hunger zwischendurch mit Fastfood stillt und abends mit üppigen Mahlzeiten seinen Magen überstrapaziert, macht auf Dauer eher schlapp. Mit guter Planung kann Trennkost auch im Job ganz einfach sein.

Bereiten Sie am Vorabend Ihr Essen für den nächsten Tag vor. Ob Blitzgericht, Lunchpaket mit Fingerfood zum Kaltessen oder etwas Warmes, bereiten Sie vor, was Ihnen schmeckt und praktikabel erscheint. Alles, was Sie dazu brauchen, sind etwas Phantasie oder Rezepte, die schnell gelingen.

Neben **Obst, Rohkost** oder **Joghurt** für Frühstück und Zwischenmahlzeiten können Sie auch hart gekochte **Eier, Geflügelfleisch, kalten Braten, Roastbeef,** eine **Frikadelle** aus Rinderhackfleisch, **Käse, Hüttenkäse** oder **geräucherten Fisch** an den Arbeitsplatz mitnehmen.

Mit geraspelten **Möhren,** gehobelten **Gurkenscheiben,** in Stücke geschnittenen **Paprikaschoten,** halbierten **Radieschen,** in Spalten geschnittenen **Kohlrabi, Tomatenvierteln, Sprossen, Staudenselleriestücken** oder **Avocado** können Sie Eiweiß- oder Kohlenhydratmahlzeiten trennkostgerecht aufwerten – pur oder auch mit einem leichten **Dressing.**

Eine leckere Salatsauce oder ein Dip dazu ist schnell aus mildem **Joghurt, saurer Sahne** oder **Sahnedickmilch, Kräutersalz,** einem Schuss **Ketchup** (natriumarm) und etwas **Aceto balsamico** gerührt.

Salate aus **Kartoffeln, Nudeln, Getreide** oder **Reis,** als Kohlenhydratmahlzeit abends vorbereitet, können Sie gut verpackt mitnehmen.

Auch **Blattsalate** sind geeignet, wenn Sie den vorbereiteten Salat und das **Dressing** separat verpacken und beides erst vor dem Essen miteinander vermengen.

Suppen und **Eintöpfe** schmecken aufgewärmt am besten und lassen sich auslaufsicher verpackt prima mitnehmen. Dazu oder als Vorspeise einen **Salat,** und ihre trennkostgerechte Mittagspause bringt Sie wieder in Schwung.

Essen in der Kantine Wenn Sie am Arbeitsplatz nicht die Möglichkeit haben, Mitgebrachtes zuzubereiten, gibt es vielleicht eine Firmenkantine, in der Sie als Trennköstler Ihren Hunger stillen können. Auch Kantinen bemühen sich mittlerweile um Abwechslung und ein vielseitiges Angebot. Oft steht eine Salatbar bereit, so dass Sie Ihren Salat- und Gemüsebedarf decken können und, je nachdem, ob Sie sich für eine Eiweiß- oder Kohlenhydratmahlzeit entscheiden, selber kombinieren können. Bei einer Eiweißmahlzeit wählen Sie statt der Beilagen die doppelte Portion an Gemüse oder Salat und bei einer Kohlenhydratmahlzeit verzichten Sie auf Fleisch, Fisch oder Eier, greifen dafür aber zu einem großen Teller Salat oder Gemüse.

Mein Tipp

Fit für die zweite Tageshälfte

Meiden Sie zum Mittagessen größere Mengen Fleisch, insbesondere Schweinefleisch und daraus hergestellte Produkte.

Egal, ob Eiweiß- oder Kohlenhydratmahlzeit, vor oder zur Mahlzeit immer eine große Portion Salat, Rohkost oder Gemüse essen. Alternative: eine halbe Stunde vorher säurereiches Obst essen. Da Obst leicht verdaulich ist und nach etwa einer halben Stunde basisch verstoffwechselt wird, können Sie anschließend eine kohlenhydratreiche Mahlzeit zu sich nehmen.

Kurz vor dem Mittagessen ein großes Glas Wasser oder Tee in kleinen Schlucken trinken. Zum Hauptgericht nichts trinken, da jetzt jedes Getränk die Magensäfte verdünnt und die Verdauung stören kann.

Essen im Restaurant und auf Dienstreisen

Auch im Restaurant ist es möglich, die Mahlzeiten harmonisch und nach den Trennkostregeln zu kombinieren. Je vertrauter Sie mit den Trennkostregeln sind, desto sicherer werden Sie bei der Auswahl.

Ihre Eiweißmahlzeit ist perfekt mit Steak, Braten, Geflügel, Rouladen, Gulasch, Fisch oder einem Eiergericht, und zwar in Kombination mit einem großen Teller Salat oder gedünstetem Gemüse. Die zusätzlichen Beilagen, also Kartoffeln, Kroketten, Nudeln oder Reis, lassen Sie einfach weg.

Auf vielen Speisekarten finden Sie auch Gerichte für Vegetarier. Wer sich für eine Kohlenhydratmahlzeit entscheidet, kommt in dieser Rubrik mit Gerichten wie Ofenkartoffeln und Dip, Rösti, Reis oder Nudeln mit Pfifferling- oder Champignonsauce sowie Spaghetti mit gebratenem Knoblauch und Olivenöl auf seine Kosten. Auch Getreidebratlinge, gebackenes Gemüse oder andere Vollwertgerichte sind im Angebot. Mit einem Salat- oder Gemüseteller wird's trennkostgerecht. Die Auswahl lässt sich durch geräucherte Forelle, gebeizten Lachs, Heringstöpfchen und Schafkäse erweitern – zur Erinnerung: Sie sind neutral.

Bei der praktischen Umsetzung der Trennkost gibt es immer wieder Missverständnisse und Unsicherheiten. Dabei lässt sich das Trennen leicht lernen: Überwiegend eiweißhaltige Lebensmittel und die überwiegend kohlenhydrathaltigen sollten Sie möglichst nicht gleichzeitig essen. Kombinieren dürfen Sie ein Eiweißgericht oder eine Kohlenhydratmahlzeit mit neutralen Lebensmitteln.

Da die farbliche Codierung des Trennplans (siehe Seite 16/17) im Rezeptteil wieder aufgegriffen wird, erkennen Sie auf Anhieb, welche Nahrungsmittel oder Gerichte zur Eiweiß- (■ gelb) oder Kohlenhydratgruppe (■ orange) sowie zur neutralen Gruppe (■ grün) gehören. Eine 100-prozentige Trennung ist natürlich nicht möglich. Trennkost funktioniert trotzdem, da die Extreme getrennt und so die Verdauungsorgane geschont werden.

Die neutrale Gruppe

Zur neutralen Gruppe gehören nach der Trennkostlehre alle Fette, naturbelassene Öle und Butter sowie fettreiche Lebensmittel, beispielsweise Sahne, vollfetter Käse ab 60 % Fett i. Tr., geräucherter Fisch und rohe Wurstwaren. Und das hat folgenden Grund: Fett wird nicht im Magen, sondern erst im oberen Teil des Dünndarms verdaut.

Somit stören die neutralen Lebensmittel die Verdauungsarbeit im Magen nicht. Trotzdem empfehle ich Ihnen, von diesen Produkten nur kleine Mengen zu verwenden. »Neutral« bedeutet nicht, dass diese Nahrungsmittel kalorienarm sind, sondern signalisiert, dass sie mit allen Lebensmitteln harmonieren. Deshalb dürfen sie sowohl mit eiweißreichen als auch mit kohlenhydratreichen Nahrungsmitteln kombiniert und verzehrt werden. Einsteiger und Unerfahrene empfinden diese Zuordnung als widersprüchlich, doch sie beruht auf langjährigen Erfahrungen.

Gesäuerte Milchprodukte sind eiweißreich, gelten aber dennoch als neutral. Die Begründung: Die Eiweißstrukturen wurden durch die Säuerung verändert, und nach den Erfahrungen von Dr. Hay ist das Eiweiß dieser Produkte leichter verdaulich. Rohes Fleisch und roher Fisch sind ebenfalls eiweißreiche Lebensmittel. Sie gelten in der Trennkost aber als neutral, weil ihre Zellstrukturen noch so sind, wie die Natur sie aufgebaut hat. Durch Erhitzen werden diese Strukturen so verändert, dass das Eiweiß nach Dr. Hay schwerer verdaulich ist. Trotzdem lautet seine Empfehlung: Essen Sie beides nur in Maßen.

Lebenselixier Wasser

Auch wenn Sie keinen Durst haben, trinken sie viel Wasser, mindestens 1,5 Liter täglich über den Tag verteilt, besser sind 2 Liter und mehr. Denn jedes Glas Wasser, das Sie trinken, erfrischt den Geist und regt den Stoffwechsel an.

Alkohol dagegen ist ein Genussmittel und ungeeignet zum Durststillen. Wer auf Alkohol nicht verzichten möchte, darf in Maßen hin und wieder ein Gläschen genießen.

Früchte- oder Kräutertees sorgen für Abwechslung bei den Getränken. Kräutertees, wie Pfefferminz-, Kamillen- und Fencheltee oder auch andere Kräuterteesorten, stillen nicht nur den Durst, sie haben auch eine arzneiliche Wirkung. Trinken Sie sie daher nicht über einen längeren Zeitraum, sondern wechseln Sie täglich die Teesorte. Apfel-, Malven- oder Hibiskustee können Sie dagegen bedenkenlos täglich trinken.

Der Trennplan

Das ist neu

Aufgrund der vielen Missverständnisse war es notwendig, die neutrale Gruppe in zwei Teile zu unterteilen. Bei Sahne, Vollfettkäse, rohem Schinken, Räucherlachs oder klaren Schnäpsen wurden oft zu große Mengen genossen. Wegen des hohen Fett- und Salzgehaltes sollten diese Lebensmittel nur in kleinen Mengen auf dem Speiseplan stehen.

Bei Obst, Gemüse, Rohkost und Salaten gibt es keine Einschränkung.

Ein Beispiel: Sie essen zwei Vollkornbrötchen, gut belegt mit Butter und rohem Schinken. Butter und Schinken sind neutral. Doch dieser Imbiss ist gehaltvoller, als Sie glauben. Denken Sie deshalb ab sofort um!

Reduzieren Sie die Menge an Butter und Schinken und genießen Sie vorab einen großen Teller Salat oder Gemüse aus der ebenfalls neutralen Gruppe. Das füllt Ihre Basendepots wieder auf.

Neutrale Gruppe – Teil 1

Fette
Kaltgepresste Öle, Butter, ungehärtete Margarine mit einem hohen Anteil an mehrfach ungesättigten Fettsäuren, ungehärtete Plattenfette; außerdem: schmalzähnlicher pflanzlicher Brotaufstrich (z. B. Holstener Liesl).

Gesäuerte Milchprodukte
Joghurt, saure Sahne, Quark, Buttermilch, Dickmilch, Kefir, Sahne, Crème fraîche, Kaffeesahne.

Sojaprodukte
Soja Creme, Soja cremig neutral, Soja Dream.

Schnittkäse
Allgäuer Emmentaler, Appenzeller, Asiagio pressato, Fontina, Halloumi, Majorero, Morbier, Pyrenäenkäse, Schweizer Raclette, Reblochon de Savoie, Salers, Thurgauer, Tomme de Savoie, Wörishofener, Rahmgouda.

Hartkäse aus roher Milch
Beaufort, Caciovacallo, Comté, Grana padano, Gruyère, Grüntener, Jurassic, Manchego, Montasio, Original Parmesan, Provolone, Sbrinz Switzerland, Urtaler.

Weichkäse
Amaltée, Andechser Bio-Ziegenkäse, Banon Chèvre, Brie de Meaux, Brocciu, Cabrales, Camembert, Chaource, Coulommiers Epoisses, Feta, Fromage Hansi, Liptauer, Mont d'Or, Munster Géromé, Pouligny Saint-Pierre, Roquefort, Sant Abray.

Sauermilch- und Frischkäse
Handkäse, Harzer Roller, Mainzer, Korbkäse, Olmützer Quargel, Tiroler Graukäse, Mascarpone, Mozzarella, Picandou Fermier, Ricotta, Robiola Osella.

Roh luftgetrocknete oder roh geräucherte Wurstwaren:
Bündner Fleisch, roher Schinken, Lachsschinken, Salami, Debrecziner.

Rohes Fleisch
Tatar (rohes Fleisch nur ganz frisch und nicht zu häufig).

Rohe, marinierte, geräucherte Fischsorten
Räucherlachs, gebeizter Lachs, Matjeshering, Schillerlocken, geräucherter Bückling, Makrele, Aal, geräucherte Forelle.

Nüsse und Samen
Haselnusskerne, Walnusskerne, Mandeln, Kokosnuss, Sonnenblumenkerne, Sesamsamen, Mohn; (Erdnüsse meiden, sie sind schwer verdaulich).

Essigersatz
Vergorenes Molkekonzentrat (Molkosan), Obstessig, Brottrunk.

Klare hochprozentige Spirituosen
Korn, Wacholder, klarer Obstbrand.

Sonstiges
Ungeschwefelte Rosinen, Oliven, Eigelb, Hefe, Gemüsebrühe.

Neutrale Gruppe – Teil 2

Gemüsesorten
Auberginen, Artischocken, Avocados, Brokkoli, Blumenkohl, grüne Bohnen, Chicorée, Chinakohl, grüne Erbsen, Fenchel, Grünkohl, Gurken, Kohlrabi, Kohlrübe (Steckrübe), Kürbis, Lauch, frischer Mais, Mangold, Melonen, Möhren, Okra, Palmherzen, Paprikaschoten, Peperoni, Radieschen, Rettich, Rote Beten, Rosenkohl, Rotkohl, Sauerkraut, Schwarzwurzeln, Sellerie, Spargel, Spinat, Spitzkohl, Staudensellerie, rohe Tomaten, Topinambur, Suppengrün, Wachsbohnen, Weißkohl, Wirsing, Zucchini, frischer Zuckermais.

Frühlingszwiebeln, Knoblauch, Pfefferschoten, Schalotten, Zwiebeln.

Blattsalate
Kopfsalat, Endiviensalat, Eichblattsalat, Feldsalat, Friséesalat, Eisbergsalat, Lollo rosso, Lollo bionda, Rucola, Radicchio, Römischer Salat.

Pilze
Austernpilze, Champignons, Hallimasch, Morcheln, Pfifferlinge, Rotkappen, Shiitake-Pilze, Steinpilze und andere Waldpilze, Trüffel.

Sprossen und Keime
Mungobohnensprossen, Alfalfasprossen, Radieschensprossen, Kichererbsenkeimlinge und andere Keimlinge.

Geliermittel
Gelatine (tierisches Produkt), Agar-Agar (pulverisierte Meeresalge; Verwendung: Das Pulver in kalter Flüssigkeit auflösen, auf 60–80° erhitzen und erkalten lassen), pflanzliches Bindemittel aus Johannisbrotkernmehl (aus dem Reformhaus).

Sonstiges
Kräuter (Basilikum, Kresse, Petersilie, Schnittlauch), Gewürze (Meerrettich, Senf, Pfeffer), Zitrusschalen, Kräutertees, Heidelbeeren, frische Kokosmilch, Malzkaffee, Naturmolke.

Die neutrale Gruppe habe ich in zwei Teile geteilt. Beachten Sie: Die Lebensmittel in Teil 1 nur sparsam verwenden, die in Teil zwei dürfen Sie in unbegrenzten Mengen essen. Kombinieren Sie Lebensmittel aus der neutralen Gruppe mit Lebensmitteln aus der Eiweiß- oder Kohlenhydratgruppe, nicht aber mit beiden zugleich.

Eiweißgruppe

Nicht mit Lebensmitteln aus der Kohlenhydratgruppe zu kombinieren, dafür mit Lebensmitteln aus der neutralen Gruppe.

Gegarte Fleischsorten

Bratenfleisch, Filet, Rouladen, Roastbeef, Sauerbraten, mageres Suppenfleisch, Tafelspitz, Lammbraten, Lammkoteletts, Gulasch, Steaks, Hackfleisch, Schnitzel, gegartes Geflügel, z. B. Hähnchenbrustfilet, Putenschnitzel, Putenbrust, Gans, Ente.

Gegarte Fischsorten

Aal, Forelle, Heilbutt, Kabeljau, Karpfen, Lachs, Makrele, Rotbarsch, Sardinen, Schellfisch, Seelachs, Seezunge, Scholle, Sprotten, Steinbutt, Tunfisch, Tintenfisch (Sepia), Zander.

Meeresfrüchte

Garnelen, Hummer, Krabben, Krebsfleisch, Languste, Miesmuscheln, Venusmuscheln.

Obstsorten

Saftige Äpfel, Aprikosen, frische Birnen, Brombeeren, Erdbeeren, Himbeeren, Holunderbeeren, Johannisbeeren, Kirschen, Mirabellen, Nektarinen, Pflaumen, Pfirsiche, Quitten, Reineclauden, Rhabarber, Sauerkirschen, Stachelbeeren, Weintrauben.

Zitrusfrüchte

Klementinen, Grapefruits, Limetten, Mandarinen, Orangen, Zitronen.

Exotische Früchte

Ananas, Guave, Granatapfel, Kaki, Kiwi, Kumquats, Litschi, Mango, Papaya, Passionsfrüchte.

Eier, Milch und Käse

Vollei, alle Trinkmilchsorten, Käse bis 45 % Fett i. Tr., z. B. Edamer, Gouda, Tilsiter, Käse bis 60 % Fett, z. B. Allgäuer Bergkäse, Andechser Rahmkäse, Bel Paese, Bergader Edelpilzkäse, Cantadou, Cheddar, Chester, Esrom, Fol Epi, Gorgonzola, Mondseer, Montafoner Bergkäse, Pecorino, Steppenkäse, Trappistenkäse.

Sojaprodukte

Tofu, Sojafleisch.

Getränke

Apfelwein, Obstsäfte, herber Weiß-, Rot- und Roséwein, trockener Sekt.

Sonstiges

Gekochte Tomaten, Aceto balsamico, Himbeeressig.

Kohlenhydratgruppe

Nicht mit Lebensmitteln aus der Eiweißgruppe zu kombinieren, dafür mit Lebensmitteln aus der neutralen Gruppe.

Vollkorngetreide

Hafer, Gerste, Hirse, Weizen, Roggen, Vollkorngetreide-Erzeugnisse, z. B. Vollkornbrot und -brötchen, Kuchen und Gebäck aus Vollkornmehl, Vollkornnudeln, Naturreis.

Kartoffeln

Kartoffeln in jeder Form.

Obstsorten

Bananen, abgelagerte mürbe Äpfel, frische Feigen, frische Datteln, ungeschwefeltes Trockenobst.

Süßungsmittel

Agavendicksaft, Ahornsirup, Apfeldicksaft, Birnendicksaft, Honig (diese Mittel dürfen in kleinen Mengen auch zum Abschmecken eiweißreicher Gerichte verwendet werden).

Sonstiges

Kartoffelstärke, Bier.

Achtung

Diese Nahrungsmittel sollten Sie auch in der neuen Trennkost meiden.

- Weißes Mehl und daraus hergestellte Produkte, z. B. süße und pikante Backwaren, Nudeln, polierter Reis.
- Zucker, Süßstoffe und daraus hergestellte Produkte, z. B. Süßwaren, Marmeladen und Gelees.
- Fertiggerichte und Konserven.
- Schweinefleisch, Wurst und Schinken vom Schwein, rohes Fleisch.
- Getrocknete Hülsenfrüchte, z. B. Bohnen, Erbsen, Linsen.
- Erdnüsse.
- Preiselbeeren (hoher Zuckergehalt).
- Rohes Eiweiß von Eiern (Gefahr von Bakterien und Salmonellen).
- Fertige Mayonnaisen (enthalten oft minderwertiges Öl; besser selber herstellen oder aus dem Reformhaus).
- Gehärtete Fette, z. B. handelsübliche Margarine, feste, weiße Frittier- und Bratfette (Plattenfette; enthalten in cholesterinfreien Margarinesorten, auch in vielen Fertiggerichten, Gebäck, Süßwaren und Eis).
- Schwarzer Tee, Bohnenkaffee, Kakao (Koffein und Tein sind Genussmittel und Säurebildner).
- Limonaden, Malzbier, hochprozentige Spirituosen (Zucker und Alkohol sind Genussmittel und Säurebildner).
- Zum Panieren von Lebensmitteln aus der Eiweißgruppe kein Paniermehl verwenden (es gehört in die Kohlenhydratgruppe; Alternativen sind: Sesamsamen, gemahlene Nüsse aus der neutralen Gruppe).

Trennkost für Gäste

Es muss nicht in Stress ausarten, wenn Sie Freunde, Bekannte, Verwandte oder auch Geschäftspartner zum Essen einladen und selber kochen möchten. Mit einer guten Planung und einer Prise Fröhlichkeit werden Sie es schaffen, dass alle sich gerne an Ihre Einladung erinnern.

Je mehr Gedanken Sie sich im Vorfeld machen, umso erfolgreicher wird die Einladung und umso zufriedener sind die Gäste. Überlegen Sie, was Sie Ihren Gästen servieren möchten. Viele essen beispielsweise kein Fleisch mehr und andere mögen keinen Fisch. Da ist Phantasie gefragt. Eine gute Idee ist ein Buffet – da kann sich jeder nehmen, was ihm schmeckt, und die Menge selbst bestimmen. Und das bietet sich an:

Knackige Salate, dazu **Essig und Öl** extra oder ein **neutrales Dressing** bereitstellen, außerdem **Sprossen** und **Keime, Samen** und **Kerne** zum Anreichern.

Gemüse in Streifen oder Stiften mit trennkostgerechten **Dips** aus **Schmand, Crème fraîche** oder **Naturjoghurt** mit **Kräutern** – alles hübsch angerichtet.

Verschiedene Sorten **Vollkornbrot** und **Vollkornbrötchen** vom Bio-Bäcker dazustellen.

Vegetarische Pizza

Gemüse-Quiche

Käseplatte mit unterschiedlichen Sorten

Damit beim Brunch oder Menü von der Vorspeise bis zum Dessert alles harmonisch passt, müssen Sie sich entweder für eine Eiweiß- oder für eine Kohlenhydratvariante entscheiden.

Einkaufen und Zeit

Wenn die Rezepte feststehen, überprüfen Sie die Vorräte und notieren Sie in verschiedenen Rubriken alle Zutaten, die Sie noch besorgen müssen. Denken Sie auch an das Fassungsvermögen Ihres Kühlschrankes und überlegen Sie sich Ausweichmöglichkeiten, wenn nichts mehr Platz hat (eventuell im Keller, beim Nachbarn oder im Winter auf dem Balkon). Reservieren Sie genügend Zeit zum Tischdecken und für die Tischdekoration. Planen Sie auch Zeit für sich selbst ein zum Abschalten, Erfrischen und Umziehen, damit Sie Ihre Gäste strahlend und entspannt empfangen können.

Einladung zum Brunch

■ **Für die überwiegend eiweißreiche Variante** können Sie aus dem reichhaltigen Angebot der jeweiligen Saison herrliche Köstlichkeiten zusammenstellen.

Halten Sie **frische Früchte** bereit: z. B. **Ananas, Trauben, Orangen, Melonen, Kiwis.**

Reichen Sie dazu **Ziegenfrischkäse, Steaks,** eventuell **gegrillten Fisch** oder **Eierspeisen.**

Nicht vergessen, reichlich **Salat, Rohkost** und **Gemüse** dazuzustellen.

Als Getränke eignen sich **Mineralwasser, Weinschorle, Cidre, verdünnte Obstsäfte** und **alle Teesorten** außer schwarzem Tee. Bohnenkaffee ist nicht empfehlenswert, aber entscheiden Sie selbst, ob Sie ihn anbieten möchten.

■ **Auch ein überwiegend kohlenhydratreicher Brunch** kommt bei Gästen immer wieder gut an.

Halten Sie frische **Vollkornbrötchen** und verschiedene **Vollkornbrotsorten** sowie **Butter** bereit.

Dazu passen: **Käse** aus der neutralen Gruppe, **Räucherlachs, Matjes, roher Rinderschinken, Bündner Fleisch** oder ganz frisches **Tatar.**

Großen Anklang finden auch **Pellkartoffeln mit Dip, Nudel-, Hirse-** oder **Reisgerichte, Gemüsekuchen** oder **Pizza.**

Vergessen Sie nicht, reichlich **Salate, Rohkost** und **Gemüse** dazuzustellen.

Süßmäuler können sich ein **Müsli** mixen aus Zutaten wie **Honig, Bananen, Heidelbeeren, abgelagerten mürben Äpfeln, Datteln** und **Feigen.**

Als Getränke eignen sich **Mineralwasser, Bier und** alle **Teesorten** außer schwarzem Tee.

Einladung zur Grillparty

Auch ein Grillfest ist mit Trennkost möglich. Hier ein paar Anregungen für Ihre nächste Grilparty im Garten.

- **Zu einer eiweiß-orientierten Variante** passen folgende Kombinationen:

Lammkoteletts und **Hähnchenkeulen** für den Grill.
Bereiten Sie **Gemüsepäckchen** mit einem kleinen Stück Käse vor (Rezept Seite 39).
Zucchini, Kirschtomaten, Zwiebeln, Champignons und **Paprikaschoten** in mundgerechte Stücke schneiden und auf Holzspieße stecken, je nach Geschmack abwechselnd mit **Fleisch-** oder **Fischwürfeln** und **Garnelen** anreichern.
Die Spieße mit einer **Marinade** aus Olivenöl, Paprikapulver, Oregano, Rosmarin, Salz und zerdrücktem Knoblauch einpinseln und vor dem Grillen etwa 1 Std. marinieren.
Auch gegrillte Früchte kommen gut an. Früchte wie **Äpfel, Ananas, Orangen, Pfirsiche** oder **Mangos** mundgerecht klein schneiden und aufspießen. Die Spieße in eine Schale legen, mit flüssiger **Butter** bestreichen und mit **Curry** bestäuben.
Nicht vergessen, reichlich **Salat** oder **Rohkost** dazuzustellen.

- **Zu einem Grillfest mit Kohlenhydraten** passen diese Nahrungsmittel:

Folienkartoffeln und **geröstetes Brot** mit leckeren **Dips** aus Quark, Joghurt oder saurer Sahne und Gewürzen. Auch **Ziegen- oder Schafkäse** in Folie gegart passt gut dazu.
Nicht vergessen, reichlich **Salat, Rohkost** und **Gemüse** dazuzustellen, eventuell mit **Käse** aus der neutralen **Spalte**, geräuchertem **Lachs, Matjes,** rohem **Rinderschinken, Bündner Fleisch** oder **Salami.**
Zum Dessert: **Bananen** in Folie oder in Alugrillschalen grillen.

Einladung zum Trennkost-Menü

Die folgenden Vorschläge für dreigängige Menüs wurden mit Rezepten aus diesem Buch zusammengestellt. Beachten Sie bei der Planung, dass die Rezepte in diesem Buch immer nur für Zwei reichen. Für eine größere Runde müssen Sie die Mengen entsprechend der Gästezahl vervielfachen. Denken Sie auch daran, dass der Appetit Ihrer Gäste unterschiedlich groß sein kann.

Eiweiß-Menüs

- Paprika-Tomaten-Suppe (S. 48)
- Hähnchencurry auf Fenchel-Orangen-Bett (S. 122)
- Ziegenkäse mit Früchten (S. 187)

- Eisbergsalat mit Rucola und Tomaten (S. 26)
- Putenschnitzel mit Tomaten und Roquefort (S. 125) und Zucchinisalat (S. 28)
- Birnenjoghurt »geeist« (S. 183)

- Friséesalat mit Paprika und Kresse (S. 27)
- Gulasch in Rotweinsauce (S. 119) mit scharfem Bohnengemüse (S. 40)
- Erdbeer-Joghurt-Sorbet (S. 184)

- Feldsalat mit Tomatenwürfeln (S. 33)
- Schwertfischsteak mit Tomatensalsa (S. 137)
- Orangen-Trauben-Salat mit Mascarpone (S. 185)

- Basilikumsuppe mit Frischkäse (S. 48)
- Seezungenfilets mit Ananas und Currysauce (S. 138)
- Gebratene Kokosananas mit Rumsahne (S. 186)

- Zucchinisalat (S. 28)
- Überbackene Aubergine mit Mozzarella (S. 168)
- Obstsalat mit Zitronen-Joghurt-Sauce (S. 184)

Kohlenhydrat-Menüs

- Blumenkohlsalat (S. 34)
- Bandnudeln mit Pfifferlingen (S. 102)
- Bananen-Dickmilch-Eis mit Heidelbeersauce (S. 182)

- Kopfsalat mit Radieschen (S. 30)
- Pellkartoffeln mit Matjes-Apfel-Sahne-Sauce (S. 62)
- Apfelmus (S. 181)

- Asiatisches Pfannengemüse (S. 46)
- Scharfe Spaghetti (S. 96)
- Feigen im Honigsud (S. 180)

- Tomatensalat (S. 28)
- Paprika-Pizza mit Mozzarella (S. 90)
- Bananen mit Dattel-Mascarpone-Creme (S. 182)

- Gemüsesuppe (S. 48)
- Apfelpfannküchle (S. 89)
- Haselnuss-Zimt-Joghurt (S. 183)

Häufig gestellte Fragen

Folgende Fragen erreichen mich sehr oft per E-Mail. Ähnlich wie eine FAQ-Seite im Internet (Frequently Asked Questions) möchte ich Ihnen als Service hier diese Fragen mit meinen Antworten vorstellen.

Ist der Einstieg mit einem Entschlackungstag unbedingt nötig?

Nein, denn der Entschlackungs- oder Vorbereitungstag bewirkt nur, dass die folgenden Tage leichter zu meistern sind.

In welche Gruppe gehören Tomaten?

Bei Tomaten sollten Sie auf die Art der Verarbeitung achten. Roh schmecken sie süßlich und gehören zur neutralen Gruppe. Als Tomatensauce oder -suppe, also beim Erhitzen, werden die Zellstrukturen so verändert, dass sie sauer schmecken und wie saures Obst zur Eiweißgruppe gehören. Für den Verdauungsprozess muss der Körper saure Verdauungssäfte bereitstellen. Getrocknete Tomaten zählen dagegen zur Kohlenhydratgruppe.

Welche Apfelsorten sind trennkostgerecht?

Frisch geerntete Äpfel, die noch viel Fruchtsäure enthalten, werden in einem sauren Milieu verdaut und gehören deshalb zur Eiweißgruppe. Der gleiche Apfel, der über einen längeren Zeitraum gelagert und dabei mürbe wurde, hat einen wesentlich geringeren Fruchtsäureanteil und wird im basischen Milieu verdaut. Abgelagert und mürbe zählt er zur Kohlenhydratgruppe. Aus diesem Grund kann man keine spezielle Apfelsorte nennen.

Gibt es Ersatz für Sahnedickmilch?

Sahnedickmilch ist ein gut bekömmliches Sauermilchprodukt und leider nicht überall erhältlich. Ersetzen können Sie das Produkt durch milden stichfesten Joghurt, der mit etwas Sahne oder saurer Sahne verrührt wird.

Warum gehört Essig zu den verbotenen Würzmitteln?

Grundsätzlich ist Essig in der Trennkost nicht verboten, wird aber eher nicht empfohlen, weil er zu den stark Säure bildenden Nahrungsmitteln gehört. Milde Essigsorten, dazu gehören Aceto balsamico und Himbeeressig, passen in kleinen Mengen zu Eiweißmahlzeiten, jedoch nicht zu Kohlenhydratmahlzeiten. Auch Zitronensaft kann zur Zubereitung von Dressings verwendet werden, passt aber auch nur zu Eiweißgerichten. Für Kohlenhydratgerichte sind Molkosan, ein vergorenes Molkekonzentrat, Obstessig und Brottrunk ein guter Essigersatz.

Wie lassen sich Eiklarreste verwerten?

Wer das Eiklar (Eiweißgruppe) übrig hat und nicht wegschütten möchte, verquirlt es mit 1–2 ganzen Eiern (Eiweißgruppe) und bereitet ein Rührei zu oder lässt es in siedender Gemüsebrühe stocken.

Zu welchen Mahlzeiten passen Kuchen, pikantes Gebäck und Desserts?

Kuchen und Gebäck sind ein möglicher Snack am Nachmittag (in Maßen genossen). Je nach Geschmack kann ein Dessert oder ein Stück Kuchen ausnahmsweise das Mittag- oder Abendessen ersetzen. Wichtig ist dann, dass Sie davor einen Teller Salat Rohkost oder Gemüse essen. Wem diese Kombination nicht zusagt, kann Salat oder Gemüse als nächste Zwischen- oder Hauptmahlzeit essen. Desserts können Sie vor und nach einer Eiweiß- oder Kohlenhydratmahlzeit genießen, aber auch als Snack zwischendurch.

Hülsenfrüchte – erlaubt oder nicht?

Hülsenfrüchte werden in der original Hay'schen Trennkost ausdrücklich nicht empfohlen, weil sie schwer verdaulich sind, blähen, den Magen übersäuern und Nierenleiden sowie Gicht begünstigen. Andererseits sind Hülsenfrüchte gute Lieferanten von Eisen, Kalzium, Magnesium, Kalium, Kupfer und Phosphor sowie den Vitaminen A, E, und B.
Ich zähle Hülsenfrüchte zu den Grenzfällen und esse sie ab und zu. Meine Empfehlung: Entscheiden Sie selbst, ob Sie mit Erbsen, Linsen und Bohnen Ihren Speisezettel bereichern möchten oder nicht. Mit Kräutern wie Kümmel, Fenchel, Majoran, Liebstöckel, Thymian oder Rosmarin gewürzt sind sie bekömmlicher. Gründlich gekaut oder püriert werden sie noch besser vertragen.

Ist Trennkost in Schwangerschaft und Stillzeit unbedenklich?

Ja, denn durch den hohen Anteil an Obst und Gemüse werden Schwangere und Stillende mit lebenswichtigen Vitaminen, Mineralstoffen und sekundären Pflanzenstoffen versorgt. So bekommen Mutter und Kind alles, was sie in dieser

Zeit brauchen. Starke Wasseransammlungen bleiben meist aus. Stillende sollten allerdings Kohl, Zitrusfrüchte und Alkohol meiden.

Wie lange soll die Esspause nach einer Obstmahlzeit dauern?

Im Allgemeinen wird Obst sehr schnell verdaut, weil es Enzyme enthält, die den Verdauungsprozess beschleunigen. Deshalb kann nach einer Obstmahlzeit, in der Regel schon nach etwa 30 Minuten eine weitere Eiweiß- oder Kohlenhydratmahlzeit folgen. Ideale Essrhythmen sind: Nach dem Frühstück bis zur ersten Zwischenmahlzeit eine Esspause von 1–2 Stunden einhalten. Die Pause zwischen Zwischenmahlzeit und Mittagessen sollte zwischen 30 Minuten und 1 1/2 Stunden liegen. Nach dem Mittagessen braucht der Magen eine längere Verschnaufpause, ungefähr 3–4 Stunden, vor allem zur Produktion der Verdauungssäfte und der Spaltung der Nährstoffe. Die Esspause zwischen der Zwischenmahlzeit am Nachmittag und dem Abendessen kann 1–2 Stunden betragen. Die Abendmahlzeit möglichst nicht zu spät einnehmen.

Ist Trennkost als Dauerernährung geeignet?

Die neue Trennkost mit ihrem optimalen Nährstoffmix aus leicht verdaulichen Eiweißen, Kohlenhydraten mit einem niedrigen glykämischen Index, Ballaststoffen, Vitalstoffen und hochwertigen Ölen macht auf Dauer fit und schlank, schön und leistungsfähig. Darüber hinaus schützt sie nicht nur vor Herz-Kreislauf-Erkrankungen, hohen Cholesterinwerten, Übergewicht und Übersäuerung, sondern entlastet auch Magen und Darm und heilt.

Ist Trennkost mit vegetarischer Ernährung vereinbar?

Es gibt viele Vegetarier, die sich trennkostgerecht ernähren. Sie sollten darauf achten, dass die Eiweiße nicht zu kurz kommen. Aber mit Käse und Milchprodukten ist dies kein Problem, wenn außerdem die biologische Wertigkeit von pflanzlichen Lebensmitteln beachtet wird.

Welche Alternativen gibt es für Zucker?

Ahornsirup, der Sirup aus dem Saft des Zuckerahorns, hat ein feines Aroma. Apfel- und Birnendicksaft werden aus dem Saft reifer Früchte hergestellt. Beide haben einen interessanten Eigengeschmack. Alle drei alternativen Süßungsmittel zählen zur Kohlenhydratgruppe. Frutilose ist ebenfalls ein Obstdicksaft aus dem Reformhaus und gehört auch zur Kohlenhydratgruppe. In kleinen Mengen können diese Alternativen auch zum Süßen von Eiweißmahlzeiten und neutralen Gerichten verwendet werden. Auch Honig ist empfehlenswert.

Aus welchem Grund gehört Pfeffer zu den nicht empfohlenen Gewürzen?

Dr. Hay litt an der Brightschen Nierenerkrankung und verbannte alle Nahrungsmittel von seinem Speiseplan, die eine Nierenreizung auslösen konnten. Dazu gehörten unter anderem Pfeffer, Senf, Ingwer und Meerrettich. Da diese Gewürze nicht nur den Speiseplan bereichern, sondern auch einige positive Wirkungen haben, ist gegen die Verwendung kleiner Mengen bei Gesunden sicher nichts einzuwenden. Meerrettich fördert zum Beispiel den gesamten Stoffwechsel, schwemmt Harnsäure aus, reinigt und entwässert den Körper. Senf dagegen hat verdauungsfördernde Eigenschaften und wirkt antibakteriell. Doch Vorsicht bei Magengeschwüren, Gastritis und bei zu viel Magensäure!

Welche Lebensmittel haben eine besonders Basen bildende Wirkung?

Wie stark ein Nahrungs- oder Genussmittel Säure oder Basen bildend ist, darüber streiten sich sogar die Gelehrten. Die Mehrheit hat sich jedoch bei den Basenbildnern auf diese Nahrungsmittelgruppen geeinigt: Sprossen und Keime, Kartoffeln, Salate, alle Gemüsesorten (auch tiefgekühlte), sonnengereiftes Obst, frisch gepresste Obst- und Gemüsesäfte, Melonen, Kräuter, kaltgepresste Öle und Fette, Sahne, Milch und gesäuerte Milcherzeugnisse, Sojabohnen, Pilze und Meerrettich.

Passen Sojaprodukte in die Trennkost?

Pflanzliche Alternativen zu Sahne und Crème fraîche sind cremige Produkte aus der Sojabohne, die cholesterinfrei und geschmacksneutral sind. Sie eignen sich zum Überbacken, Gratinieren und Legieren von Suppen und Saucen; und zum Verfeinern von Fleisch- und Fischgerichten. Soja Creme passt zu Desserts und unterstützt den natürlichen Geschmack von Gemüse, ist aber nicht wie Sahne aufschlagbar. Sie ist unter unterschiedlichen Produktnamen (Soja Creme, Soja Dream, Soja Cremig) im Reformhaus, Naturkostladen oder im (Bio-)Supermarkt erhältlich.
Nicht zu verwechseln mit Tofu, der ebenfalls hochwertiges Eiweiß enthält, cholesterinfrei, mineralstoffreich und ein Basenbildner ist. Tofu geben Sie am besten kurz vor Ende der Garzeit (mariniert) an Pfannen- oder Wokgerichte.

Salat

Schon aus wenigen Zutaten lassen sich die raffiniertesten Salate zubereiten. Je nach Jahreszeit und individuellem Geschmack können Sie auf den folgenden Seiten zwischen Salaten aus rohen Zutaten wie Blattsalat oder aus gegarten Zutaten wie Möhren oder Blumenkohl wählen. Genießen Sie regelmäßig und reichlich Salat oder Rohkost – am besten vor jedem Mittag- und Abendessen. Für den Hunger zwischendurch macht Fingerfood aus Gemüsestreifen und einem neutralen Dip munter und fit.

Salatrezepte

Salat – frisch und knackig

Salate und Gemüse enthalten viele Nährstoffe. Sie versorgen uns mit Vitaminen, Spurenelementen, Mineralstoffen und sekundären Pflanzenstoffen sowie Ballaststoffen. Gleichzeitig enthalten sie jede Menge Wasser, wenig Kalorien und regulieren das Säure-Basen-Gleichgewicht.

Salat und Rohkost zählen zu den neutralen Lebensmitteln. Sie können deshalb mit einer Eiweiß- oder einer Kohlenhydratmahlzeit kombiniert werden. Je nach Zubereitung kann aber aus einem neutralen Salat leicht ein Eiweiß- oder Kohlenhydratgericht entstehen. Beachten Sie daher die Hinweise bei den Rezepten.

Die passenden Kräuter:

Blattsalate verlangen nach frischen Kräutern wie Petersilie, Schnittlauch, Dill, Kerbel, Estragon, Salbei, Brunnen- oder Gartenkresse, Sauerampfer oder Zitronenmelisse. Frisch gehackt geben sie Salaten das gewisse Etwas. Kaufen Sie die geschmackvollen Kräuter frisch als Bund, im Topf oder holen Sie sich das aromatische Grün aus dem eigenen Kräutergarten. Auch tiefgekühlte Kräuter gibt es inzwischen in großer Auswahl und in guter Qualität. Es lohnt sich, einen Blick in die Tiefkühltruhen der Supermärkte zu werfen und für einen kleinen Vorrat zu sorgen.

Die passenden Gewürze:

Kräuter der Provence, Koriander, Kümmel, Meerrettich, Majoran, Oregano, Thymian, Rosmarin, rosenscharfes Paprikapulver, Kreuzkümmel, Kardamom, Nelkenpulver, Kurkuma, Safran, Currypulver, frisch gehackter Ingwer oder Kaffir-Limettenblätter.

Mein Tipp

Salat und Gemüse ganz fix

Gurke, Eisbergsalat, Tomaten und Paprika können kurz im Gemüsefach des Kühlschranks aufbewahrt werden.

Bei Bedarf können Sie dann aus einem Stück Gurke, 1/2 Eisbergsalat, 1 Tomate sowie 1 Paprikaschote und einem Blitzdressing einen knackigen Salat zubereiten.

Viele Gemüsesorten, zum Beispiel Möhren, Blumenkohl, Brokkoli oder grüne Bohnen, können Sie in doppelter Menge zubereiten und zur nächsten Mahlzeit entweder in etwas Butter schwenken, um sie warm zu servieren, oder als Salat mit einem Dressing anzumachen.

Salat und Rohkost, die Sie zu einer Kohlenhydratmahlzeit genießen möchten, sollten nur folgende Früchte enthalten: Datteln, Feigen, Trockenobst, Bananen oder abgelagerte mürbe Äpfel. Salat und Rohkost, die Sie zu einer eiweißreichen Mahlzeit essen möchten, dürfen Beeren, Steinobst, Kernobst oder Zitrusfrüchte enthalten.

Knoblauch, Zwiebeln & Co.

Je nach Geschmack und Verträglichkeit passen auch Knoblauch und Zwiebeln sowie Bärlauch und Frühlingszwiebeln gut zu Salat. Kaufen sie nur frischen Knoblauch, denn wenn die Knoblauchzehe in der Mitte bereits einen grünen Keim enthält, schmeckt er etwas bitter. Knoblauch am besten schälen und klein würfeln oder durch die Presse drücken.

Rote und weiße Zwiebeln sowie Gemüsezwiebeln sind ideal zur Anreicherung von Salaten. Sie werden geschält, gewürfelt, in Ringe oder Streifen geschnitten. Frühlingszwiebeln werden geputzt, gewaschen und entweder grob gehackt oder schräg in hauchdünne Ringe geschnitten. Verwendet werden sowohl die weißen als auch die grünen Teile.

Salate richtig vorbereiten

Zarte Blattsalate wie Kopfsalat, Eichblattsalat, Batavia, Feldsalat oder Rucola putzen, waschen und in mundgerechte Stücke zerpflücken. Falls der Salat trotz guter Qualität und sachgerechter Aufbewahrung doch etwas welk geworden ist, hilft ein kurzes Bad in Zitronenwasser. Einfach eiskaltes Wasser in eine große Schüssel füllen, eine Zitronenscheibe oder etwas Zitronensaft dazugeben und den Salat hineinlegen. Dann in einem Sieb abtropfen lassen oder in der Salatschleuder trockenschleudern und den Salat erst kurz vor dem Servieren mit dem Dressing anmachen. Je weniger Wasser an den Salatblättern haftet, desto besser nehmen sie die Salatsauce auf.

Salat variieren

Neutralen Blattsalat können Sie nach Lust und Laune, Geschmack und Vorlieben abwandeln. Angereichert mit folgenden Zutaten – Mengenangaben reichen jeweils für 2 Portionen – wird aus der neutralen Vorspeise oder Beilage eine Eiweiß- oder Kohlenhydratmahlzeit.

Neutral bleibt Salat mit:

100g Lachsstreifen
120g zerbröckeltem Schafkäse
350g gebratenen Austernpilzen
100g Sprossen oder Keimen, z.B. Alfalfa-, Kresse-, Mungobohnen- oder Linsensprossen

Besonders knackig wird Salat mit gerösteten Kürbiskernen, Pinienkernen, Sonnenblumenkernen oder Mandelblättchen. Neben dem gewissen Biss liefern sie zusätzlich wertvolle Mineralstoffe und Vitamine. Rösten Sie sie ohne Fett und geben Sie sie erst ganz zum Schluss über den Salat.

Salat wird zum Eiweißgericht mit:

150g Shrimps
300g gebratenen Putenbruststreifen
4 hart gekochten Eiern, in Viertel geschnitten
4 Spiegeleiern oder Rühreiern
300g gebratenen Fleischresten
120g Gouda in Würfeln

Salat wird zur Kohlenhydratmahlzeit mit:

400g Bratkartoffeln
100g gerösteten Brotwürfeln
Zum neutralen Salat können Sie auch Vollkornbrot oder Vollkornbrötchen servieren.

Die Salatsauce

Dressings sind nicht nur eine geschmackliche Komponente, sondern spielen auch eine Rolle bei der Verwertbarkeit von fettlöslichen Vitaminen. Denn Beta-Karotin sowie die Vitamine A, D, E und K kann der Körper nur in Kombination mit etwas Öl erschließen.

Für gute Salatsaucen sind kaltgepresste, nicht behandelte Öle empfehlenswert, vor allem Oliven-, Raps-, Distel-, Sonnenblumen- und Maiskeimöl.

Andere feine, sehr geschmacksintensive Öle sind Traubenkern- und Sesamöl sowie Nussöle aus Haselnüssen oder Walnüssen. Wenn Sie gerne verschiedene Öle verwenden, kaufen Sie kleinere Flaschen, denn angebrochene Ölflaschen sollten Sie nicht nur lichtgeschützt und gut verschlossen aufbewahren, sondern auch innerhalb von sechs Monaten, Nussöle sogar innerhalb von drei Monaten aufbrauchen.

Neutrale Dressings

Der Klassiker unter den Salatsaucen ist eine Öl-Essig-Sauce, die im Mengenverhältnis drei Teile Öl und ein Teil Essig zubereitet wird. In der Trennkost wird Essig jedoch nur sparsam verwendet, da er zu den Säure bildenden Nahrungsmitteln zählt. Obstessig, Molkosan und Brottrunk können Sie als Essigersatz für Kohlenhydratgerichte verwenden und bei Eiweißgerichten Zitronensaft, Himbeeressig, kleine Mengen Aceto balsamico oder andere milde Essigsorten. »Verlängern« können Sie Dressings mit Orangensaft, Buttermilch oder neutralem Joghurt.

Das passt immer...

Dressings aus Joghurt, Buttermilch, Sahne, saurer Sahne, Schmand, Crème fraîche oder Soja Creme sind neutral und passen zu allen Varianten.

Folgende Dressings für 2 Personen sind neutral, im Handumdrehen fertig und passen gut zu Salaten der Saison, aber auch zu Blattsalaten, Tomaten und Salat aus Paprikaschoten.

Joghurt-Dressing

100g Naturjoghurt (3,5% Fett) mit **75g Crème fraîche**, etwas **Kräutersalz** und einer kleinen **Dose Mais (140g Inhalt)** verrühren.

Kräuter-Vinaigrette

1 EL Obstessig und 80ml Wasser mit **Meersalz, Pfeffer** und **1 Spritzer Apfeldicksaft** verrühren. **1 EL kaltgepresstes Olivenöl** unterschlagen, so dass eine cremige Sauce entsteht. Nach Belieben **gehackte Kräuter, frisch geriebenen Meerrettich** oder **Zwiebelwürfel** untermischen.

Eisbergsalat mit Rucola und Tomaten

Zubereitungszeit: 15 Min.

Für 2 Personen (pro Portion ca. 90 kcal)
1 kleiner Eisbergsalat
1/2 kleines Bund Rucola
1 Zwiebel
4 Tomaten
1/2 Salatgurke
1 EL Obstessig
Kräutersalz
1 EL kaltgepresstes Sonnenblumenöl
1 Bund gemischte Kräuter (z. B. Dill, Kerbel, Petersilie, Sauerampfer, Schnittlauch)

1. Eisbergsalat und Rucola putzen, waschen, abtropfen lassen und in mundgerechte Stücke zupfen.

2. Die Zwiebel schälen und in feine Würfel schneiden. Die Tomaten waschen und ohne die Stielansätze in grobe Stücke schneiden. Die Gurke schälen, längs vierteln und in Stücke schneiden. Die Salatzutaten in einer Schüssel mischen.

3. Für das Dressing Essig, 100 ml Wasser und Kräutersalz verrühren, das Öl kräftig unterschlagen.

4. Den Salat mit dem Dressing vermischen. Die Kräuter waschen, trockenschütteln, hacken und über den Salat streuen.

Variante:
Statt Obstessig können sie Molkosan oder Brottrunk aus dem Reformhaus verwenden. Anstelle von gemischten Kräutern können Sie auch nur Kerbel oder im Frühling Sauerampfer verwenden.

Friséesalat mit Paprika und Kresse

Zubereitungszeit: 15 Min.

Für 2 Personen (pro Portion ca. 175 kcal)
100 g Feldsalat
1 kleiner Friséesalat
1 gelbe Paprikaschote
2 Tomaten
3 EL grob gehackte Mandeln
1 EL Obstessig
Kräutersalz
1 TL Frutilose
1 EL kaltgepresstes Sonnenblumenöl
2 EL gehackter Dill
1/2 Päckchen Gartenkresse

1. Den Feldsalat verlesen, gründlich waschen und trockenschleudern. Den Friséesalat putzen, waschen, trockenschleudern und in mundgerechte Stücke zerteilen.

2. Die Paprikaschote halbieren, putzen, waschen und in feine Würfel schneiden. Tomaten waschen und ohne die Stielansätzen in Achtel schneiden.

3. Die Salatzutaten dekorativ auf zwei Tellern anrichten und die Mandeln darüber streuen.

4. Für das Dressing Essig, 100 ml Wasser, Salz und Frutilose verrühren. Das Öl mit einem Schneebesen kräftig unterschlagen und den Dill unterrühren.

5. Das Dressing über den Salat träufeln. Die Kresse vom Beet schneiden und auf dem Salat verteilen.

Variante:
Für besondere Anlässe können Sie Blattsalate mit Kräutersträußchen oder Radieschenspiralen hübsch garnieren. Zarte Kräuterstiele und Schnittlauch oder Frühlingszwiebelgrün längs in Streifen schneiden und zusammenfassen. Radieschen auf einen kleinen Holzspieß stecken, mit einem scharfen Messer spiralig einschneiden und etwas auseinanderziehen.

Tomatensalat

Zubereitungszeit: 15 Min.

Für 2 Personen (pro Portion ca. 65 kcal)
500 g Tomaten
1 Zwiebel
Meersalz
1 EL kaltgepresstes Olivenöl
1/2 Bund Petersilie

1. Die Tomaten waschen, von den Stielansätzen befreien und in dünne Scheiben schneiden. Die Zwiebel schälen und in feine Ringe schneiden.

2. Die Tomatenscheiben dachziegelartig auf zwei Tellern anrichten. Meersalz darüber streuen und das Öl darüber träufeln. Die Zwiebelringe darauf verteilen.

3. Die Petersilie waschen, trockenschütteln, hacken und über die Zwiebelringe streuen.

Variante:
Statt Zwiebeln können Sie einige schwarze Oliven ohne Stein verwenden und die Petersilie durch einige Basilikumblättchen ersetzen. Oliven und Basilikum dekorativ auf den Tomatenscheiben verteilen. Auch mit Oliven bleibt der Salat neutral.

Zucchinisalat

Zubereitungszeit: 20 Min.

Für 2 Personen (pro Portion ca. 120 kcal)
500 g Zucchini | Meersalz
1 EL kaltgepresstes Olivenöl
1 EL Obstessig | Knoblauchsalz
je 1 EL frisch gehackter Dill, Petersilie und Schnittlauch
50 g saure Sahne
1 TL edelsüßes Paprikapulver

1. Die Zucchini waschen und putzen. Salzwasser zum Kochen bringen, die Zucchini darin im Ganzen 8–10 Min. garen. Dann aus dem Wasser nehmen, abkühlen lassen und in kleine Würfel schneiden.

2. Für das Dressing Öl mit Essig, 80 ml Wasser, Salz und Kräuter verrühren. Die saure Sahne unterrühren.

3. Das Dressing mit den Zucchiniwürfeln vermischen. Den Salat auf zwei Tellern anrichten und mit dem Paprikapulver bestäubt servieren.

Variante:
Für Zucchini-Rohkost die Zucchini nur waschen, putzen und grob raspeln oder in feine Stifte schneiden. Mit einem Dressing aus 50 g saurer Sahne, 1 TL Olivenöl, Knoblauchsalz und 1 EL frisch - gehacktem oder tiefgekühltem Dill anmachen.

Rettichsalat mit Joghurt-Kräuter-Dressing

Zubereitungszeit: 20 Min.

Für 2 Personen (pro Portion ca. 175 kcal)
1 mittelgroßer Rettich
Meersalz
100 g Schmand
150 g Naturjoghurt (3,5 % Fett)
1/2 Bund Petersilie

1. Den Rettich putzen, schälen und grob raspeln. Mit Meersalz vermischen und 5 Min. ziehen lassen.

2. Für das Dressing Schmand und Joghurt verrühren und unter die Rettichraspel mischen. Die Petersilie waschen, trockenschütteln und fein hacken.

3. Den Rettichsalat mit Petersilie bestreuen und servieren.

Variante:
Der Rettich lässt sich auch gut durch Radieschen ersetzen. Für den Radieschensalat 3 Bunde Radieschen waschen, putzen, grob raspeln und mit dem Dressing vermischen. Anstatt mit Petersilie mit zwei kleinen Dillzweigen garnieren.

Kohlrabi-Apfel-Rohkost

Zubereitungszeit: 20 Min.

Für 2 Personen (pro Portion ca. 245 kcal)
2 kleine junge Kohlrabi
2 säuerliche Äpfel
2 EL Zitronensaft
100 g saure Sahne
150 g Naturjoghurt (3,5 % Fett)
Kräutersalz
2 EL grob gehackte Haselnusskerne
1 TL Frutilose
8 Zitronenmelisseblättchen
einige Kerbelzweige

1. Die Kohlrabi schälen und in kleine Würfel schneiden. Äpfel waschen, vierteln, vom Kerngehäuse befreien und ebenfalls fein würfeln. Kohlrabi- und Apfelstücke mischen und mit Zitronensaft beträufeln.

2. Für das Dressing die saure Sahne mit Joghurt, Kräutersalz, Nüssen und Frutilose verrühren. Die Zitronenmelisse sehr fein hacken und unterrühren. Den Kerbel waschen und trockenschütteln.

3. Die Rohkost auf zwei Tellern anrichten und das Dressing darüber geben. Mit Kerbel garniert servieren.

Kopfsalat mit Radieschen und Mungobohnensprossen

Zubereitungszeit: ca. 20 Min.

Für 2 Personen (pro Portion ca. 140 kcal)
1 Kopfsalat
1 kleine Salatgurke
1 Bund Radieschen
1/2 Bund gemischte Kräuter (z. B. Kerbel, Schnittlauch, Petersilie)
1 Zwiebel
60 g Mungobohnensprossen
1 EL kaltgepresstes Sonnenblumenöl
100 g Naturjoghurt (3,5 % Fett)
1/8 l frisch gepresster Orangensaft
Meersalz

1. Den Kopfsalat putzen, waschen, trockenschleudern und in mundgerechte Stücke zerteilen. Die Gurke schälen, längs vierteln, mit einem Löffel entkernen und in dünne Stücke schneiden. Die Radieschen putzen, waschen und in Stifte schneiden.

2. Kopfsalat und Radieschen in einer Schüssel mischen. Die Kräuter waschen, trockenschütteln und fein hacken oder in Röllchen schneiden.

3. Die Zwiebel schälen und fein hacken. Die Sprossen waschen, abtropfen lassen und über den Salat streuen. Für das Dressing das Öl mit Joghurt, Orangensaft, Salz, Kräutern und Zwiebelwürfeln verrühren. Den Salat mit dem Dressing vermischen.

Variante:
2 Eier mit 2 EL Mineralwasser und Salz schaumig schlagen. 1 TL Butter in einer kleinenPfanne erhitzen. Die Hälfte der Eimasse dazugeben und bei schwacher Hitzer stocken lassen, dabei die Pfanne hin und her rütteln. Das Omelett aus der Pfanne nehmen, in feine Streifen schneiden und auf dem Salat verteilen.

Eichblattsalat mit Bündner Fleisch

Zubereitungszeit: 20 Min.

Für 2 Personen (pro Portion ca. 115 kcal)
1 Eichblattsalat
8 Kirschtomaten
1 TL Himbeeressig
Meersalz
Pfeffer
1 EL kaltgepresstes Olivenöl
1/2 Päckchen Salatkräuter (tiefgekühlt)
70 g Bündner Fleisch

1. Den Salat putzen, waschen, in mundgerechte Stücke zerteilen und trockenschleudern. Die Tomaten waschen und halbieren.

2. Für das Dressing Essig, 80 ml Wasser, Salz und Pfeffer verrühren. Das Öl unterschlagen und die Kräuter unterrühren.

3. Den Salat anrichten, die Tomatenhälften darauf verteilen und mit dem Dressing beträufeln. Das Bündner Fleisch locker auf dem Salat anrichten und sofort servieren.

Variante:
Das Bündner Fleisch können Sie beliebig ersetzen, beispielsweise durch hart gekochte Eier, in Viertel geschnitten, 250 g gebratene Putenbruststreifen oder 350 g Austernpilze.

Mein Tipp

Olivenöl – das flüssige Gold

Öle sind Aromaträger und Vitaminerschließer für Salate. Wenn Sie Olivenöl für die kalte Küche verwenden, sollten Sie an der Qualität nicht sparen. Kaufen Sie Öl aus erster Pressung. Bei italienischem Öl steht »Olio extra vergine« auf dem Etikett und bei französischem » Huile d'olive vièrge extra«. Der sonnengelbe bis kräftig grüne Olivenextrakt schmeckt leicht nussig und ist außerdem sehr gesund. Der hohe Anteil an ungesättigten Fettsäuren beeinflusst den Stoffwechsel positiv und senkt das Risiko für Herz-Kreislauf-Erkrankungen.

Eisbergsalat mit saurer Sahne

Zubereitungszeit: 20 Min.

Für 2 Personen (pro Portion ca. 130 kcal)
1 Eisbergsalat
1 Zwiebel
100 g saure Sahne
Kräutersalz
1 EL Obstessig
1 EL kaltgepresstes Sonnenblumenöl
1/2 Bund Schnittlauch

1. Den Eisbergsalat putzen, waschen, trockenschleudern und mundgerecht zerteilen. Die Zwiebel schälen und fein hacken.

2. Für das Dressing saure Sahne, 100 ml Wasser, Kräutersalz, Obstessig, Öl und Zwiebelwürfel verrühren. Den Schnittlauch waschen, trockenschütteln und in Röllchen schneiden.

3. Das Dressing mit dem Eisbergsalat vermischen. Den Salat auf zwei Tellern anrichten. Mit Schnittlauchröllchen bestreut servieren.

Variante:
Statt Schnittlauchröllchen können Sie fein gehackte Petersilie, Borretsch oder gemischte Kräuter nach Belieben über den Salat streuen. 8 Kirschtomaten waschen, halbieren und den Salat damit garnieren.

Kopfsalat mit Kräuter-Vinaigrette

Zubereitungszeit: 20 Min.

Für 2 Personen (pro Portion ca. 65 kcal)
1 Kopfsalat
1 Zwiebel
1/2 Bund Petersilie
1 EL Obstessig
Kräutersalz
1 TL Frutilose
1 EL kaltgepresstes Sonnenblumenöl

1. Den Kopfsalat putzen, waschen, trockenschleudern und mundgerecht zerteilen. Die Zwiebel schälen und fein hacken. Die Petersilie waschen, trockenschütteln und fein hacken.

2. Für das Dressing Obstessig, 80 ml Wasser, Kräutersalz und Frutilose verrühren. Das Öl kräftig unterschlagen. Zwiebelwürfel und Petersilie unter das Dressing rühren. Mit dem Kopfsalat vermischen.

Variante:
Dieser Salat schmeckt auch sehr gut mit Friséesalat, Lollo Rosso, Lollo Bionda oder Batavia.
Wer Zwiebeln nicht verträgt, nimmt noch eine zweite Kräutersorte, zum Beispiel Minze, oder eine tiefgekühlte Kräutermischung.

Feldsalat mit Tomatenwürfeln

Zubereitungszeit: 30 Min.

Für 2 Personen (pro Portion ca. 65 kcal)
150 g Feldsalat
4 Tomaten
1 kleine Zwiebel
1 EL Obstessig
Meersalz
einige Tropfen Apfeldicksaft
1 EL kaltgepresstes Traubenkernöl
(ersatzweise Walnussöl)

1. Den Salat waschen, verlesen, trockenschleudern und eventuell mundgerecht zerteilen. Die Tomaten waschen, von den Stielansätzen befreien und in grobe Würfel schneiden.

2. Den Feldsalat mit den Tomatenwürfeln dekorativ auf zwei Tellern anrichten.

3. Die Zwiebel schälen und in feine Würfel schneiden. Für das Dressing Essig, 80 ml Wasser, Salz und Apfeldicksaft verrühren.

4. Das Öl kräftig unterschlagen. Das Dressing über den Salat geben und die Zwiebelwürfel darauf verteilen.

Fenchelrohkost

Zubereitungszeit: 30 Min.

Für 2 Personen (pro Portion ca. 80 kcal)
1 große Fenchelknolle | 1 EL Obstessig
Meersalz | 1 TL Apfeldicksaft
1 EL kaltgepresstes Traubenkernöl

1. Den Fenchel putzen, etwas Fenchelgrün fein hacken und beiseite legen. Die Knolle waschen, halbieren und den mittleren Strunk keilförmig herausschneiden. Die Fenchelhälften quer in hauchdünne Streifen schneiden.

2. Für das Dressing Essig, 80 ml Wasser, Salz und Apfeldicksaft verrühren. Das Öl kräftig unterschlagen. Die Fenchelstreifen auf zwei Tellern anrichten und mit dem Dressing beträufeln. Mit Fenchelgrün bestreut servieren.

Mein Tipp

Traubenkernöl

Es wird aus den getrockneten Kernen der Weintraube gewonnen, hat eine goldgelbe bis grüne Farbe und einen süßlich-bitteren Geschmack. Das Speiseöl wird wegen seines hohen Gehaltes an essenziellen Fettsäuren sehr geschätzt und schmeckt in knackigen Salaten oder Rohkost besonders gut.

Bunter Gemüsesalat

Zubereitungszeit: 30 Min.

Für 2 Personen (pro Portion ca. 140 kcal)
1/2 kleiner Blumenkohl
Meersalz
2 Tomaten
1 Zwiebel
5 Champignons
1/2 Bund Radieschen
1/2 Bund gemischte Kräuter (z. B. Kerbel, Petersilie und Dill)
4 EL Sahne
2 TL kaltgepresstes Sonnenblumenöl
1 EL Obstessig
Kräutersalz

1. Den Blumenkohl putzen, waschen und in kleine Röschen teilen. Salzwasser zum Kochen bringen. Die Röschen darin in 10 Min. bissfest garen. Mit einem Schaumlöffel aus dem Wasser nehmen, kalt abschrecken und etwas abkühlen lassen.

2. Inzwischen die Tomaten waschen, von den Stielansätzen befreien und in kleine Würfel schneiden. Die Zwiebel schälen und fein würfeln.

3. Die Champignons putzen, eventuell abreiben und in feine Scheiben schneiden. Die Radieschen putzen, waschen und ebenfalls in dünne Scheiben schneiden. Das Gemüse in einer Schüssel mischen.

4. Für das Dressing die Kräuter waschen, trockenschütteln und fein hacken. 100 ml Wasser mit Sahne, Öl und Essig kräftig verschlagen. Die Kräuter unterrühren.

5. Den Gemüsesalat mit dem Dressing vermischen. Mit Kräutersalz abschmecken, kurz ziehen lassen und servieren.

Blumenkohlsalat

Zubereitungszeit: 25 Min.

Für 2 Personen (pro Portion ca. 110 kcal)
1 kleiner Blumenkohl
Meersalz
1 Zwiebel
1 EL kaltgepresstes Sonnenblumenöl
1 EL Obstessig
Kräutersalz
4 EL saure Sahne
2 TL edelsüßes Paprikapulver

1. Den Blumenkohl putzen, waschen und in kleine Röschen teilen. Leicht gesalzenes Wasser in einem großen Topf aufkochen lassen.

2. Die Blumenkohlröschen darin bei mittlerer Hitze in 15–18 Min. bissfest garen. Die Röschen aus dem Wasser nehmen, kalt abschrecken und abkühlen lassen.

3. Für das Dressing die Zwiebel schälen und sehr fein würfeln. Das Öl mit Essig, 150 ml Blumenkohlkochwasser, Kräutersalz und saurer Sahne verrühren.

4. Die Blumenkohlröschen auf zwei Tellern anrichten, das Dressing darüber geben und mit Paprikapulver bestäubt servieren.

Mein Tipp

Blanchieren und abschrecken

Ob Blumenkohl, Brokkoli oder Romanesco, sie schmecken vor allem gekocht und überbacken, aber auch als Salat. Romanesco ist eine gelbgrüne Blumenkohlsorte, die sehr dekorativ aussieht. Für Salat werden die Röschen vorab kurz in kochendem Wasser gegart, in der Küchensprache heißt das »blanchieren«. Nach dem Blanchieren müssen die Röschen mit eiskaltem Wasser, am besten Eiswasser, abgeschreckt werden, da die Röschen sonst nachgaren und für die Zubereitung von Salat zu weich werden.

1

2

3

Bohnensalat mit Roquefort-Dressing

Zubereitungszeit: 30 Min.

Für 2 Personen (pro Portion ca. 260 kcal)
300 g grüne Bohnen
Meersalz
1 Zweig Bohnenkraut
1/2 kleiner Eisbergsalat
100 g Champignons
6 Cocktailtomaten
1 Zwiebel
70 g Roquefort
175 g Sahnedickmilch
1 EL Obstessig
Kräutersalz
je 1 EL gehackte Petersilie und Schnittlauchröllchen

1. Die Bohnen waschen, putzen und in etwa 3 cm lange Stücke schneiden. Wenig leicht gesalzenes Wasser zum Kochen bringen. Bohnen und Bohnenkraut zugeben. Die Bohnen in 15 Min. bissfest garen. Herausnehmen, kalt abschrecken und abkühlen lassen.

2. Den Eisbergsalat putzen, waschen und in schmale Streifen schneiden. Die Champignons putzen, eventuell abreiben und in dünne Scheiben schneiden. Die Tomaten waschen und halbieren. Die Zwiebel schälen und fein hacken.

3. Für das Dressing den Käse mit einer Gabel zerdrücken und mit Sahnedickmilch, Essig, Kräutersalz, Kräutern und Zwiebelwürfeln gut verrühren.

4. Den Salat auf zwei Tellern dekorativ anrichten und mit dem Dressing überziehen.

1 Bunter Gemüsesalat

2 Blumenkohlsalat

3 Bohnensalat mit Roquefort-Dressing

Gemüse

Bei Gemüse können Sie so richtig aus dem Vollen schöpfen. Servieren Sie es täglich mittags und abends oder auch als Snack. Und nutzen Sie die Sortenvielfalt – je bunter, desto besser. Und wechseln Sie zwischen Gemüse, das unter und solchem, das über der Erde wächst. Anregungen für abwechslungsreiche Gemüsemahlzeiten oder Beilagen sowie nützliche Einkaufstipps finden Sie auf den nächsten Seiten.

Gemüserezepte

Gemüse – frisch und aromatisch

Gemüse steht neben Salat und Rohkost an der Spitze der gesunden Lebensmittel. Wer sich nach meiner Trennkost ernährt, sollte darauf achten, dass der Anteil an Salat, Obst und Gemüse bei 60 bis 80 Prozent täglich liegt. Es gilt die Regel: 1 Teil Fleisch und dazu drei Teile Salat, Rohkost oder Gemüse bei Eiweißgerichten und 1 Teil Reis oder Kartoffeln dazu 3 Teile Salat, Rohkost oder Gemüse.

Gemüse – roh oder gekocht – zählt im natürlichen Zustand zur neutralen Gruppe. Wie Salat und Rohkost ist Gemüse innerhalb einer Mahlzeit kombinierbar sowohl mit Eiweiß- und Kohlenhydratgerichten als auch mit neutralen Gerichten. Gekochte Tomaten sind jedoch eine Ausnahme: Durch das Garen verändert sich die Struktur der Tomaten so, dass sie nur noch mit Lebensmitteln aus der Eiweißgruppe oder der neutralen Gruppe kombiniert werden können.

Die passenden Gewürze

Gewürze und Kräuter geben Gemüse erst den richtigen Pfiff. Grüne Bohnen entfalten ihr volles Aroma mit frischem Bohnenkraut. Gurken harmonieren hervorragend mit Dill. Fenchel würze ich gerne mit Anis, Kurkuma und frisch gehacktem Ingwer. Kohlsorten, die im Winter Saison haben, schmecken mit frisch geriebener Muskatnuss und einem Hauch Zitronenschale. Auberginen und Zucchini lassen sich gut mit Tomaten zubereiten, mit Knoblauch abrunden und mit frischen Kräutern wie Thymian, Rosmarin, Oregano und Knoblauch mediterran würzen. Rote Beten benötigen Kümmel und Sauerkraut zusätzlich Wacholderbeeren. Curry- und Chilipulver verleihen Gemüseeintöpfen und -aufläufen eine asiatische Note.

Mein Tipp

So sparen Sie Zeit

Um Zeit zu sparen, können Sie die Gemüsegerichte in diesem Buch auch in doppelter Menge zubereiten, portionsweise einfrieren und bei Bedarf rasch aufwärmen.

Oder das Gemüse putzen, zerkleinern und in reichlich leicht gesalzenem Wasser 2–3 Min. blanchieren. Herausnehmen, in Eiswasser tauchen und abtropfen lassen. Bei Bedarf warm mit Kräuterbutter, Sahnesauce oder kalt mit einer Kräuter-Vinaigrette (Rezept Seite 25) angemacht servieren.

Wer mal keine Lust zum Kochen hat und trotzdem seinen Appetit auf Frisches stillen möchte, isst Möhren, Kohlrabi, Fenchel oder Paprikaschote roh und direkt aus der Hand – nach dem Waschen und Putzen versteht sich.

Augen auf beim Einkauf

Frische und Qualität sind wichtige Kriterien beim Gemüseeinkauf. Nur frisch hat Gemüse ein gutes Aroma, die meisten Vitamine und sekundären Pflanzenstoffe. Orientieren Sie sich bei der Auswahl an den Angeboten der Saison und der Region. Saisongemüse wird meist auf Wochenmärkten angeboten oder lässt sich direkt beim Erzeuger erwerben und stammt zum Teil aus Freiland- oder ökologischem Anbau. Kaufen Sie nur so viel ein, wie Sie für zwei bis drei Tage brauchen.

So bleibt Gemüse knackig

Zu Hause das Gemüse sofort auspacken, dann kühl und dunkel lagern. Denn Wärme, Licht und Sauerstoff schaden den wertvollen Inhaltsstoffen. Schon bei Zimmertemperatur sinkt der Vitalstoffgehalt erheblich. Daher Gemüse am besten nach Sorten getrennt luftig verpacken und ins Gemüsefach legen. So hält sich Gemüse je nach Sorte einige Tage frisch.

Gemüse aus dem Frost

Tiefgekühlte Gemüseprodukte sind eine super Alternative zu Frischgemüse. Auch hier lohnt sich der Blick in die Tiefkühltruhe der Supermärkte, um sich

Blumenkohl und Brokkoli vorbereiten

1 Vom Blumenkohlstrunk ein Stück abschneiden und die grünen Hüllblätter entfernen. Den Strunk kreuzweise einschneiden, wenn er im Ganzen gegart bzw. gedämpft werden soll.

2 Sonst wie auch bei Brokkoli die einzelnen Röschen abschneiden oder abbrechen.

3 Brokkolistiele schälen und je nach Rezept klein schneiden. Brokkolistiele müssen etwas länger gegart werden als die Röschen.

über das Angebot zu informieren und sich für alle Fälle einen kleinen Vorrat anzulegen. Das Angebot ist groß und Qualitätsunterschiede zwischen tiefgekühltem und frischem Gemüse gibt es mittlerweile kaum, vorausgesetzt die Lagertemperatur liegt konstant bei minus 18° C. Wenn Sie sich für TK-Gemüse entscheiden, achten Sie darauf, dass Sie nur Sorten ohne Sahne- oder Butterzusätze wählen. Vermeiden Sie langsames Auftauen, sondern erhitzen Sie gefrorenes Gemüse direkt in einem Topf.

Gemüse einmal anders zubereiten

Gemüse ist etwas sensibel und muss sanft behandelt werden, doch bei der Zubereitung darf auch experimentiert werden. Probieren Sie die folgenden Zubereitungsarten einfach aus und entdecken Sie, wie aromatisch Gemüse schmecken kann.

Foliengemüse

Besonders lecker schmeckt Gemüse in der Folie gegart. Als Foliengemüse eignen sich **Zucchini, Auberginen, Rote Beten, Fenchel, Gurken, Mais Paprikaschoten** und **Tomaten** sehr gut.
So gelingt's: Ein ausreichend großes Stück Alufolie zuschneiden und die glänzende Seite dünn mit Öl bestreichen. Das Gemüse waschen, putzen, im Ganzen darauf setzen und nach Belieben würzen. Die Folie darüber schlagen und gut verschließen. Den Backofen auf 200° vorheizen und das Gemüsepäckchen im Backofen (Mitte, Umluft 180°) je nach Gemüse 20–30 Min. garen.

Grillgemüse aus dem Ofen

Kleine Artischocken, Auberginen, Gemüsezwiebeln, Paprikaschoten, Tomaten und **Zucchini** schmecken so gegart einfach köstlich.
So gelingt's: Das Gemüse waschen, putzen und in Scheiben, Streifen oder Spalten schneiden und auf ein Backblech oder in die Abtropfpfanne des Backofens legen. Das Gemüse mit etwas Öl beträufeln, mit Knoblauch, frischen Oreganoblättchen oder Rosmarinnadeln würzen. Den Backofen auf 200° oder den Grill auf höchste Stufe vorheizen und das Gemüse darin rösten.

Gemüse aus dem Wok

Wer Gemüse mit Biss liebt, gart es im Wok. Fürs Pfannenrühren – so nennt man das schnelle Garen im Wok – eignen sich **alle Gemüsesorten**, wenn sie vorher klein geschnitten werden.
So gelingt's: Das Gemüse in kleine Scheiben, Streifen oder Würfel schneiden. Erst den Wok, dann wenig Öl darin erhitzen. Das Gemüse zugeben, dabei erst die gröberen Zutaten, dann die zarteren unter Rühren braten. Leicht salzen und pfeffern, nach Belieben mit Sojasauce würzen und fertiggaren.

Möhrengemüse

Zubereitungszeit: 20 Min.

Für 2 Personen (pro Portion ca. 120 kcal)
400 g Möhren | 1 Chilischote
1 EL Orangensaft | 1 EL Butter | 1 EL Honig
100 ml Marsala (ersatzweise Wasser)
Salz | Pfeffer | 1/4 Bund Petersilie

1. Möhren putzen, schälen und in Scheiben hobeln. Chili waschen, mit (schärfer) oder ohne Kerne in Ringe schneiden. Butter und Honig schmelzen lassen und die Möhren darin unter Rühren 2–3 Min. anbraten.

2. Marsala angießen, Chili zufügen und die Möhren zugedeckt 8–10 Min. köcheln lassen. Mit Salz und Pfeffer abschmecken.

3. Petersilie waschen, trockenschütteln und hacken. Das Gemüse mit Petersilie bestreut servieren.

Scharfes Bohnengemüse

Zubereitungszeit: 30 Min.

Für 2 Personen (pro Portion ca. 165 kcal)
500 g grüne Bohnen | 30 g getrocknete Tomaten
1 EL kaltgepresstes Olivenöl
1 TL vegetarische Gemüsebrühe (Instant)
1 TL Sambal oelek
1/2 TL fein geriebener Ingwer
1 TL getrocknetes Bohnenkraut

1. Die Bohnen waschen, putzen und in etwa 3 cm lange Stücke schneiden. Die Tomaten klein schneiden.

2. Das Öl erhitzen und die Bohnen darin unter Rühren bei schwacher Hitze 3 Min. anbraten. 100 ml Wasser angießen. Die Bohnen mit Brühe, Sambal oelek, Ingwer und Bohnenkraut würzen. Zugedeckt bei mittlerer Hitze 20 Min. dünsten.

Lauch-Apfel-Gemüse

Zubereitungszeit: 30 Min.

Für 2 Personen (pro Portion ca. 135 kcal)
500 g Lauch | 1 säuerlicher Apfel | 1 EL Butter
1/8 l vegetarische Gemüsebrühe (Instant)
Meersalz | Pfeffer | 1 Zweig Thymian
1 EL Crème fraîche
1 TL rosenscharfes Paprikapulver

1. Lauch putzen, längs aufschneiden, gründlich waschen und in schmale Streifen schneiden. Den Apfel waschen, entkernen und würfeln.

2. Die Butter schmelzen lassen. Lauch und Apfel darin anbraten. Brühe angießen, mit Salz, Pfeffer und Thymian würzen, den Lauch zugedeckt 12–15 Min. dünsten. Crème fraîche unterrühren. Mit Paprikapulver bestäuben und servieren.

Wirsinggemüse

Zubereitungszeit: 25 Min.

Für 2 Personen (pro Portion ca. 255 kcal)
1 Wirsing (800 g) | 1 Zwiebel
2 EL Sonnenblumenkerne
1 1/2 EL kaltgepresstes Olivenöl
200 ml vegetarische Gemüsebrühe (Instant)
Meersalz | Pfeffer | 1 TL Kümmel
Muskatnuss, frisch gerieben
3 EL Soja Creme

1. Wirsing putzen, halbieren, vom Strunk befreien, waschen und in Streifen schneiden. Zwiebel schälen, würfeln. Sonnenblumenkerne rösten.

2. Öl erhitzen, Zwiebel darin glasig werden lassen. Den Wirsing zugeben und 3 Min. anbraten. Brühe zugeben und 20 Min. köcheln lassen. Mit Salz, Pfeffer, Kümmel und Muskat würzen. Soja Creme unterrühren und mit Sonnenblumenkernen bestreuen.

Gebratene Gurkenwürfel

Zubereitungszeit: 15 Min.

Für 2 Personen (pro Portion ca. 75 kcal)
1 große Salatgurke | 1/2 Bund Dill
1 EL kaltgepresstes Sonnenblumenöl
Kräutersalz | 4 Zitronenscheiben

1. Gurke schälen, längs vierteln, entkernen und würfeln. Dill waschen und fein hacken. Öl erhitzen, Gurke zufügen und bei starker Hitze 5–8 Min. anbraten. Mit Salz würzen, mit Dill und Zitronenscheiben garniert servieren.

Apfelrotkohl

Zubereitungszeit: 40 Min.

Für 2 Personen (pro Portion ca. 285 kcal)
1 Rotkohl (500 g) | 1 Zwiebel | 2 säuerliche Äpfel
1 EL Zitronensaft | 2 EL Gänseschmalz
200 ml Rotwein | Meersalz | 3 Nelken
1 EL gehackte Walnüsse

1. Rotkohl putzen, vierteln, vom Strunk befreien und in Streifen schneiden. Zwiebel schälen und würfeln. Äpfel waschen, vierteln, entkernen, würfeln und mit Zitronensaft beträufeln.

2. Den Wok erhitzen, Schmalz darin heiß werden lassen. Zwiebelwürfel anbraten. Rotkohl darin unter Rühren 5 Min. mitbraten. Rotwein zugeben, mit Salz und Nelken würzen und das Gemüse zugedeckt 10 Min. schmoren lassen. Äpfel zugeben und 10 Min. mitgaren. Nelken entfernen. Mit Nüssen bestreuen.

1 Apfelrotkohl

2 Lauch-Apfel-Gemüse

3 Möhrengemüse

1

2

3

Zuckerschoten-Möhren-Gemüse

Zubereitungszeit: 20 Min.

Für 2 Personen (pro Portion ca. 290 kcal)
350 g Zuckerschoten
400 g Möhren
1 kleine Zwiebel
1 EL Butter
2 TL vegetarische Gemüsebrühe (Instant)
1/2 Bund Petersilie
4 EL Sahne

1. Die Zuckerschoten waschen, putzen, dabei eventuell die Fäden abziehen. Die Möhren putzen, schälen und auf dem Gemüsehobel in dünne Scheiben hobeln. Die Zwiebel schälen und sehr fein würfeln.

2. Die Butter in einem Topf schmelzen lassen. Die Zwiebelwürfel darin bei schwacher Hitze glasig werden lassen. Zuckerschoten und Möhren zugeben und unter Rühren kurz anbraten. 100 ml Wasser angießen, mit der Brühe würzen und das Gemüse zugedeckt 10 Min. köcheln lassen.

3. Inzwischen die Petersilie waschen, trockenschütteln und fein hacken. Die Sahne unter das Gemüse rühren und heiß werden lassen. Das Gemüse anrichten und mit Petersilie bestreut servieren.

Gebratener Kohlrabi mit Safran

Zubereitungszeit: 20 Min.

Für 2 Personen (pro Portion ca. 95 kcal)
3 junge Kohlrabi
200 ml vegetarische Gemüsebrühe (Instant)
1 Msp. Safranpulver
1/2 Bund Petersilie
1 EL Butter

1. Den Kohlrabi putzen, schälen, vierteln und in dünne Spalten schneiden.

2. Die Brühe mit dem Safran in einem Topf aufkochen lassen. Die Kohlrabispalten darin bei schwacher Hitze in 10 Min. bissfest garen.

3. In der Zwischenzeit die Petersilie waschen, trockenschütteln, fein hacken und beiseite legen. Die Kohlrabispalten aus der Brühe nehmen und gut abtropfen lassen.

4. Die Butter in einer Pfanne zerlassen. Das Gemüse darin bei mittlerer Hitze von allen Seiten braun anbraten. Mit der Petersilie bestreut servieren.

Das Gemüse passt sehr gut zu Sauerbraten (Rezept Seite 118).

Zucchini-Tomaten-Ragout

Zubereitungszeit: 20 Min.

Für 2 Personen (pro Portion ca. 100 kcal)
300 g Tomaten
350 g Zucchini
1–2 Knoblauchzehen
1 EL kaltgepresstes Olivenöl
Kräutersalz
1/2 TL Sambal oelek
2 EL saure Sahne
2 EL Kerbelblättchen

1. Die Stielansätze der Tomaten entfernen. Tomaten kurz überbrühen, häuten, entkernen und in grobe Stücke schneiden.

2. Die Zucchini waschen, putzen und in kleine Würfel schneiden. Den Knoblauch schälen.

3. Das Öl in einer Pfanne erhitzen. Die Zucchiniwürfel hinzufügen und unter Wenden bei starker Hitze scharf anbraten. Den Knoblauch dazupressen und die Tomatenstücke unterrühren.

4. Das Gemüse mit dem Kräutersalz und Sambal oelek würzen und zugedeckt bei schwacher Hitze 10 Min. dünsten.

5. Die saure Sahne unterrühren und mit Kerbel garniert servieren.

Auberginenpüree

Zubereitungszeit: 35 Min.

Für 2 Personen (pro Portion ca. 110 kcal)
1 Aubergine | 2 Tomaten | 1 Zwiebel
1–2 Knoblauchzehen | 1 EL kaltgepresstes Olivenöl
Meersalz | 1 TL Sambal oelek | 1 TL edelsüßes Paprikapulver | 1 TL Sherryessig | 1 EL Crème fraîche

1. Den Backofen auf 180° vorheizen. Aubergine und Tomaten waschen, auf ein Backblech legen und im Backofen (Mitte, Umluft 160°) 20 Min. backen.

2. Zwiebel und Knoblauch schälen, die Zwiebel fein reiben. Aubergine und Tomaten kalt abschrecken, häuten und getrennt pürieren.

3. Das Öl erhitzen und die Zwiebel darin bei schwacher Hitze glasig werden lassen. Erst das Auberginenpüree, dann das Tomatenpüree unterrühren. Mit Salz und Sambal oelek würzen und zugedeckt bei schwacher Hitze 5 Min. köcheln lassen.

4. Das Püree beiseite stellen, den Knoblauch dazupressen, mit Paprikapulver und Essig würzen. Die Crème fraîche unterrühren.

Variante:
Wenn Sie die Tomaten weglassen und statt Sherryessig Obstessig verwenden, wird aus dem Eiweißgericht eine neutrale Mahlzeit. Mit getoastetem Vollkornbaguette erhalten Sie ein Kohlenhydratgericht.

Paprikastreifen aus dem Ofen

Zubereitungszeit: 10 Min.
Backzeit: ca. 15 Min.

Für 2 Personen (pro Portion ca. 135 kcal)
1 gelbe Paprikaschote
2 rote Paprikaschoten
1–2 Knoblauchzehen
2 EL kaltgepresstes Olivenöl
Meersalz
2 Zweige glatte Petersilie

1. Den Backofen auf 200° vorheizen. Die Paprikaschoten halbieren, putzen, waschen, in breite Streifen schneiden und auf ein Backblech legen.

2. Den Knoblauch schälen und in feine Scheibchen schneiden. Die Paprikastreifen mit dem Öl beträufeln, leicht mit Meersalz würzen und die Knoblauchscheibchen über die Paprikastreifen streuen.

3. Die Paprika im Backofen (Mitte, Umluft 180°) 10–15 Min. braten. Zwischendurch einmal wenden. Inzwischen die Petersilie waschen, trockenschütteln und in kleinere Zweige zupfen.

4. Die Paprikastreifen auf einer vorgewärmten Platte anrichten, mit der Petersilie garnieren und sofort servieren.

Variante:
Für marinierte Paprikastreifen 3 EL kaltgepresstes Olivenöl, 3 EL Wasser, Meersalz, 1 EL frische Oreganoblättchen, 1 TL fein gehackte Rosmarinnadeln mit dem Schneebesen verrühren und die Marinade über die Paprikastreifen träufeln. Die Paprikastreifen wie im Rezept oben beschrieben im Backofen backen und servieren.
Nutzen Sie für dieses Gemüsegericht die Sortenvielfalt: Neben roten und gelben Schoten gibt es noch grüne, orangefarbene und gelegentlich auch violette Sorten.

Zwiebel-Lauch-Gemüse

Zubereitungszeit: 20 Min.

Für 2 Personen (pro Portion ca. 110 kcal)
300 g Gemüsezwiebeln
2 mittelgroße Stangen Lauch
2 Wacholderbeeren
1 EL kaltgepresstes Sonnenblumenöl
1 TL vegetarische Gemüsebrühe (Instant)
Kräutersalz | Knoblauchsalz
3 Nelken | 2 EL saure Sahne

1. Die Zwiebeln schälen und in feine Ringe schneiden. Den Lauch putzen, längs aufschneiden, gründlich waschen und in dünne Streifen schneiden.

2. Die Wacholderbeeren im Mörser oder mit dem Messerrücken zerdrücken.

3. Das Öl in einem Topf erhitzen und die Zwiebelringe darin bei mittlerer Hitze anbraten. Den Lauch untermischen und kurz mitbraten. Das Gemüse mit Brühe, Kräutersalz, Knoblauchsalz, Nelken und Wacholderbeeren würzen.

4. Mit 100 ml Wasser ablöschen und das Gemüse zugedeckt bei schwacher Hitze 10 Min. köcheln lassen. Die Nelken entfernen und die saure Sahne unter das Zwiebelgemüse rühren.

Mein Tipp

Pluspunkte für Lauchgewächse

Knoblauch, Zwiebel, Lauch und Schnittlauch gehören zu den Lauchgewächsen und enthalten schwefelhaltige Wirkstoffe, die Sulfide, die für Geschmack und Geruch verantwortlich sind. Sie sollen unter anderem vor Herz-Kreislauf-Erkrankungen, Verdauungsstörungen und Zellschäden durch freie Radikale, das sind aggressive Sauerstoffteilchen, schützen.

Staudensellerie mit Frühlingszwiebeln

Zubereitungszeit: 20 Min.

Für 2 Personen (pro Portion ca. 130 kcal)
500 g Staudensellerie
1 kleines Bund Frühlingszwiebeln
1 EL Butter
1/8 l vegetarische Gemüsebrühe (Instant)
Muskatnuss, frisch gerieben
1/2 Bund Petersilie
3 EL Sahne

1. Den Staudensellerie waschen, putzen, dabei eventuell die Fäden abziehen. Die Stangen in dünne Scheiben schneiden.

2. Die Frühlingszwiebeln putzen, waschen und schräg in sehr feine Ringe schneiden.

3. Die Butter in einem Topf schmelzen lassen. Die Frühlingszwiebeln darin bei mittlerer Hitze anbraten. Die Selleriescheiben dazugeben und unter Rühren 2 Min. mitbraten.

4. Die Brühe angießen, mit 1 Prise Muskat würzen und alles zugedeckt bei schwacher Hitze 12 Min. köcheln lassen.

5. Die Petersilie waschen, trockenschütteln und fein hacken. Die Sahne unterrühren. Das Gemüse mit Petersilie bestreut servieren.

1

2

3

1 Paprikastreifen aus dem Ofen

2 Zwiebel-Lauch-Gemüse

3 Staudensellerie mit Frühlingszwiebeln

Asiatisches Pfannengemüse

Zubereitungszeit: 30 Min.

Für 2 Personen (pro Portion ca. 385 kcal)
250 g Brokkoli | 1 kleine Stange Lauch
100 g Shiitake-Pilze (ersatzweise Austernpilze)
je 1 rote und gelbe Paprikaschote
100 g Mungobohnenkeimlinge | 1 Zwiebel
1 Stück frischer Ingwer (etwa haselnussgroß)
1 EL Sesamöl
40 g Cashewkerne
2–3 EL Sojasauce
Kräutersalz

1. Den Brokkoli waschen, putzen und in Röschen teilen. Die Stiele schälen und in Scheiben schneiden. Den Brokkoli in wenig kochendem Wasser bei mittlerer Hitze in 5 Min. bissfest garen. Herausnehmen und abtropfen lassen.

2. Den Lauch putzen, längs aufschneiden, gründlich waschen und in Streifen schneiden. Die Pilze abreiben, die Stiele entfernen und die Hüte in Scheiben schneiden. Die Paprikaschoten halbieren, putzen, waschen und klein würfeln.

3. Die Mungobohnenkeimlinge verlesen, waschen und abtropfen lassen. Zwiebel und Ingwer schälen. Zwiebel in dünne Spalten schneiden. Den Ingwer fein hacken.

4. Erst den Wok, dann das Öl darin erhitzen. Zwiebelspalten und Ingwer darin bei schwacher Hitze glasig werden lassen. Lauch, Pilze, Paprikawürfel und die Cashewkerne zugeben und alles bei mittlerer Hitze unter Rühren 5–8 Min. kräftig braten, bis das Gemüse bissfest ist. Brokkoli und Mungobohnenkeimlinge unterrühren und warm werden lassen. Das Gemüse mit Sojasauce und Kräutersalz würzen und servieren.

Variante:
Mit Reis serviert, erhalten Sie ein Kohlenhydratgericht. Wenn Sie 150 g Putenschnitzel in Streifen mitbraten, wird aus dem neutralen Gericht eine Eiweißmahlzeit.

Gemüseplatte mit Frischkäsesauce

Zubereitungszeit: 25 Min.

Für 2 Personen (pro Portion ca. 235 kcal)
300 g Spargel
250 g Möhren
500 ml vegetarische Gemüsebrühe (Instant)
1 EL Butter
100 g Erbsen (tiefgekühlt)
Für die Sauce:
100 g Brokkoli
100 g Naturjoghurt (3,5 % Fett)
100 g Kräuterfrischkäse
Kräutersalz
2 Zweige Petersilie

1. Den Spargel waschen, putzen, im unteren Drittel schälen, eventuell von holzigen Enden befreien und in etwa 4 cm lange Stücke schneiden. Die Möhren putzen, schälen und in dünne Scheiben schneiden.

2. Die Brühe zum Kochen bringen, den Spargel zugeben und zugedeckt bei schwacher Hitze 15 Min. kochen lassen. In einem anderen Topf die Butter schmelzen lassen. Die Möhren und unaufgetauten Erbsen darin bei mittlerer Hitze anbraten. Etwas Spargelbrühe abnehmen und angießen. Das Gemüse zugedeckt bei schwacher Hitze 15 Min. dünsten.

3. Inzwischen für die Sauce den Brokkoli waschen, putzen und in kleine Röschen teilen. Zusammen mit Joghurt, Kräuterfrischkäse und Kräutersalz im Mixer oder mit dem Pürierstab fein pürieren. Bei Bedarf etwas mit Spargelbrühe verdünnen. Die Petersilie waschen, trockenschütteln und beiseite legen.

4. Den Spargel mit dem Schaumlöffel aus der Brühe heben, abtropfen lassen und zusammen mit den Möhren und Erbsen auf einer Platte anrichten. Die Sauce über das Gemüse geben und mit Petersilie garnieren.

Brokkoli in Oliven-Oregano-Sauce

Zubereitungszeit: 20 Min.

Für 2 Personen (pro Portion ca. 215 kcal)
600 g Brokkoli
1 kleine Zwiebel
60 g schwarze Oliven ohne Stein
1 EL Sesamöl
100 ml vegetarische Gemüsebrühe (Instant)
1 TL getrockneter Oregano
2 EL Crème fraîche
Meersalz
2 TL Mandelblättchen

1. Den Brokkoli waschen, putzen und in kleine Röschen teilen, die Stiele schälen. Beides in kochendem Wasser in 12 Min. bissfest garen. Den Brokkoli herausnehmen und abtropfen lassen.

2. Für die Sauce die Zwiebel schälen und sehr fein würfeln. Die Oliven ebenfalls fein hacken. Das Öl erhitzen, die Zwiebelwürfel darin bei schwacher Hitze glasig werden lassen.

3. Die Brühe zugießen und mit Oregano würzen. Die Oliven dazugeben und die Sauce bei mittlerer Hitze leicht einkochen lassen. Den Topf von der Herdplatte nehmen und die Crème fraîche unter die Sauce rühren, eventuell mit Meersalz abschmecken.

4. Die Mandeln in einer kleinen beschichteten Pfanne ohne Fett goldbraun rösten, dann beiseite stellen.

5. Den Brokkoli unter die Sauce mischen. Mit Mandelblättchen bestreut servieren.

1 Asiatisches Pfannengemüse

2 Gemüseplatte mit Frischkäsesauce

3 Brokkoli in Oliven-Oregano-Sauce

1

2

3

Paprika-Tomaten-Suppe

Zubereitungszeit: 30 Min.

Für 2 Personen (pro Portion ca. 150 kcal)
1 kleine Schalotte
1 rote Paprikaschote
2 Tomaten
1 kleines Stück Knollensellerie
1 EL kaltgepresstes Olivenöl
60 ml trockener Rotwein
1/4 l vegetarische Gemüsebrühe (Instant)
je 1 TL getrockneter Thymian und Oregano
1 TL gemahlener Rosmarin
1/2 TL Cayennepfeffer
1 TL rosenscharfes Paprikapulver
2 EL frisch geriebener Parmesan

1. Die Schalotte schälen und fein hacken. Die Paprikaschote halbieren, putzen, waschen und würfeln. Stielansätze der Tomaten entfernen. Tomaten kurz überbrühen, häuten, entkernen und fein würfeln. Sellerie schälen und in kleine Würfel schneiden.

2. Olivenöl erhitzen und die Schalotte darin bei schwacher Hitze glasig werden lassen. Gemüse unter Rühren zugeben und 5 Min. anbraten. Mit Rotwein ablöschen, mit Brühe aufgießen und zugedeckt bei schwacher Hitze 12 Min. köcheln lassen.

3. Mit Thymian, Oregano, Rosmarin, Cayennepfeffer und Paprikapulver würzen. Mit Parmesan bestreut servieren.

Brokkoli-Käse-Suppe

Zubereitungszeit: 25 Min.

Für 2 Personen (pro Portion ca. 80 kcal)
200 g Brokkoli
400 ml vegetarische Gemüsebrühe (Instant)
20 g Schmelzkäse
2 EL gehackte Petersilie

1. Den Brokkoli waschen, putzen und in Röschen teilen. Einige kleine Röschen zum Garnieren beiseite legen. Die Stiele schälen und klein würfeln. Den Brokkoli mit der Brühe aufkochen und bei schwacher Hitze 15–18 Min. köcheln lassen.

2. Den Schmelzkäse zugeben und auflösen. Die Suppe 3 Min. pürieren, bis sie schaumig ist. Die restlichen Brokkoliröschen in die Mitte geben und mit Petersilie bestreut servieren.

Gemüsesuppe

Zubereitungszeit: 25 Min.

Für 2 Personen (pro Portion ca. 125 kcal)
1 Bund Suppengrün
1 EL Butter | 2 Blättchen Liebstöckel
Cayennepfeffer
350 ml vegetarische Gemüsebrühe (Instant)
2 EL gehackte Petersilie

1. Suppengrün waschen, putzen und würfeln.

2. Butter erhitzen und die Gemüsewürfel darin unter Rühren anbraten. Mit Liebstöckel und 1 Prise Cayennepfeffer würzen, mit der Brühe aufgießen und bei schwacher Hitze 15 Min. köcheln lassen. Liebstöckel entfernen. Mit Petersilie bestreut servieren.

Basilikumsuppe mit Frischkäse

Zubereitungszeit: 25 Min.

Für 2 Personen (pro Portion ca. 110 kcal)
1 Bund Basilikum
1 kleine Zwiebel
1 EL Butter
50 g Kräuterfrischkäse
350 ml vegetarische Gemüsebrühe (Instant)

1. Basilikum waschen, trockenschütteln, die Blättchen abzupfen und einige Blättchen beiseite legen. Den Rest zerkleinern. Die Zwiebel schälen und hacken.

2. Die Butter erhitzen. Die Zwiebelwürfel darin bei schwacher Hitze unter Rühren glasig werden lassen. Frischkäse und Basilikum zugeben und so lange rühren, bis der Käse zu schmelzen beginnt.

3. Die Brühe angießen und offen bei mittlerer Hitze 5 Min. köcheln lassen. Die Suppe pürieren und mit dem restlichen Basilikum garniert servieren.

Nudelsuppe

Zubereitungszeit: 25 Min.

Für 2 Personen (pro Portion ca. 115 kcal)
Meersalz
25 g Suppennudeln
1 Möhre
1 TL Butter
400 ml vegetarische Gemüsebrühe (Instant)
1 Msp. Safranpulver
1 EL gehackter Liebstöckel

1. Salzwasser zum Kochen bringen. Die Nudeln darin nach Packungsangabe bissfest garen, dann abgießen und abtropfen lassen.

2. Möhre putzen, schälen und in Scheiben schneiden. Butter erhitzen und Möhrenscheiben darin unter Rühren kurz anbraten. Mit Brühe aufgießen, Safran zugeben und bei schwacher Hitze 10 Min. köcheln lassen.

3. Nudeln unterrühren und heiß werden lassen. Mit Liebstöckel bestreut servieren.

1

2

3

1 Paprika-Tomaten-Suppe

2 Brokkoli-Käse-Suppe

3 Nudelsuppe

Lauchcremesuppe

Zubereitungszeit: 25 Min.

Für 2 Personen (pro Portion ca. 190 kcal)
1 kleine Zwiebel
1 Kartoffel (100 g)
1 Stange Lauch
1 EL Butter
400 ml vegetarische Gemüsebrühe (Instant)
Cayennepfeffer | 4 EL Sahne
1/2 Kästchen Gartenkresse

1. Die Zwiebel schälen und würfeln. Die Kartoffel waschen, schälen und klein schneiden. Den Lauch putzen, längs aufschneiden, gründlich waschen und in Steifen schneiden.

2. Die Butter schmelzen lassen. Zwiebelwürfel darin bei schwacher Hitze glasig werden lassen. Kartoffelstücke zugeben und unter Rühren anbraten. Lauch unterrühren und mit Brühe ablöschen. Mit 1 Prise Cayennepfeffer würzen.

3. Alles zugedeckt bei schwacher Hitze 15 Min. köcheln lassen.

4. Die Suppe pürieren, die Sahne unterrühren und erwärmen. Die Kresse vom Beet schneiden und über die Suppe streuen.

Buttermilch-Drink mit Kerbel

Zubereitungszeit: 10 Min.

Für 2 Drinks (pro Drink ca. 65 kcal)
1/2 kleines Bund Kerbel
380 g Buttermilch
80 ml Mineralwasser
Meersalz

1. Den Kerbel waschen, trockenschütteln und zwei kleine Zweige beiseite legen.

2. Vom restlichen Kerbel die Blättchen abzupfen. Mit Buttermilch, Mineralwasser und Meersalz im Mixer auf höchster Stufe pürieren.

2. Den Drink in zwei Gläser füllen und mit Kerbelzweigen garniert servieren.

Variante:
Im Sommer können Sie diesen Drink, gut gekühlt, auch als erfrischende Kaltschale reichen. Lassen Sie dann das Mineralwasser weg und geben Sie stattdessen 1/2 geraspelte Salatgurke und nach Belieben 1 zerdrückte Knoblauchzehe dazu. Die Kaltschale schmeckt auch mit gerösteten Brotwürfeln. Mit einigen Tropfen Tabasco oder ein wenig Chilipulver wird sie etwas feuriger.

Joghurt-Gurken-Drink

Zubereitungszeit: 10 Min.

Für 2 Drinks (pro Drink ca. 100 kcal)
1 Stück Salatgurke (etwa 10 cm)
1/2 kleines Bund Dill
300 g Naturjoghurt (3,5 % Fett)
100 ml Mineralwasser
Knoblauchsalz

1. Die Gurke schälen, längs halbieren, entkernen und würfeln. Dill waschen, trockenschütteln und zwei kleine Zweige beiseite legen.

2. Die Dillspitzen abzupfen und mit Gurke, Joghurt, Mineralwasser und Knoblauchsalz pürieren. In zwei Gläser füllen und mit dem restlichen Dill garniert servieren.

Mein Tipp

Gurken haben es in sich

Den Gurken werden ein Vielzahl positiver Eigenschaften nachgesagt. Sie treiben das Wasser aus dem Körper, entlasten das Herz, senken den Blutdruck, regen Leber, Galle und Darm an, entschlacken, entgiften und aktivieren den Stoffwechsel. Frischer Gurkensaft soll außerdem bei Hitzewallungen in den Wechseljahren helfen.

Tomaten-Sellerie-Drink

Zubereitungszeit: 15 Min.

Für 2 Drinks (pro Drink ca. 20 kcal)
350 g reife Tomaten
1 Stange Staudensellerie
Meersalz
Cayennepfeffer

1. 150 ml Wasser zum Kochen bringen. Die Tomaten waschen, halbieren und im Wasser 5 Min. kochen lassen. Die Tomaten aus dem Wasser nehmen und abkühlen lassen.

2. Den Staudensellerie waschen, putzen und etwas Selleriegrün zum Garnieren beiseite legen. Sellerie in etwa 2 cm breite Scheiben schneiden. Mit den Tomaten pürieren und durch ein Sieb streichen.

3. Den Drink mit Meersalz und 1 Prise Cayennepfeffer kräftig würzen und mit Selleriegrün garniert servieren.

Variante:
Der Drink schmeckt wesentlich pikanter, wenn Sie zusätzlich noch 1/2 TL getrockneten Thymian und 6 frische Basilikumblätter untermixen.

Kartoffeln

Das Geheimnis einer gesunden Ernährung liegt in der Vielfalt und Ausgewogenheit. Da die Kartoffel sich anpasst, vielseitig und nährstoffreich ist, gehört sie auf den abwechslungsreichen Speisezettel der Trennkost. Auf den nächsten Seiten lernen Sie die Knolle einmal ganz anders kennen. Ob auf dem Blech gebacken, mit Schale und Dip, gratiniert oder püriert – lassen Sie sich überraschen und zu eigenen Kreationen inspirieren.

Kartoffelrezepte

Kartoffeln – vielseitig und lecker

Unter der dünnen, braunen Schale stecken wenig Kalorien, aber reichlich Vitamin C und jede Menge Mineralstoffe. Gekocht ist die Kartoffel besonders magenfreundlich, entwässert und bindet Säuren im Körper.

In der Light-Version zubereitet, also gekocht als Salz- oder Pellkartoffel, sind Kartoffeln ein ideales Grundnahrungsmittel, das Sie mit etwas Phantasie abwechslungsreich zubereiten können. Kartoffeln gehören zur Kohlenhydratgruppe und harmonieren mit sehr vielen Zutaten.

Kartoffeln sind kombinierbar mit:

Butter, Öl, Mayonnaise aus guten Ölen, Reformhausmargarine, Eigelb, Sahne, saurer Sahne, Buttermilch, Kefir, Joghurt, Trinksauermilch, Quark (beliebiger Fettstufe), Frischkäse, Camembert (60 % Fett i. Tr.), Schnittkäse (60 % Fett i. Tr.), z. B. Wörishofener, Rahmgouda, Butterkäse, Hartkäse und Weichkäse aus roher Milch ab 45 % Fett i. Tr., z. B. Emmentaler, Gruyère, Bad Aiblinger Rahmkäse, Bavaria Blu, Bonifaz, Cambozola Casello (siehe auch Käsekunde auf Seite 147), abgelagerten mürben Äpfeln, rohem Fisch und Fleisch (z. B. Matjes, Kaviar, gebeizter Lachs, Tatar, roher Schinken, Salami).

Auberginen, Artischocken, Avocados, Brokkoli, Blattsalaten, Blumenkohl, grünen Bohnen, Chicorée, Chinakohl, grünen Erbsen, Fenchel, Gurken, Knoblauch, Kohlrabi, Lauch, frischem Mais, Mangold, Möhren, Nüsse, Sonnenblumenkerne, Kürbiskernen, Pinienkernen, Sprossen und Keimlingen, Paprikaschoten, Peperoni, Pilzen, Radieschen, Rettich, Roten Beten, Rosenkohl, Rotkohl, Sauerkraut, Sellerie, Spargel, Spinat, rohen Tomaten, Weißkohl, Wirsing, Zwiebeln, Zucchini.

Bier, Korn, Wacholder.

Die passenden Gewürze:

Bohnenkraut, Chilipulver, Currypulver, Majoran, Muskatnuss, Meerrettich, Rosmarin, Oregano, Kräuter der Provence, Pfeffer, rosenscharfes Paprikapulver, Bärlauch, Knoblauch, Kümmel, Petersilie, Schnittlauch, Dill, Kerbel, Thymian, Liebstöckel, Brunnenkresse, Sauerampfer, Rucola, Zwiebel, Lorbeerblätter.

Schonend garen

Wenn überhaupt, Kartoffeln erst kurz vor dem Garen schälen und dämpfen. Die Schale schützt die vielen Nährstoffe darunter, deshalb die Knollen möglichst mit Schale kochen. Unter fließendem Wasser waschen und in wenig Wasser dämpfen. Dämpfen ist mit einem speziellen Siebeinsatz besonders einfach.

Kartoffeln auf die Schnelle

Manchmal muss das Kochen schnell gehen, und zwar mit dem, was Kühlschrank und Vorrat zu bieten haben. Wie wär's mit Pellkartoffeln und Extras?

Knoblauchbutter

Für 5–6 Portionen: **100 g weiche Butter** zerdrücken, **1–2 Knoblauchzehen** schälen und dazupressen. Mit **Salz** und **Thymian** unterkneten. Passt zu: *Pellkartoffeln, Nudeln, Fleisch oder Fisch.*

Grüne Knoblauchsauce

Für 6 Portionen: **4 Knoblauchzehen** schälen und mit **1 TL Meersalz** im Mörser zerreiben. **1 Bund Petersilie** waschen und hacken. **1/4 l Olivenöl** tropfenweise unterschlagen. Petersilie unterrühren. Passt zu: *Kartoffeln, Nudeln, Fleisch, Fisch, Salat.*

Rucola-Dip

Für 4 Personen: **1 Bund Rucola** waschen, putzen und abtropfen lassen. Mit **100 g saurer Sahne, 150 g Kefir** pürieren. Mit **Knoblauchsalz** abschmecken. Passt zu: *Kartoffeln, Nudeln, Fleisch oder Fisch und als Dressing zu Salaten.*

Verschiedene Typen

Die Speisekartoffel unterscheidet sich im Zeitpunkt ihrer Reife und Ernte, in Form und Geschmack sowie in der Kocheigenschaft. Je nach Ausprägung dieser Kocheigenschaften gilt eine Kartoffelsorte als fest kochend (eher längliche Knollen). Mit zunehmend runder Form sind sie vorwiegend fest kochend oder mehlig kochend. Das Gelingen eines Kartoffelrezeptes hängt immer auch von der richtigen Wahl des Kochtyps ab. Kaufen Sie daher nicht nur Ihre Lieblingssorte.

Der ***fest kochende*** Typ bleibt beim Kochen, Braten oder Backen gut in Form. Er eignet sich für sämtliche Gerichte, bei denen ein Zerfallen der Knollen unerwünscht ist, z. B. bei Kartoffelsalat, Salz-, Pell- oder Bratkartoffeln. Sorten: *Cilena, Exquisa, Forelle, Hansa, Linda, Nicola, Selma, Sieglinde.*

Der ***vorwiegend fest kochende*** Typ bleibt trotz hohen Stärkegehalts beim Kochen fest. Sie sind für Rösti, Pommes frites und Gratins sowie für Salz-, Pell- oder Grillkartoffeln verwendbar. Sorten: *Agria, Arkula, Berber, Christa, Désirée, Gloria, Granola, Karat, Liu, Quarta, Roxy, Secura, Solina, Ukama.*

Der ***mehlig kochende*** Typ hat einen hohen Stärkeanteil, ist eher trocken und bricht beim Kochen leicht auf.
Diese Sorten sind gut geeignet für Suppen und Eintöpfe, Pürees, Klöße, Kroketten oder Gnocchi. Sorten: *Adretta, Aula, Irmgard, Likaria.*

Außenseiter Topinambur

Erntezeit für diese sonnenblumen-ähnliche Art ist im Herbst und Frühwinter. Ihre Knollen sind sehr wohlschmeckend, nährstoffreich und hierzulande zwar erhältlich, aber noch wenig bekannt. Mit ihrem fein süßlichen Geschmack lassen sie sich roh geraspelt als Suppe oder in Scheiben geschnitten als Bratkartoffeln zubereiten. Sie enthalten fast keine Stärke, deshalb finden Sie die Knolle im Trennplan ab jetzt nicht mehr in der Kohlenhydratgruppe, sondern bei den neutralen Lebensmitteln. Wer Topinambur kennen lernen möchte, kann sie im Prinzip wie Frühkartoffeln zubereiten oder diese beiden Rezepte ausprobieren.

Topinambur in der Folie

...schmeckt als Beilage zu Fleischgerichten.
So gelingt's: Ein ausreichend großes Stück Alufolie zuschneiden und die glänzende Seite dünn mit Öl bestreichen. Topinambur waschen und im Ganzen darauf setzen. Die Folie darüber schlagen und gut verschließen. Den Backofen auf 200° vorheizen und das Päckchen im Backofen (Mitte, Umluft 180°) 30 Min. garen.

Topinambursalat mit Mandarinen

Für das Dressing **2 Mandarinen** und **1 säuerlichen Apfel** schälen, beides in kleine Stücke schneiden. **1 Mandarine** auspressen, den Saft mit **100 g Naturjoghurt** (3,5 % Fett) und **5 EL Sahne** verrühren. Mit **1 EL Birnendicksaft, 1 TL Zitronensaft, 1/2 TL frisch gehacktem Ingwer** würzen und die Obststücke untermischen. **150 g Topinambur** unter fließendem Wasser gründlich abbürsten, schälen, grob raspeln und mit dem Dressing verrühren. Auf zwei Tellern anrichten und jeweils mit **1 1/2 EL gehackten Haselnüssen** bestreuen.

Kartoffel-Apfel-Pfanne mit Kräutern

Zubereitungszeit: 40 Min.

Für 2 Personen (pro Portion ca. 520 kcal)
400 g Kartoffeln
2 abgelagerte mürbe Äpfel
1 große Zwiebel
250 g Kirschtomaten
1 Bund Basilikum
4 EL Olivenöl
Kräutersalz
2–3 TL Kräuter der Provence
300 g Sauerkraut
5 Wacholderbeeren
80 g Schafkäse

1. Die Kartoffeln waschen, mit Schale in 20 Min. garen. Abgießen, abkühlen lassen, pellen und in Würfel schneiden.

2. Die Äpfel waschen, vierteln, vom Kerngehäuse befreien und würfeln. Die Zwiebel schälen und in Ringe schneiden. Die Tomaten waschen und halbieren. Das Basilikum waschen, trockenschütteln und hacken.

3. Das Öl in zwei Pfannen erhitzen. In einer Pfanne die Apfel- und Zwiebelwürfel unter Wenden bei mittlerer Hitze braun anbraten. In der zweiten Pfanne die Kartoffeln bei mittlerer Hitze so lange braten, bis sie leicht knusprig braun sind. Mit Kräutersalz und den Kräutern der Provence würzen.

4. Sauerkraut und Wacholderbeeren zur Apfel-Zwiebel-Mischung geben und unter gelegentlichem Rühren erhitzen.

5. Die Bratkartoffeln unterheben und den Schafkäse darüber zerbröseln. Mit Tomaten und Basilikum garniert servieren.

Dazu passt als Vorspeise **Eisbergsalat mit saurer Sahne** (Rezept Seite 32).

Salsa-Kartoffeln mit grünem Spargel

Zubereitungszeit: 30 Min.

Für 2 Personen (pro Portion ca. 880 kcal)
400 g kleine neue Kartoffeln
Meersalz
600 g grüner Spargel
1 EL frischer Thymian
80 g Camembert (60 % Fett i. Tr.)
Für die Salsa:
1 kleines Bund Petersilie
2 Knoblauchzehen
15 Mandeln
1 EL Sesamsamen
100 ml kaltgepresstes Olivenöl
Meersalz
1 TL Obstessig

1. Die Kartoffeln waschen, gründlich bürsten, der Länge nach vierteln und mit Schale in leicht gesalzenem Wasser in 12 Min. halbgar kochen. Abgießen und abtropfen lassen.

2. Den Spargel waschen, putzen, im unteren Drittel schälen, eventuell vom holzigen Ende befreien und in 3–4 cm lange Stücke schneiden.

3. Für die Salsa die Petersilie waschen, trockenschütteln und die Blättchen abzupfen. Den Knoblauch schälen. Beides mit Mandeln, Sesamsamen, Öl, Salz und Obstessig pürieren.

4. Je 2 EL Salsa in zwei Pfannen erhitzen. In einer Pfanne die Kartoffeln braten und in der anderen die Spargelstücke bei starker Hitze braun braten. Den Spargel unter die Kartoffeln mischen und mit Thymian würzen.

5. Den Camembert in kleine Stücke schneiden, auf den Kartoffeln verteilen, leicht anschmelzen lassen und sofort servieren.

Dazu passt als Vorspeise **Kopfsalat mit Kräuter-Vinaigrette** (Rezept Seite 32).

Bratkartoffeln mit Bohnen und Ziegenfrischkäse

Zubereitungszeit: 30 Min.

Für 2 Personen (pro Portion ca. 570 kcal)
400 g Kartoffeln | 600 g grüne Bohnen
1 Zwiebel | 200 g Champignons
1 Bund Frühlingszwiebeln
1 EL Butter | 1 EL getrocknetes Bohnenkraut
50 ml vegetarische Gemüsebrühe (Instant)
3 EL kaltgepresstes Sonnenblumenöl
Kräutersalz | 1 TL rosenscharfes Paprikapulver
100 g Ziegenfrischkäse

1. Die Kartoffeln waschen und mit Schale in 20 Min. garen. Abgießen, abkühlen lassen, pellen und in etwa 1 cm große Würfel schneiden. Die Bohnen waschen, putzen, wenn nötig die Fäden abziehen und in etwa 3 cm lange Stücke schneiden. Die Zwiebel schälen und grob hacken. Die Champignons putzen, eventuell abreiben und in Scheiben schneiden. Die Frühlingszwiebeln putzen und waschen, den weißen Teil fein würfeln und den grünen Teil in Ringe schneiden.

2. Die Butter in einer beschichteten Pfanne erhitzen. Zwiebelwürfel und Champignons darin bei mittlerer Hitze anbraten. Bohnen und Bohnenkraut zugeben und unter Rühren 12–15 Min. braten. Nach Belieben die Brühe angießen.

3. Das Öl in einer Pfanne erhitzen. Die Frühlingszwiebeln darin bei mittlerer Hitze glasig werden lassen. Die Kartoffelwürfel zufügen und unter gelegentlichem Wenden bei starker Hitze knusprig braten. Die Bratkartoffeln leicht salzen und mit dem Paprikapulver bestäuben.

4. Den Käse auf den Bohnen verteilen und leicht schmelzen lassen. Mit den Bratkartoffeln servieren.

1

2

3

1 Bratkartoffeln mit Bohnen und Ziegenfrischkäse

2 Kartoffel-Apfel-Pfanne mit Kräutern

3 Salsa-Kartoffeln mit grünem Spargel

Klöße mit Pilzragout

Zubereitungszeit: 1 Std.

Für 2 Personen (pro Portion ca. 785 kcal)
1,5 kg mehlig kochende Kartoffeln
Meersalz
1 EL Buttermilch
1/2 Vollkornbrötchen
1 EL Butter
300 g gemischte Waldpilze (ersatzweise Egerlinge oder Champignons)
1 Zwiebel | 1 Stange Lauch
1 EL Butter
1 EL vegetarische Gemüsebrühe (Instant)
100 g Sahne
1 TL getrockneter Majoran
1 Msp. Cayennepfeffer
3 Zweige Petersilie

1. Kartoffeln waschen und schälen. Ein Drittel der Kartoffeln klein würfeln, in wenig Wasser in 12 Min. garen und dann im Kochwasser zerstampfen.

2. Die restlichen rohen Kartoffeln reiben und in einem Tuch ausdrücken, dabei das Kartoffelwasser auffangen und stehen lassen, bis sich die Stärke abgesetzt hat. Ausgedrückte Kartoffeln salzen.

3. Das heiße Kartoffelpüree und die Buttermilch untermischen. Das Kartoffelwasser über der abgesetzten Stärke abgießen. Die Hälfte der Stärke unter den Teig kneten. Dieser sollte nicht zu weich sein.

4. Das Brötchen klein würfeln. Die Butter erhitzen und die Brötchenwürfel darin bei mittlerer Hitze knusprig braten. Aus dem Teig 6 Klöße formen und die Brotwürfel in die Mitte drücken.

5. Pilze putzen und würfeln. Zwiebel schälen und hacken. Lauch putzen, waschen, längs vierteln, gründlich waschen und klein schneiden. Butter erhitzen. Die Zwiebel darin glasig werden lassen. Pilze, Lauch und etwas Salz zugeben und bei mittlerer Hitze unter Rühren in 10 Min. braun anbraten.

6. Brühe und Sahne unterrühren und kurz einkochen lassen. Mit Majoran und Cayennepfeffer würzen.

7. Reichlich Wasser zum Kochen bringen, die restliche Kartoffelstärke einrühren. Die Klöße darin offen bei schwacher Hitze 30 Min. ziehen lassen. Mit Pilzragout und mit Petersilie garniert servieren.

Variante:
Klöße, die übrig bleiben, können Sie gut einfrieren und bei Bedarf auftauen lassen, in Scheiben schneiden und in Butter knusprig braun braten. Dazu passt Apfelrotkohl (Rezept Seite 41).

Apfel-Kartoffel-Gratin

Zubereitungszeit: 35 Min.
Backzeit: ca. 30 Min.

Für 2 Personen (pro Portion ca. 605 kcal)
400 g kleine Kartoffeln | Meersalz
2 abgelagerte mürbe Äpfel
2 Zweige frischer Majoran
150 ml vegetarische Gemüsebrühe (Instant)
150 g Sahne | 1/2 TL Chilipulver | 125 g Mozzarella

1. Die Kartoffeln waschen, gründlich bürsten und mit Schale in 20 Min. garen. Abgießen, leicht abkühlen lassen, pellen und in dünne Scheiben schneiden. Den Backofen auf 175° vorheizen.

2. Die Äpfel waschen, vierteln, nach Belieben schälen, vom Kerngehäuse befreien und ebenfalls in dünne Scheiben schneiden.

3. Die Kartoffel- und Apfelscheiben dachziegelartig in eine flache feuerfeste Form schichten. Den Majoran waschen, trockenschütteln und die Blättchen abzupfen.

4. Die Brühe mit der Sahne verrühren, mit Majoran und Chilipulver würzen und die Mischung über die Kartoffeln gießen.

5. Den Mozzarella abtropfen lassen, in kleine Stücke schneiden und gleichmäßig darauf verteilen. Im Backofen (Mitte, Umluft 150°) 30 Min. überbacken.

Dazu passt als Beilage **Möhrengemüse** (Rezept Seite 40, aber als Beilage ohne Marsala zubereiten).

Gemüse-Kartoffel-Gratin

Zubereitungszeit: 30 Min.
Backzeit: ca. 30 Min.

Für 2 Personen (pro Portion ca. 675 kcal)
400 g kleine Kartoffeln
1 große Zwiebel
600 g Möhren | 1 EL Butter
200 g Erbsen (tiefgekühlt)
250 g saure Sahne
50 g Sahne
80 g Camembert (60 % Fett i. Tr.)
Kräutersalz
1 EL frisch gehackter Thymian
1/2 TL Cayennepfeffer

1. Die Kartoffeln waschen, gründlich abbürsten und mit Schale in 20 Min. garen. Abgießen, leicht abkühlen lassen, pellen und in kleine Würfel schneiden.

2. Die Zwiebel schälen und fein würfeln. Die Möhren putzen, schälen und würfeln. Den Backofen auf 175° vorheizen.

3. Die Butter erhitzen. Zwiebel und Möhren darin bei mittlerer Hitze unter Rühren 3 Min. anbraten. Die unaufgetauten Erbsen dazugeben und zugedeckt 8 Min. dünsten.

4. Die Kartoffeln unter das Gemüse rühren und die Kartoffelmöhren in eine feuerfeste Form geben.

5. Saure Sahne, Sahne und 200 ml Wasser verrühren. Den Camembert klein würfeln und zusammen mit etwas Salz, Thymian und Cayennepfeffer unterrühren. Diese Mischung über das Gemüse gießen. Die Form mit Alufolie abdecken und das Gratin im Backofen (Mitte, Umluft 150°) 15 Min. backen. Die Folie entfernen und das Gratin in weiteren 15 Min. goldbraun überbacken.

1

2

3

*1 **Klöße mit Pilzragout***
*2 **Apfel-Kartoffel-Gratin***
*3 **Gemüse-Kartoffel-Gratin***

Kartoffel-Spinat-Auflauf

Zubereitungszeit: 1 Std.
Backzeit: ca. 30 Min.

Für 2 Personen (pro Portion ca. 665 kcal)
400 g kleine fest kochende Kartoffeln
200 g weiße Zwiebeln
150 ml vegetarische Gemüsebrühe (Instant)
1 Döschen Safranpulver | 120 g Sahne
3 EL saure Sahne | 80 g Camembert (60 % Fett i.Tr.)
Butter für die Form
Für den Spinat:
600 g frischer Spinat | 1 kleine Zwiebel
1 Knoblauchzehe
1 EL kaltgepresstes Sonnenblumenöl
Kräutersalz

1. Die Kartoffeln waschen und mit Schale in 20 Min. garen. Abgießen, leicht abkühlen lassen, pellen und in dünne Scheiben schneiden. Die Zwiebeln schälen und in dünne Ringe schneiden.

2. Den Backofen auf 180° vorheizen. Eine feuerfeste Form mit Butter einfetten. Kartoffeln und Zwiebeln dachziegelartig hineinschichten.

3. Die Brühe mit Safran, Sahne und saurer Sahne verrühren und über die Kartoffeln geben. Den Camembert klein scheiden und darauf verteilen. Im Backofen (Mitte, Umluft 160°) 30 Min. überbacken.

4. Den Spinat waschen, putzen, die harten Stiele entfernen und abtropfen lassen. Zwiebel und Knoblauch schälen und fein würfeln. Das Öl in einer Pfanne mit hohem Rand und Deckel erhitzen und beides darin bei schwacher Hitze glasig werden lassen.

5. Den Spinat unter Rühren zugeben und anbraten, dann zugedeckt zusammenfallen lassen. Den Spinat leicht salzen und mit dem Auflauf servieren.

Variante:
Ofenkartoffeln werden schneller fertig, wenn Sie sie erst in wenig Wasser 12 Min. vorgaren, dann abgießen, auf dem Blech verteilen und 20 Min. backen.

Gefüllte Ofenkartoffeln

Zubereitungszeit: 50 Min.

Für 2 Personen (pro Portion ca. 395 kcal)
2 große Kartoffeln (200 g) | 200 g Champignons
1 Zwiebel | 1 Knoblauchzehe (nach Belieben)
1 EL Butter | 1 EL frische Majoranblättchen
4 EL Soja Creme
1 TL vegetarische Gemüsebrühe (Instant)
1 EL frischer Majoran | Meersalz | Cayennepfeffer
80 g Käse (z. B. Emmentaler, Gruyère oder Parmesan)
Butter für die Form
1 Salatgurke | Meersalz | 1 Zwiebel
2 EL gehackter Dill | 2 EL Soja Creme
1 EL Obstessig | 1 TL Apfeldicksaft

1. Kartoffeln waschen und mit Schale in 20 Min. garen. Abkühlen lassen, längs halbieren. Eine feuerfeste Form einfetten. Die Kartoffelhälften aushöhlen, so dass ein etwa 1 1/2 cm breiter Rand bleibt. Die entnommene Kartoffelmasse zerdrücken.

2. Die Champignons putzen, eventuell abreiben und klein würfeln. Zwiebel und Knoblauch schälen, beides fein hacken. Den Backofen auf 200° vorheizen.

3. Die Butter erhitzen, Zwiebel und Knoblauch darin bei schwacher Hitze glasig werden lassen. Die Champignons zugeben und unter Rühren 8 Min. kräftig anbraten. Mit der Brühe, Majoran und Cayennepfeffer würzen. Die Hälfte der Champignonmasse in die Kartoffelhälften füllen.

4. Den Rest mit Soja Creme und 2 EL Wasser unter die Kartoffelmasse mischen und diese in der Form verteilen. Die Kartoffelhälften darauf setzen. Den Käse reiben und auf den Kartoffeln verteilen. Im Backofen (Mitte, Umluft 180°) 20 Min. überbacken.

5. Gurke schälen, in dünne Scheiben hobeln, leicht salzen und 10 Min. ziehen lassen. Zwiebel schälen und fein hacken. Soja Creme mit Essig und 100 ml Wasser verrühren. Zwiebel, Dill und etwas Apfeldicksaft unterrühren. Gurken ausdrücken und mit dem Dressing mischen. Mit Kartoffeln servieren.

Rosmarin-Kartoffeln mit Knoblauch-Dip

Zubereitungszeit: 20 Min.
Backzeit: ca. 1 Std.

Für 2 Personen (pro Portion ca. 440 kcal)
Für die Rosmarin-Kartoffeln:
450 g Kartoffeln
5 EL kaltgepresstes Olivenöl
2–3 Zweige frischer Rosmarin
1 TL Meersalz
Für den Dip:
175 g Sahnedickmilch
50 ml Buttermilch
1 TL Kräutersalz
1–2 Knoblauchzehen
3 EL gehackte Kräuter (z. B. Petersilie, Kerbel, Schnittlauch)

1. Die Kartoffeln waschen und gründlich bürsten, längs in etwa 1 cm dicke Spalten schneiden. Den Backofen auf 200° vorheizen.

2. Das Backblech mit dem Öl bestreichen und die Kartoffelspalten darauf legen. Die Rosmarinnadeln abzupfen. Die Kartoffeln mit Meersalz und Rosmarin würzen. Im heißen Backofen (Mitte, Umluft 180°) 1 Std. backen, dabei die Kartoffeln gelegentlich lockern und wenden.

3. Für den Dip Sahnedickmilch und Buttermilch glatt rühren. Den Knoblauch schälen und dazupressen. Mit Kräutersalz und den Kräutern verrühren. Den Dip mit den Kartoffeln servieren.

1

2

3

1 Rosmarin-Kartoffeln mit Knoblauch-Dip
2 Gefüllte Ofenkartoffeln mit Gurkensalat
3 Kartoffel-Spinat-Auflauf

Pellkartoffeln mit Matjes in Apfel-Sahne-Sauce

Zeit zum Durchziehen: über Nacht
Zubereitungszeit: 40 Min.

Für 2 Personen (pro Portion ca. 885 kcal)
2 rote Zwiebeln
2 abgelagerte mürbe Äpfel
6 Matjesfilets
1 kleines Bund Dill
100 g Sahne
1 Lorbeerblatt
5 Wacholderbeeren
2 EL saure Sahne
400 g kleine Kartoffeln

1. Die Zwiebeln schälen und in dünne Ringe schneiden. Die Äpfel schälen, vierteln, vom Kerngehäuse befreien und in dünne Spalten schneiden.

2. Von den Matjesfilets die kleinen Gräten entfernen. Den Dill waschen, trockenschütteln und fein hacken.

3. Sahne und 200 ml Wasser verrühren. Lorbeerblatt, Wacholderbeeren, Dill, Zwiebelringe und Apfelspalten untermischen.

4. Die Matjesfilets zwischen die Apfelspalten und Zwiebelringe legen und abgedeckt im Kühlschrank über Nacht ziehen lassen. Am nächsten Tag das Lorbeerblatt entfernen und die saure Sahne untermischen.

5. Die Kartoffeln waschen und mit Schale in 20 Min. garen. Den Matjes mit den heißen Pellkartoffeln servieren.

Dazu passt als Vorspeise **Feldsalat mit Tomatenwürfeln** (Rezept Seite 33).

Pellkartoffeln mit grüner Kräutersauce

Zubereitungszeit: 30 Min.

Für 2 Personen (pro Portion ca. 415 kcal)
400 g kleine Kartoffeln
je ein kleines Bund Dill, Kerbel, Borretsch, Petersilie, Schnittlauch, Sauerampfer
1 kleine Zwiebel
2 hart gekochte Eigelbe
150 g saure Sahne
150 g Naturjoghurt (3,5 % Fett)
1 TL Obstessig
Kräutersalz
1 mittelgroßer Romana-Salat

1. Die Kartoffeln waschen und mit Schale in 20 Min. garen. In der Zwischenzeit die Kräuter waschen, trockenschütteln und sehr fein hacken. Die Zwiebel schälen und fein würfeln.

2. Die Eigelbe fein hacken. Die saure Sahne mit dem Joghurt und den Eigelben verrühren. Die Kräuter und Zwiebelwürfel untermischen. Mit Essig und Salz würzen.

3. Den Salat putzen, waschen, in kleine Streifen schneiden und trockenschleudern. Die Kartoffeln abgießen, kurz abkühlen lassen, pellen und mit der Kräutersauce und dem Salat servieren.

Mein Tipp

Eiersauce aus Eiweißresten

Ein weiteres Ei hart kochen, pellen und mit dem Rest Eiweiß klein hacken. 75 g Joghurt mit 2 EL Crème fraîche und 1 TL Dijon-Senf verrühren. Mit 1 TL Zitronensaft, Pfeffer und Salz würzen und die Eier unterrühren. So zubereitet gehört die Sauce zur Eiweißgruppe und passt sehr gut zu neutralem Blumenkohl oder Brokkoli und gemischtem Salat.

Folienkartoffeln mit Schnittlauchquark

Zubereitungszeit: 15 Min.
Backzeit: ca. 15 Min.

Für 2 Personen (pro Portion ca. 240 kcal)
2 große Pellkartoffeln (200 g, vom Vortag)
1 Bund Schnittlauch
250 g Quark (20 % Fett i. Tr.)
150 g Naturjoghurt (3,5 % Fett)
5 EL Mineralwasser
1 TL Kräutersalz

1. Den Backofen auf 200° vorheizen. Die Kartoffeln in Alufolie wickeln und im Backofen (Mitte, Umluft 180°) 15 Min. backen.

2. In der Zwischenzeit den Schnittlauch waschen, trockenschütteln und in Röllchen schneiden.

3. Den Quark mit Joghurt und Mineralwasser cremig verrühren. Mit Salz würzen und den Schnittlauch untermischen.

4. Die Kartoffeln aus der Folie nehmen, der Länge nach einschneiden (nicht durchschneiden), leicht auseinander drücken und mit dem Schnittlauchquark füllen.

Dazu passt als Vorspeise **Eisbergsalat mit Rucola und Tomate** (Rezept Seite 26).

Variante:
Wenn Sie die Kartoffeln am Tag zuvor garen, sparen Sie sich etwas Zeit. Sonst müssen Sie für Folienkartoffeln 1 Std. Garzeit im Backofen einplanen. Wichtig: Die Kartoffeln auf die glänzende Seite der Folie legen, dann einwickeln.

1

2

3

1 Pellkartoffeln mit Matjes in Apfel-Sahne-Sauce
2 Pellkartoffeln mit grüner Kräutersauce
3 Folienkartoffeln mit Schnittlauchquark

Kartoffelburger mit Lachs

Zubereitungszeit: 25 Min.

Für 2 Personen (pro Portion ca. 270 kcal)
2 längliche große Kartoffeln (je 200 g)
2 EL saure Sahne | 1 TL Meerrettich (aus dem Glas)
Meersalz | 2 große Salatblätter
80 g gebeizter Lachs | 4 Dillzweige

1. Die Kartoffeln waschen und mit Schale in 25 Min. garen. Die Kartofffeln herausnehmen, kurz abkühlen lassen und der Länge nach halbieren

2. Die saure Sahne mit dem Meerrettich verrühren und mit Salz würzen.

3. Den Salat putzen, waschen und trockenschütteln. Zwei Kartoffelhälften mit der Meerrettichsahne bestreichen und beide Hälften mit einem Salatblatt belegen.

4. Den Lachs locker auf das Salatblatt legen, den Lachs mit Dill garnieren und die zweiten Hälften jeweils darauf setzen.

Varianten:
Statt Lachs können Sie zarten Matjes verwenden. 1 Zwiebel schälen, in dünne Ringe schneiden und die Zwiebelringe mit dem Dill auf den Matjes legen. Die saure Sahne durch Schmand ersetzen, dann wird der Burger noch gehaltvoller. Für die Light-Version Naturjoghurt mit Meerrettich verrühren.

Püree mit Sauerkraut

Zubereitungszeit: 30 Min.

Für 2 Personen (pro Portion ca. 595 kcal)
400 g Kartoffeln
1 TL vegetarische Gemüsebrühe (Instant)
1 kleine Zwiebel
3 EL kaltgepresstes Sonnenblumenöl
600 g Sauerkraut | 20 g Holstener Liesl
1 Gemüsezwiebel | 80 g Sahne
Muskatnuss, frisch gerieben
80 g Rindersalami am Stück

1. Die Kartoffeln waschen, schälen und vierteln. In einen Topf geben, mit Wasser bedecken, mit Brühe würzen und in 20 Min. garen.

2. Für das Sauerkraut die Zwiebel schälen und fein würfeln. 1 EL Öl erhitzen und die Zwiebel darin glasig werden lassen. Das Sauerkraut zugeben und unter Rühren leicht anbraten. Die Holstener Liesl unterrühren, mit 100 ml Wasser angießen und das Kraut zugedeckt 15 Min. kochen lassen.

3. Gemüsezwiebel schälen und in feine Ringe schneiden. Das restliche Öl in einer Pfanne nicht zu stark erhitzen, die Zwiebel darin unter Wenden rösten.

4. Die Kartoffeln im Kochwasser fein zerstampfen und die Sahne unterrühren. Mit Muskat würzen. Die Salami klein würfeln. Das Püree mit Sauerkraut anrichten. Salami und Zwiebel darauf verteilen.

Kartoffel-Kräuter-Suppe

Zubereitungszeit: 30 Min.

Für 2 Personen (pro Portion ca. 275 kcal)
400 g mehlig kochende Kartoffeln
1 Bund Petersilie
1 Bund Kerbel
1 EL Butter
400 ml vegetarische Gemüsebrühe (Instant)
5 EL Sahne

1. Die Kartoffeln schälen, waschen und in kleine Würfel schneiden. Petersilie und Kerbel waschen, trockenschütteln und die Blättchen von den Stielen zupfen. Je 1 EL hacken und beiseite legen.

2. Die Butter in einem Topf erhitzen. Die Kartoffelwürfel darin unter Rühren 1 Min. anbraten. Mit Brühe ablöschen, die Kräuter zugeben und zugedeckt bei schwacher Hitze 20 Min. köcheln lassen.

3. Den Topf mit der Suppe von der Herdplatte nehmen. Die Suppe mit dem Pürierstab pürieren. Die Sahne unterrühren und kurz erwärmen. Anrichten und mit den restlichen Kräutern bestreut servieren.

Kartoffel-Paprika-Salat

Zubereitungszeit: 30 Min.

Für 2 Personen (pro Portion ca. 340 kcal)
400 g fest kochende Kartoffeln | 2 rote Zwiebeln
1 kleine gelbe Paprikaschote | 1 Bund Radieschen
1 leicht gehäufter TL Kartoffelstärke
1 TL vegetarische Gemüsebrühe (Instant)
1 TL Molkosan | 1 Bund Schnittlauch
4 geräucherte Forellenfilets | 2 rote Paprikaschoten

1. Die Kartoffeln waschen und mit Schale in 20 Min. garen. Abgießen, leicht abkühlen lassen, pellen und in dünne Scheiben schneiden.

2. Die Zwiebeln schälen und sehr fein würfeln. Die Paprikaschote halbieren, putzen, waschen und in feine Streifen schneiden. Die Radieschen putzen, waschen und in dünne Scheiben schneiden. Zwiebeln, Paprikastreifen und Radieschenscheiben mit den Kartoffelwürfeln mischen. Den Schnittlauch waschen, trockenschütteln und in Röllchen schneiden.

3. Für das Dressing 200 ml Wasser zum Kochen bringen. Die Kartoffelstärke in wenig kaltem Wasser auflösen, in das heiße Wasser rühren und kurz aufkochen lassen. Brühe und Molkosan unterrühren.

4. Das Dressing lauwarm über die Kartoffeln gießen. Den Salat mischen und mit Schnittlauch bestreuen. Paprika halbieren, putzen, waschen und in Streifen schneiden. Mit Salat und Forellenfilets servieren.

COUSCOUS
MIDDELGROTE • MOYEN • MITTELGROB • MEDELGROV
5 min
PRÊT EN • KLAAR IN

Reis und Getreide

In den Küchen der Welt haben Reis und Getreide als Grundnahrungsmittel einen festen Platz. Hierzulande werden auch die vollwertigen Verwandten wie Bulgur, Dinkel und Grünkern immer beliebter. Kein Wunder, lassen sie sich doch unendlich vielseitig kombinieren und zubereiten. In diesem Kapitel finden Sie Kurzbeschreibungen und Grundrezepte zu den beliebtesten Reis- und Getreidesorten sowie tolle Rezeptideen für Pfannengerührtes, Gratiniertes und Gebratenes.

Rezepte mit Reis und Gereide

Reis und Getreide – wertvolles Korn

Reis ist nicht gleich Reis, auch wenn alle wichtigen Sorten botanisch zur gleichen Art gehören. Neben Weizen ist Reis das wichtigste Nahrungsmittel. Alle Reissorten gibt es ungeschält und geschält. Daneben gibt es noch eine Vielzahl anderer Getreidesorten, die, als ganzes Korn gegart, Abwechslung in den Speiseplan bringen.

Reis und Getreide sind in ihrer unverarbeiteten Form sehr wertvoll. So enthält der ungeschälte Naturreis, auch bekannt als brauner Reis oder Vollkornreis, in seinem Silberhäutchen reichlich Mineralstoffe, Vitamine, Öle und Ballaststoffe. Beim Schälen gehen diese allerdings verloren. Mit seinen komplexen Kohlenhydraten gehört Naturreis wie auch Getreide zur Kohlenhydratgruppe, daher lassen sich beide mit Lebensmitteln aus der neutralen Gruppe vielseitig kombinieren. Ideal ist die Kombination von 1 Teil Reis oder Getreide mit 3–4 Teilen Gemüse und Salat.

Reis und Getreide sind kombinierbar mit:

Butter, Öl, Mayonnaise aus guten Ölen, Reformhausmargarine, Eigelb, Sahne, saurer Sahne, Buttermilch, Kefir, Joghurt, Trinksauermilch, Quark (Fettstufe spielt keine Rolle), abgelagerten mürben Äpfeln, Bananen, Trockenobst, Datteln, Feigen, rohem Fisch und Fleisch (z. B. Matjes, Kaviar, gebeizter Lachs, Tatar, roher Schinken, Salami).

Frischkäse, Camembert (60 % Fett i. Tr.), Schnittkäse mit 60 % Fett i. Tr. (z. B. Wörishofener, Rahmgouda, Butterkäse), Hartkäse und Weichkäse aus roher Milch ab 45 % Fett i. Tr. (z. B. Emmentaler, Gruyère, Bad Aiblinger Rahmkäse, Bavaria Blu, Bonifaz, Cambozola Casello). Siehe auch Käsekunde auf Seite 147.

Auberginen, Artischocken, Avocados, Brokkoli, Blattsalaten, Blumenkohl, grünen Bohnen, Chicorée, Chinakohl, grünen Erbsen, Fenchel, Gurken, Knoblauch, Kohlrabi, Lauch, frischem Mais, Mangold, Möhren, Nüssen, Sonnenblumenkernen, Kürbiskernen, Pinienkernen, Sprossen und Keimlingen, Paprikaschoten, Peperoni, Pilzen, Radieschen, Rettich, Roten Beten, Rosenkohl, Rotkohl, Sauerkraut, Sellerie, Spargel, Spinat, rohen Tomaten, Weißkohl, Wirsing, Zwiebeln, Zucchini.

Bier, Korn, Wacholder.

Die passenden Gewürze:

Ahornsirup, Bärlauch, Brunnenkresse, Chilipulver, Currypulver, Honig, Kardamom, Kurkuma, Liebstöckel, Majoran, gemahlene Nelke, Ingwer, Oregano, Pfeffer, Rosinen, Rosmarin, Knoblauch, Petersilie, Kerbel, Thymian, Safran, Sambal oelek, Worcestersauce, Zimtpulver, Zwiebel.

Lang oder rund

Bei der enormen Sortenvielfalt haben Sie die Qual der Wahl. Reformhäuser, Naturkostläden, Bio-Supermärkte und gut sortierte Supermärkte bieten eine große Auswahl an Reissorten. Je nach Form und Größe des Korns können Sie zwischen Langkorn-, Mittelkorn- und Rundkornreis wählen.

Langkornreis oder ***Patnareis:*** Er bleibt beim Kochen körnig und locker und eignet sich gut für Salate.
Rundkorn-Naturreis: Er ist kleberarm und kocht sehr weich. Er ist für süße Reisspeisen, zum Beispiel für Milchreis, ideal. Mittelkornreis hat ähnliche Kocheigenschaften wie Rundkornreis und ist die Basis für Risotto.
Basmati-Naturreis: Dieser Reis ist langkörnig, besonders aromatisch und stammt aus dem Norden Indiens sowie Pakistans und ist die teuerste Reissorte.
Parboiled Vollkornreis: Er wird mit Heißdampf vorgegart und ist daher schon in 10 Min. gar. Nach dem Garen ist er schön körnig. Das beste ist: Durch die Vorbehandlung werden die Inhaltsstoffe des Vollkornreises in die inneren Schichten getrieben. Er bietet sich als Alternative zum »normalen« Vollkorn-

reis an – vor allem für alle, denen das lange Quellen und Kochen des Vollkornreises zu lange dauert. Eilige Köche müssen jetzt nicht mehr zum vitalstoffarmen weißen Kochbeutelreis greifen.

Naturreis richtig garen

Naturreis mit kaltem Wasser mehrmals waschen, bis das Wasser klar ist. Den Reis mit wenig leicht gesalzenem Wasser bedecken und bei schwacher Hitze in 30 Min. garen. Den Herd ausschalten und den Reis weitere 10 Min. quellen lassen.

Die Kochzeit verkürzt sich auf 20 Min., wenn Sie den Reis nach dem Waschen mit Wasser bedecken und etwa 8 Std. oder über Nacht quellen lassen. Die Quellzeit danach bleibt gleich.

Getreide und andere Körner

Getreide besteht zu 70 Prozent aus Kohlenhydraten und zu 10 Prozent aus pflanzlichem Eiweiß. Die Ballaststoffe konzentrieren sich in den äußeren Randschichten. Daneben hat Getreide noch Kalium, Phosphor, Magnesium, Kupfer und Eisen zu bieten. Und neben den Schönheitsvitaminen E und A ist auch Vitamin B gut vertreten. Im Rezeptteil finden Sie viele Anregungen zur Zubereitung von Dinkel, Grünkern und Hirse. Wenn Sie zusätzlich noch andere Getreidesorten ausprobieren möchten, bekommen Sie auf dieser Seite einige Anregungen.

Buchweizen gehört botanisch zu den Knöterichgewächsen, wird jedoch dem Getreide zugeordnet. Seine wichtigsten Inhaltstoffe sind: Vitamin B und E sowie Kalium, Kalzium, Fluor, Eisen, Magnesium und Phosphor. Buchweizen schmeckt sowohl süß als auch pikant. Sie können daraus Grütze, Bratlinge, Pfannkuchen und Klöße zubereiten. Er enthält keinen Kleber und ist daher zum Backen ungeeignet.
Grundrezept Buchweizengrütze: 50 g Buchweizen mit der 2- bis 2 1/2-fachen Menge Wasser zum Kochen bringen und bei schwacher Hitze 15–20 Min. quellen lassen. Nach Belieben mit Zutaten aus der neutralen Gruppe weiterverarbeiten.

Amaranth ist reich an den Vitaminen A, B_1, B_2 und C sowie den Mineralstoffen Kalzium, Kupfer, Eisen, Magnesium und Phosphor. Amaranth schmeckt nussig und kann »gepoppt« als ganzes Korn (z. B. im Müsli) oder vermahlen als Mehl verwendet werden. Er enthält fast keinen Kleber und muss zum Backen mit Weizen- oder Dinkelmehl gemischt werden.

Hirse ist leicht verdaulich und gehört zu den Basenbildnern. Sie ist reich an Fluor, Kieselsäure und Eisen. Diese Getreidesorte enthält keinen Kleber und ist daher für Allergiker eine gute Alternative.
Grundrezept: 50 g Hirse waschen und mit der 3- bis 4-fachen Menge Wasser zum Kochen bringen und bei schwacher Hitze 15 Min. garen. Beiseite stellen und zugedeckt weitere 10 Min. ausquellen lassen. Lässt sich süß und herzhaft mit Lebensmitteln aus der neutralen Gruppe zubereiten.
Couscous wird wie Reis oder andere Getreidearten zubereitet. Er schmeckt als Beilage und als Salat.

Bulgur ist geschälter, vorgegarter getrockneter und zerstoßener Hartweizen mit Keimen und gesunden Inhaltstoffen. Er ist in 15 Min. gar und schmeckt als Salat, im Eintopf oder Auflauf.
Bulgur schmeckt als Beilage oder als Tabouleh, ein erfrischender nordafrikanischer Salat, der mit Petersilie, Tomate, Minze, Öl, Knoblauch und Zitrone zubereitet wird.

Reistopf mit Paprika und Zucchino

Zubereitungszeit: 50 Min.

Für 2 Personen (pro Portion ca. 330 kcal)
100 g Suppen-Vollkornreis
Meersalz
1 kleine Zwiebel
1 rote Paprikaschote
1 kleiner Zucchino
1 Stange Staudensellerie
100 g Fenchel
1 1/2 EL kaltgepresstes Sonnenblumenöl
400 ml vegetarische Gemüsebrühe (Instant)
1 TL getrockneter Thymian
1–2 Zweige Majoran

1. Den Reis mehrmals waschen, bis das Wasser klar ist. Den Reis in einen Topf geben, mit leicht gesalzenem Wasser bedecken und bei schwacher Hitze 30 Min. köcheln lassen. Den Herd ausschalten und 10 Min. quellen lassen.

2. Die Zwiebel schälen, halbieren und in dünne Streifen schneiden. Die Paprikaschote halbieren, putzen, waschen und in dünne Streifen schneiden. Den Zucchino, Staudensellerie und Fenchel waschen und putzen. Zucchino und Staudensellerie würfeln, den Fenchel in Scheiben schneiden.

3. Das Öl erhitzen. Die Zwiebel darin bei schwacher Hitze glasig werden lassen. Das Gemüse zugeben und unter Rühren 3 Min. anbraten. Die Brühe angießen und zugedeckt 15 Min. köcheln lassen.

4. Den Majoran waschen und die Blättchen abzupfen. Den Reis unter den Eintopf mischen. Mit Salz und Thymian würzen. Den Reistopf mit Majoran bestreut servieren.

Variante:
Statt mit Zucchini können Sie den Eintopf auch mit Auberginen zubereiten und mit Sojasauce oder Worcestersauce abschmecken.

Erbsen-Lauch-Suppe mit Reis

Zubereitungszeit: 45 Min.

Für 2 Personen (pro Portion ca. 375 kcal)
100 g Vollkorn-Rundreis
Meersalz
1/2 l vegetarische Gemüsebrühe (Instant)
250 g Erbsen (tiefgekühlt)
1 Stange Lauch
4 EL Sahne
1 EL Liebstöckelblättchen

1. Den Reis mehrmals waschen, bis das Wasser klar durchläuft. In einen Topf geben, mit leicht gesalzenem Wasser bedecken und bei schwacher Hitze 30 Min. köcheln lassen. Den Herd ausschalten und 10 Min. quellen lassen.

2. Die Brühe zum Kochen bringen, die unaufgetauten Erbsen zugeben und zugedeckt bei schwacher Hitze 10 Min. köcheln lassen.

3. In der Zwischenzeit den Lauch putzen, längs halbieren, gründlich waschen und in schmale Streifen schneiden. Den Topf mit den Erbsen von der Herdplatte nehmen. Die Erbsen im Topf mit dem Pürierstab pürieren.

4. Die Lauchstreifen dazugeben und die Suppe zugedeckt weitere 10 Min. bei schwacher Hitze köcheln lassen. Reis und Sahne unterrühren, eventuell nochmals erhitzen. Die Suppe in zwei tiefen Tellern oder Suppentassen anrichten, mit Liebstöckel garnieren und sofort servieren.

Variante:
Etwas deftiger wird die Suppe, wenn Sie pro Person 30 g Salami in kleine Würfel schneiden und über die Suppe streuen. Sehr gut schmeckt die Suppe auch, wenn Sie rohen Rinderschinken in Streifen schneiden und die Schinkenstreifen über die Suppe streuen oder 60 g Schafkäse darüber zerbröseln.

Dinkel-Möhren-Eintopf

Quellzeit: über Nacht
Zubereitungszeit: 55 Min.

Für 2 Personen (pro Portion ca. 370 kcal)
100 g Dinkel
1–2 Stangen Lauch (250 g)
1 Zwiebel
350 g Möhren
1 Kohlrabi
150 g Knollensellerie
1 EL Butter
1/2 l Gemüsebrühe (Instant)
1/2 Bund Petersilie
Meersalz
2 EL Schmand

1. Den Dinkel mit Wasser bedeckt über Nacht quellen lassen. Am nächsten Tag den Dinkel mit dem Einweichwasser zugedeckt bei mittlerer Hitze in 25 Min. garen.

2. Den Lauch putzen, längs aufschneiden, gründlich waschen und in Streifen schneiden. Die Zwiebel schälen und würfeln. Möhren, Kohlrabi und Sellerie putzen, schälen und in kleine Würfel schneiden.

3. Den Dinkel abgießen und abtropfen lassen. Die Butter schmelzen lassen. Das Gemüse darin 3 Min. anbraten und den Dinkel unterrühren. Die Brühe unter Rühren dazugeben und alles zugedeckt bei schwacher Hitze 15 Min. köcheln lassen.

4. Die Petersilie waschen, trockenschütteln und fein hacken. Den Eintopf mit Salz abschmecken und den Schmand unterrühren. Mit Petersilie bestreut servieren.

***1** Erbsen-Lauch-Suppe mit Reis*
***2** Reistopf mit Paprika und Zucchino*
***3** Dinkel-Möhren-Eintopf*

Gemüsereis mit Zucchino und Schafkäse

Zubereitungszeit: 50 Min.

Für 2 Personen (pro Portion ca. 465 kcal)
100 g Basmati-Naturreis
1 mittelgroßer Zucchino
3 Knoblauchzehen
Meersalz
200 g Champignons
1 rote Paprikaschote
1/2 Bund glatte Petersilie
2 EL kaltgepresstes Sonnenblumenöl
Kräutersalz
1 TL getrockneter Oregano
125 g Erbsen (tiefgekühlt)
1 TL vegetarische Gemüsebrühe (Instant)
100 g Schafkäse

1. Den Reis mehrmals waschen, bis das Wasser klar durchläuft. In einen Topf geben, mit leicht gesalzenem Wasser bedecken und zugedeckt bei schwacher Hitze 30 Min. köcheln lassen. Den Herd ausschalten und den Reis 10 Min. quellen lassen.

2. Den Zucchino waschen, putzen und in dünne Scheiben schneiden. Den Knoblauch schälen. Die Champignons putzen, eventuell abreiben und in Scheiben schneiden. Die Paprikaschote halbieren, putzen, waschen und klein würfeln. Die Petersilie waschen, trockenschütteln und sehr fein hacken.

3. 1 EL Öl in einer Pfanne erhitzen und den Knoblauch darin bei mittlerer Hitze 3 Min. kräftig anbraten, dann aus der Pfanne nehmen und wegwerfen. Die Zucchinoscheiben in das verbliebene Bratfett geben und unter Wenden braun anbraten. Mit Kräutersalz und Oregano würzen.

4. In einer weiteren Pfanne das restliche Öl erhitzen. Champignons und Paprikawürfel darin unter Rühren 4 Min. anbraten. Reis und Erbsen unterrühren und mit der Brühe würzen. Die Zucchinischeiben auf den Gemüsereis geben, den Schafkäse darüber bröckeln und mit Petersilie bestreuen und sofort servieren.

Curryreis mit Brokkoli und Mandeln

Zubereitungszeit: 50 Min.

Für 2 Personen (pro Portion ca. 540 kcal)
100 g Basmati-Naturreis
250 g Brokkoli
Meersalz
1 große Zwiebel
4 EL Mandelblättchen
1/2 Bund Kerbel
1 1/2 EL kaltgepresstes Sonnenblumenöl
80 g Mais (aus der Dose oder tiefgekühlt)
1–2 TL Currypulver
Kräutersalz
3 EL saure Sahne

1. Den Reis mehrmals waschen, bis das Wasser klar durchläuft. In einen Topf geben, mit leicht gesalzenem Wasser bedecken und zugedeckt bei schwacher Hitze 30 Min. köcheln lassen. Den Herd ausschalten und den Reis 10 Min. quellen lassen.

2. Den Brokkoli waschen, putzen und in kleine Röschen teilen. Die Stiele schälen und klein schneiden. Salzwasser zum Kochen bringen und den Brokkoli darin in 8 Min. garen. Herausnehmen, kalt abschrecken und abtropfen lassen, dabei 150 ml Kochwasser auffangen.

3. Die Zwiebel schälen, halbieren und in schmale Spalten schneiden. Die Mandeln in einer beschichteten Pfanne ohne Fett goldbraun rösten und beiseite stellen. Den Kerbel waschen, trockenschütteln und hacken.

4. Das Öl erhitzen und die Zwiebelspalten darin bei mittlerer Hitze anbraten. Mais und Reis dazugeben und mitbraten. Mit Curry und Kräutersalz würzen. Das Kochwasser angießen und kurz aufkochen lassen.

5. Die saure Sahne unterrühren, den Brokkoli untermischen und alles kurz erwärmen. Mit Mandeln und Kerbel bestreut servieren.

Dazu passt als Vorspeise ein neutraler Salat (Rezepte ab Seite 26).

Gemüsereis aus dem Wok

Zubereitungszeit: 45 Min.

Für 2 Personen (pro Portion ca. 650 kcal)
100 g Basmati-Naturreis
150 g Shiitake-Pilze (ersatzweise Austernpilze)
2 Stangen Staudensellerie
3 Frühlingszwiebeln
1 rote Paprikaschote
1 Stück frischer Ingwer (etwa haselnussgroß)
1/2 Bund Petersilie
Meersalz
4 EL Mungobohnenkeimlinge
2 EL kaltgepresstes Sonnenblumenöl
40 g Cashewkerne | Kräutersalz
Worcestersauce

1. Den Reis mehrmals waschen, bis das Wasser klar durchläuft. In einen Topf geben, mit leicht gesalzenem Wasser bedecken und bei schwacher Hitze 30 Min. köcheln lassen. Den Herd ausschalten und den Reis 10 Min. quellen lassen.

2. Die Shiitake-Pilze abreiben, die Stiele herausschneiden und die Hüte klein schneiden. Den Staudensellerie waschen, putzen und in Stücke schneiden. Die Frühlingszwiebeln putzen, waschen und in Ringe schneiden. Die Paprikaschote halbieren, entkernen, waschen und grob würfeln. Den Ingwer schälen und klein schneiden.

3. Die Petersilie waschen, trockenschütteln und hacken. Die Mungobohnenkeimlinge verlesen, waschen und abtropfen lassen.

4. Zunächst den Wok erhitzen, dann das Öl hineingeben. Staudensellerie, Frühlingszwiebeln und Ingwer darin unter Rühren 3 Min. anbraten. Pilze, Paprikawürfel und Cashewkerne zugeben und bei starker Hitze braun braten.

5. Reis und Petersilie unterrühren. Mit Salz und einigen Spritzern Worcestersauce würzen. Mit den Keimlingen bestreut servieren.

Dazu passt als Vorspeise ein neutraler Salat (Rezepte ab Seite 26).

Gemüsepaella

Zubereitungszeit: 1 Std. 15 Min.

Für 2 Personen (pro Portion ca. 370 kcal)
125 g Champignons
125 g grüne Bohnen
je 1 gelbe und rote Paprikaschote
1 Zwiebel | 1 Knoblauchzehe
2 EL kaltgepresstes Olivenöl
100 g Basmati-Naturreis
1/2 Döschen Safranpulver
350 ml vegetarische Gemüsebrühe (Instant)
4 EL Erbsen (tiefgekühlt)
12 schwarze Oliven
1/2 Bund glatte Petersilie

1. Die Champignons putzen, eventuell abreiben und in Scheiben schneiden. Die Bohnen waschen, putzen und in etwa 3 cm lange Stücke brechen. Die Paprikaschoten halbieren, putzen und waschen. Die gelbe Paprikaschote klein würfeln und die rote in etwa 2 cm breite Streifen schneiden. Zwiebel und Knoblauch schälen, beides fein hacken.

2. 1 EL Öl erhitzen. Zwiebel und Knoblauch darin bei schwacher Hitze glasig werden lassen. Den Reis zugeben und ebenfalls glasig werden lassen. Champignons, Bohnen und gelbe Paprikawürfel zugeben und mitbraten. Safran und Brühe zugeben und zugedeckt bei schwacher Hitze 35 Min. köcheln lassen.

3. Die Erbsen unterrühren und weitere 20 Min. köcheln lassen. In der Zwischenzeit das restliche Öl erhitzen und die roten Paprikastreifen unter Wenden 6 Min. anbraten, dann beiseite stellen. Die Petersilie waschen, trockenschütteln und hacken.

4. Kurz vor Ende der Garzeit (die Flüssigkeit sollte fast aufgesogen sein) Paprikastreifen und Oliven auf der Paella verteilen. Mit Petersilie bestreut servieren.

Dazu passt als Vorspeise ein neutraler Salat (Rezepte ab Seite 26).

Reispfanne mit Aubergine und Schafkäse

Zubereitungszeit: 45 Min.

Für 2 Personen (pro Portion ca. 420 kcal)
100 g Vollkorn-Langkornreis
Meersalz
1 kleine Aubergine
2 gelbe Paprikaschoten
1 große Zwiebel
1 Zucchino
2 EL kaltgepresstes Olivenöl
Kräutersalz
je 1/2 TL getrockneter Oregano und Rosmarin
80 g Schafkäse

1. Den Reis mehrmals waschen, bis das Wasser klar durchläuft. In einen Topf geben, mit leicht gesalzenem Wasser bedecken und bei schwacher Hitze 30 Min. köcheln lassen. Den Herd ausschalten und den Reis 10 Min. quellen lassen.

2. Die Aubergine waschen, putzen und in Scheiben schneiden. Mit Salz bestreuen und 10 Min. ziehen lassen. Die Paprikaschoten halbieren, putzen, waschen und in schmale Streifen schneiden. Die Zwiebel schälen und in dünne Ringe schneiden. Den Zucchino waschen, putzen und in Scheiben schneiden.

3. Die Auberginenscheiben mit Küchenpapier abtupfen. Das Öl in einer großen Pfanne erhitzen. Die Zwiebelringe darin anbraten, das Gemüse zugeben und bei mittlerer Hitze unter Rühren 15 Min. braten. Mit Kräutersalz, Oregano und Rosmarin würzen.

4. Den Schafkäse gleichmäßig darüber bröckeln und in der zugedeckten Pfanne schmelzen lassen. Das Gemüse mit dem Reis servieren.

1

2

3

1 Gemüsepaella

2 Gemüsereis aus dem Wok

3 Reispfanne mit Aubergine und Schafkäse

Paprikaschoten mit Reis-Käse-Füllung

Zubereitungszeit: 1 Std. 10 Min.

Für 2 Personen (pro Portion ca. 545 kcal)
100 g Vollkornreis
Meersalz
2 abgelagerte mürbe Äpfel
1 Zwiebel
150 g Champignons
1 grüne Paprikaschote
4 kleine rote Paprikaschoten
60 g Mozzarella
1 EL kaltgepresstes Sonnenblumenöl
1 1/2 TL vegetarische Gemüsebrühe (Instant)
1 TL Sambal oelek
je 1/2 TL Oregano und Thymian
1 EL Butter
1 Msp. Cayennepfeffer
2 EL Sahne
50 g Feldsalat
1 EL Apfelessig
Pfeffer
1 EL kaltgepresstes Olivenöl

1. Den Reis mehrmals waschen, bis das Wasser klar ist. In einen Topf geben, mit leicht gesalzenem Wasser bedecken und bei schwacher Hitze 30 Min. köcheln lassen. Den Herd ausschalten und den Reis 10 Min. quellen lassen.

2. Die Äpfel waschen, vierteln, entkernen und würfeln. Die Zwiebel schälen und klein schneiden. Die Champignons putzen, eventuell abbürsten und klein schneiden. Die grüne Paprikaschote halbieren, putzen, waschen und in kleine Würfel schneiden.

3. Von den roten Paprikaschoten jeweils den Deckel abschneiden, die Schoten entkernen und waschen. Den Käse in kleine Würfel schneiden.

4. Das Öl in einer Pfanne erhitzen. Äpfel und Gemüse darin bei mittlerer Hitze unter Wenden 5 Min. braten. Mit Brühe und Sambal oelek, Oregano und Thymian würzen. Reis und Käse untermischen und die Paprikaschoten mit zwei Dritteln der Masse füllen. Jeweils einen Deckel obenauf setzen.

5. Die Butter in einem Topf schmelzen lassen. Die restliche Füllung darin anbraten. Die Paprikaschoten darauf setzen und 1/4 l Wasser angießen. Mit der restlichen Brühe und Cayennepfeffer würzen. Die Paprikaschoten zugedeckt bei schwacher Hitze 30 Min. köcheln lassen. Die Sahne unterrühren.

6. Den Feldsalat putzen, waschen und trockenschleudern und anrichten. Apfelessig, Salz, Pfeffer und Olivenöl kräftig verschlagen und das Dressing über den Salat träufeln. Mit den Paprikaschoten servieren.

Variante:
Nach Belieben können Sie auch grüne, gelbe oder orangefarbene Paprikaschoten mit dieser Masse füllen.
Schneller geht es, wenn Sie nur die Masse für die Füllung zubereiten und diese in eine eingefettete feuerfeste Form geben, den Mozzarella obenauf legen und im vorgeheizten Grill 10 Min. gratinieren.

Mein Tipp

Scharf und feurig

Sambal oelek ist eine auf Chili basierende scharfe Würzpaste und kann auch zum Würzen von Trennkost-Gerichten verwendet werden. Es passt zu allen Fleisch- und Fischgerichten, zur feurig-scharfen Pasta und zu Kartoffel- oder Reisgerichten. Die Schärfe von Sambal oelek erwärmt den Körper von innen, bringt ihn zum Schwitzen und kurbelt die Fettverbrennung kräftig an.

Reisgratin mit Oliven und Mozzarella

Zubereitungszeit: 1 Std.
Backzeit: ca. 20 Min.

Für 2 Personen (pro Portion ca. 460 kcal)
100 g Vollkornreis
1 Endiviensalat
1 Zwiebel
1–2 Knoblauchzehen
18 schwarze Oliven ohne Stein
125 g Mozzarella
1 1/2 EL kaltgepresstes Olivenöl
Meersalz
1 TL getrockneter Oregano
Butter für die Form

1. Den Reis mehrmals waschen, bis das Wasser klar durchläuft. In einen Topf geben, mit leicht gesalzenem Wasser bedecken und bei schwacher Hitze 30 Min. köcheln lassen. Den Herd ausschalten, den Reis 10 Min. quellen lassen.

2. Den Endiviensalat putzen, vierteln, in Streifen schneiden, mehrmals gründlich warm waschen und trockenschleudern. Zwiebel und Knoblauch schälen, beides fein hacken. 6 Oliven ebenfalls fein hacken. Den Mozzarella abtropfen lassen und in dünne Scheiben schneiden.

3. Das Öl in einem Topf erhitzen. Zwiebelwürfel und Knoblauch darin bei schwacher Hitze glasig werden lassen. Den Endiviensalat zugeben und unter Wenden anbraten. Mit Salz und Oregano würzen. Die gehackten Oliven untermischen und alles zugedeckt bei schwacher Hitze 3 Min. dünsten.

4. Den Backofen auf 200° vorheizen. Eine feuerfeste Form mit etwas Butter einfetten und den Reis einfüllen.

5. Den gedünsteten Endiviensalat gleichmäßig auf dem Reis verteilen und mit den Mozzarellascheiben belegen. Im Backofen (Mitte, Umluft 180°) in 20 Min. goldbraun überbacken. Mit Oliven garniert servieren.

Reisgratin mit Lauch und Parmesan

Zubereitungszeit: 50 Min.
Backzeit: ca. 15 Min.

Für 2 Personen (pro Portion ca. 600 kcal)
120 g Naturreis | 600 g Lauch
1 Zwiebel | 250 g Champignons
1 Bund Kerbel | 100 g Parmesan
1 1/2 EL kaltgepresstes Sonnenblumenöl
100 ml vegetarische Gemüsebrühe (Instant)
Meersalz | 2 EL saure Sahne
1 Kästchen Gartenkresse
Butter für die Form

1. Den Reis mehrmals waschen, bis das Wasser klar ist. In einen Topf geben, mit leicht gesalzenem Wasser bedecken und bei schwacher Hitze 30 Min. köcheln lassen. Den Herd ausschalten und den Reis 10 Min. quellen lassen.

2. Den Lauch putzen, längs aufschneiden, gründlich waschen und in dünne Streifen schneiden. Wasser zum Kochen bringen und den Lauch darin 2 Min. blanchieren. Herausnehmen, kalt abschrecken und abtropfen lassen.

3. Die Zwiebel schälen und grob hacken. Die Champignons putzen, eventuell abreiben und in Scheiben schneiden. Den Kerbel waschen, trockenschütteln und hacken. Den Käse reiben.

4. Das Öl in einer Pfanne erhitzen. Die Zwiebelwürfel darin bei schwacher Hitze glasig werden lassen. Die Champignons zugeben und unter Rühren 3 Min. anbraten.

5. Den Backofen auf 180° vorheizen. Eine feuerfeste Form mit etwas Butter einfetten. Lauch und Reis unter die Zwiebel-Pilz-Mischung rühren. Die Brühe angießen und alles zugedeckt bei schwacher Hitze 5 Min. köcheln lassen. Mit Salz würzen und die saure Sahne unterrühren.

6. Die Kresse vom Beet schneiden und mit den übrigen Kräutern unter den Reis mischen. Die Reis-Gemüse-Mischung in die Form füllen. Im Backofen (Mitte, Umluft 160°) 15 Min. backen.

Mandelreis mit Banane

Zubereitungszeit: 55 Min.

Für 2 Personen (pro Portion ca. 425 kcal)
100 g Naturreis | 3 EL ungeschwefelte Rosinen
4 EL Mandelstifte | 1 Zwiebel | 1 große Banane
1 EL Butter | Meersalz
je 1/2 TL Kardamom, Zimtpulver, Kurkuma
1 TL Zitronenschale

1. Reis mehrmals waschen. In einen Topf geben, mit leicht gesalzenem Wasser bedecken und 30 Min. köcheln lassen. Den Herd ausschalten und den Reis 10 Min. quellen lassen.

2. Rosinen überbrühen und 5 Min. ziehen lassen. Mandeln ohne Fett goldbraun rösten. Zwiebel schälen und würfeln. Banane schälen und in Scheiben schneiden.

3. Butter schmelzen, die Zwiebel darin glasig werden lassen. Banane zugeben und 3 Min. anbraten. Reis untermischen, mit den Salz und Gewürzen abschmecken. Die Rosinen abtropfen lassen und mit Zitronenschale unter den Reis mischen. Mit Mandeln bestreut servieren.

Rosinen-Vanille-Reis

Zubereitungszeit: 1 Std. 10 Min.

Für 2 Personen (pro Portion ca. 680 kcal)
120 g Vollkorn-Milchreis
50 g ungeschwefelte Rosinen
200 g Sahne | Meersalz
1 TL Vanillepulver | 3 EL Honig
etwas Zitronenschale | 1 TL Zimtpulver

1. Reis und Rosinen waschen und abtropfen lassen. Sahne mit 300 ml Wasser verrühren, mit 1 Prise Salz, Vanillepulver, Honig und Zitronenschale zum Kochen bringen. Reis und Rosinen zugeben und zugedeckt 40 Min. garen, gelegentlich umrühren.

2. Den Herd ausschalten und den Reis weitere 20 Min. quellen lassen. Mit Zimt bestreut servieren.

Apfel-Zwiebel-Reis

Zubereitungszeit: 45 Min.

Für 2 Personen (pro Portion ca. 360 kcal)
100 g Vollkorn-Langkornreis | Meersalz
3 abgelagerte mürbe Äpfel | 3 Zwiebeln
1 1/2 EL kaltgepresstes Sonnenblumenöl
Worcestersauce

1. Reis mehrmals waschen. In einen Topf geben, mit leicht gesalzenem Wasser bedecken und bei schwacher Hitze 30 Min. köcheln lassen. Den Herd ausschalten und den Reis 10 Min. quellen lassen.

2. Äpfel waschen, vierteln, vom Kerngehäuse befreien und die Viertel quer in schmale Scheiben schneiden. Die Zwiebel schälen und in Ringe schneiden.

3. Öl erhitzen. Zwiebel und Äpfel darin unter Wenden in 5 Min. braun anbraten. Reis zugeben, mit Salz und einigen Spritzern Worcestersauce würzen.

Austernpilz-Reis-Pfanne

Zubereitungszeit: 45 Min.

Für 2 Personen (pro Portion ca. 530 kcal)
250 g Naturreis | Meersalz
300 g Austernpilze | 1 Zwiebel
1 EL Butter | Kräutersalz | 2 EL dunkle Sojasauce
1/2 Bund Petersilie

1. Reis mehrmals waschen. In einem Topf mit Salzwasser bedeckt 30 Min. köcheln lassen. Den Herd ausschalten und den Reis 10 Min. quellen lassen.

2. Pilze abreiben, putzen, in schmale Streifen schneiden. Zwiebel schälen und fein hacken. Die Petersilie waschen, trockenschütteln und hacken.

3. Butter erhitzen, die Zwiebel darin glasig werden lassen. Pilze darin unter Wenden 5 Min. kräftig anbraten. Den Reis unter Rühren 3–5 Min. mitbraten. Mit Kräutersalz und Sojasauce würzen. Mit Petersilie bestreut servieren.

Reissalat mit Äpfeln

Zubereitungszeit: 45 Min.

Für 2 Personen (pro Portion ca. 490 kcal)
100 g Naturreis | 2 abgelagerte mürbe Äpfel
1/2 kleine Fenchelknolle | 1 rote Zwiebel
1 gelbe Paprikaschote | 1 kleine Salatgurke
100 g Mais (Dose oder tiefgekühlt) | Meersalz
1 Stück frischer Ingwer (etwa haselnussgroß)
1/2 Bund Kerbel | 1 EL Apfelessig | Kräutersalz
Anispulver | 1 TL Apfeldicksaft
1 EL kaltgepresstes Sonnenblumenöl

1. Den Reis mehrmals waschen, bis das Wasser klar ist. In einen Topf geben, mit Salzwasser bedecken und 30 Min. köcheln lassen. Den Herd ausschalten und den Reis 10 Min. quellen lassen.

2. Die Äpfel waschen, vierteln, vom Kerngehäuse befreien und würfeln. Den Fenchel putzen, waschen und in dünne Streifen hobeln. Die Zwiebel schälen und fein würfeln. Die Paprikaschote halbieren, putzen, waschen und ebenso in kleine Würfel schneiden. Die Gurke schälen und klein würfeln.

3. Äpfel, Fenchel, Zwiebel, Paprikawürfel, Gurke, Reis und Mais mischen. Ingwer schälen und fein hacken. Kerbel waschen, trockenschütteln und bis auf einige Blättchen hacken.

4. Essig mit Kräutersalz, Anispulver und Apfeldicksaft verrühren. Das Öl kräftig unterschlagen. Ingwer und gehackten Kerbel unterrühren. Den Salat damit anmachen und mit dem restlichen Kerbel garnieren.

1 Mandelreis mit Banane
2 Reissalat mit Äpfeln
3 Austernpilz-Reis-Pfanne

1

2

3

Brokkoli-Dinkel-Auflauf

Quellzeit: über Nacht
Zubereitungszeit: 50 Min.
Backzeit: ca. 20 Min.

Für 2 Personen (pro Portion ca. 675 kcal)
120 g Dinkel | 600 g Brokkoli | Meersalz
250 g Quark (20 % Fett i. Tr.) | Pfeffer
100 ml Mineralwasser | 2 Eigelbe
je 1/2 Bund Petersilie und Schnittlauch
3 EL Mandelblättchen | 200 g Schafkäse
Butter für die Form

1. Den Dinkel in einen Topf geben, knapp mit Wasser bedecken und über Nacht quellen lassen.

2. Am nächsten Tag den Dinkel mit dem Einweichwasser zum Kochen bringen und zugedeckt bei schwacher Hitze in 25 Min. garen.

3. Den Brokkoli waschen, putzen und in Röschen teilen. Die Stiele schälen und klein schneiden. Salzwasser zum Kochen bringen und den Brokkoli darin in 6–8 Min. bissfest garen. Herausnehmen, kalt abschrecken und abtropfen lassen.

4. Den Quark mit Pfeffer, Mineralwasser und den Eigelben cremig aufschlagen. Die Kräuter waschen, trockenschütteln und hacken bzw. in Röllchen schneiden und unter den Quark rühren. Den Quark mit Salz und Pfeffer abschmecken.

5. Den Dinkel abgießen und abtropfen lassen. Den Backofen auf 175° vorheizen. Eine feuerfeste Form mit etwas Butter einfetten.

6. Die Hälfte des Brokkoli in die Form geben. Den Kräuterquark darauf verteilen. Den Dinkel über den Quark streuen und den restlichen Brokkoli darauf verteilen. Die Mandelblättchen darüber streuen und den Schafkäse darüber bröckeln. Im Backofen (Mitte, Umluft 150°) 20 Min. überbacken.

Variante:
Statt mit Kräuterquark und Schafkäse können Sie den Auflauf auch mit Sahne und Parmesan zubereiten. Dafür 100 g Sahne mit 150 ml Gemüsebrühe und 1 Eigelb verrühren. Mit 1 Knoblauchzehe und 1 Prise Cayennepfeffer würzen. 80 g Parmesan reiben und darüber streuen und den Auflauf 15 Min. überbacken.

Bohnen-Dinkel-Gratin

Quellzeit: über Nacht
Zubereitungszeit: 45 Min.
Backzeit: ca. 15 Min.

Für 2 Personen (pro Portion ca. 595 kcal)
100 g Dinkel
500 g grüne Bohnen
1 Zwiebel
1 1/2 EL kaltgepresstes Sonnenblumenöl
1 1/2 EL Gemüsebrühe (Instant)
1 TL getrocknetes Bohnenkraut
100 g saure Sahne
1–2 TL Currypulver
Meersalz
100 g Käse (60 % Fett i. Tr., z. B. Raclette oder Emmentaler)
Butter für die Form

1. Den Dinkel in einen Topf geben, knapp mit Wasser bedecken und über Nacht quellen lassen.

2. Am nächsten Tag den Dinkel mit dem Einweichwasser zum Kochen bringen und bei schwacher Hitze in 25 Min. garen.

3. Die Bohnen waschen putzen und in etwa 3 cm lange Stücke schneiden. Die Zwiebel schälen und fein würfeln. Den Backofen auf 160° vorheizen.

4. Das Öl in einer Pfanne erhitzen. Die Zwiebel darin bei schwacher Hitze glasig werden lassen. Die Bohnen zugeben kurz anbraten und zugedeckt bei mittlerer Hitze 20 Min. dünsten, zwischendurch eventuell etwas Wasser angießen. Mit Brühe und Bohnenkraut würzen. Den Dinkel abgießen und abtropfen lassen.

5. Eine feuerfeste Form mit etwas Butter einfetten. Bohnen und Dinkel mischen und in die Form geben. Die saure Sahne mit Curry und Salz verrühren und über die Bohnen-Dinkel-Mischung geben. Den Käse reiben und über den Auflauf streuen. Im Backofen (Mitte, Umluft 140°) 12–15 Min. überbacken.

Variante:
200 g Champignons putzen, eventuell abreiben, in Scheiben schneiden und mit den Bohnen anbraten.

Hirsotto-Gratin

Zubereitungszeit: 45 Min.
Backzeit: ca. 15 Min.

Für 2 Personen (pro Portion ca. 530 kcal)
100 g Hirse
400 ml vegetarische Gemüsebrühe (Instant)
1 Zwiebel | 250 g Austernpilze
1 rote Paprikaschote | 1 rote Pfefferschote
1 1/2 EL Butter | 1 TL Sambal oelek
Meersalz | 2 EL gehackte Kräuter
4 EL saure Sahne | 80 g Camembert (60 % Fett i. Tr.)
Butter für die Form

1. Hirse heiß abbrausen und abtropfen lassen. Mit Brühe bedeckt zum Kochen bringen und die Hirse zugedeckt Hitze 15 Min. köcheln lassen. Den Herd ausschalten, die Hirse 10 Min. nachquellen lassen.

2. Zwiebel schälen und hacken. Pilze abreiben, putzen und in Streifen schneiden. Paprikaschote halbieren, putzen, waschen und würfeln. Die Pfefferschote waschen. Die Butter schmelzen und die Zwiebel darin glasig werden lassen. Pilze, Paprikawürfel und Pfefferschote zugeben und 12–15 Min. braten.

3. Den Backofen auf 180° vorheizen. Eine feuerfeste Form einfetten. Pfefferschote entfernen. Gemüse mit Sambal oelek und Salz würzen. Hirse, saure Sahne und Kräuter unterrühren und in die Form geben. Camembert würfeln und darauf verteilen. Im Backofen (Mitte, Umluft 160°) 15 Min. überbacken.

Sellerieklößchen

Quellzeit: 10 Min.
Zubereitungszeit: 1 Std. 10 Min.

Für 2 Personen (pro Portion ca. 745 kcal)
1 kleiner Knollensellerie
200 g Quark (20 % Fett i. Tr.) | 2 Eigelbe
160 g feines Dinkelvollkornmehl | Selleriesalz
edelsüßes Paprikapulver | Pfeffer
1 abgelagerter mürber Apfel
6 EL gehackte Kräuter (z. B. Petersilie, Majoran)
2 EL Vollkornsemmelbrösel
3 EL kaltgepresstes Sonnenblumenöl
75 g saure Sahne | 100 g Naturjoghurt (3,5 % Fett)
5 EL gehackte Kräuter (z. B. Petersilie, Kerbel)

1. Den Sellerie waschen und putzen. Wasser zum Kochen bringen und den Sellerie darin mit Schale 25 Min. köcheln lassen. Herausnehmen, abkühlen lassen, schälen und fein reiben.

2. Quark und Eigelbe verrühren, nach und nach das Mehl unterrühren. Mit Gewürzen kräftig abschmecken. Den Apfel waschen und mit Schale reiben. Mit Sellerie und Kräutern unter den Quark rühren.

3. Aus dem Teig mit feuchten Händen kleine Klöße formen und in Semmelbröseln wenden. Öl erhitzen, die Klößchen darin von allen Seiten 10 Min. braten.

4. Saure Sahne mit Joghurt, Salz, Pfeffer und den Kräutern verrühren. Mit den Klößchen servieren.

Haferflocken-Kroketten

Zubereitungszeit: 50 Min.

Für 2 Personen (pro Portion ca. 730 kcal)
1 große Zwiebel | 1 1/2 EL Butter
120 g kernige Haferflocken
300 ml vegetarische Gemüsebrühe (Instant)
1 TL frische Majoranblättchen | 1 Eigelb
100 g Knollensellerie
2 EL grob gehackte Walnusskerne
2 EL Vollkornsemmelbrösel | 700 g Brokkoli
Meersalz | 75 g saure Sahne
100 g Naturjoghurt (3,5 % Fett)
Kräutersalz | 2 EL gehackte Petersilie | 3 EL Öl

1. Die Zwiebel schälen und in Ringe schneiden. Die Butter schmelzen und die Zwiebel darin glasig werden lassen. Haferflocken, Brühe und Majoran zugeben und unter Rühren zu einem Brei kochen. Eigelb unterrühren, abkühlen lassen. Sellerie schälen und reiben. Mit den Nüssen unter den Brei rühren. Aus dem Teig 8 Kroketten formen und in den Semmelbröseln wenden.

2. Brokkoli waschen, putzen und in Röschen teilen. Die Stiele schälen und klein schneiden. Salzwasser zum Kochen bringen und den Brokkoli in 6–8 Min. garen. 100 g Brokkoli abnehmen, mit saurer Sahne und Joghurt pürieren, salzen mit Petersilie verrühren. Das Öl erhitzen. Kroketten darin in 12–15 Min. braten. Brokkoli abtropfen lassen. Mit Kroketten und Dip servieren.

Hirseplinsen

Zubereitungszeit: 45 Min.

Für 2 Personen (pro Portion ca. 620 kcal)
100 g Hirse
300 ml vegetarische Gemüsebrühe (Instant)
80 g Sahne
Meersalz
1 Zwiebel
1 1/2 EL Butter
1 Eigelb
4 EL kaltgepresstes Sonnenblumenöl

1. Die Hirse in heißem Wasser waschen und abtropfen lassen. Die Brühe mit Sahne und Salz verrühren, die Hirse einstreuen und unter Rühren zum Kochen bringen. Zugedeckt bei schwacher Hitze 15 Min. köcheln lassen.

2. Die Zwiebel schälen und fein hacken. Die Butter schmelzen und die Zwiebel darin bei schwacher Hitze glasig werden lassen. Die Zwiebel und das Eigelb mit dem Hirsebrei verrühren und nach Belieben mit Salz abschmecken.

3. Aus dem Teig 8–10 kleine Plinsen formen. Die Hälfte des Öls erhitzen und die Plinsen darin von jeder Seite 1 Min. braten.

Dazu passt als Beilage **Friséesalat mit Paprika und Kresse** (Rezept Seite 27).

Grünkernbratlinge mit Salbeigemüse

Quellzeit: 30 Min.
Zubereitungszeit: 30 Min.

Für 2 Personen (pro Portion ca. 760 kcal)
Für die Bratlinge:
1 Zwiebel | 1/2 Bund Petersilie
1 1/2 EL Butter
160 g mittelfeiner Grünkernschrot
1 1/2 EL vegetarische Gemüsebrühe (Instant)
1 TL getrockneter Liebstöckel
2 EL grob gehackte Sonnenblumenkerne
1 Eigelb
2 EL Vollkornsemmelbrösel
3 EL kaltgepresstes Sonnenblumenöl
Für das Gemüse:
300 g Möhren | 300 g Kohlrabi
1 Zwiebel
1 EL Butter
100 ml vegetarische Gemüsebrühe (Instant)
1/2 kleines Bund Salbei
3 EL Sahne

1. Die Zwiebel schälen und in feine Würfel schneiden. Die Petersilie waschen, trockenschütteln und sehr fein hacken. Die Butter in einem Topf schmelzen und die Zwiebel darin bei schwacher Hitze glasig werden lassen.

2. Den Grünkernschrot unterrühren, 1/4 l Wasser angießen und den Schrot unter Rühren bei schwacher Hitze aufkochen lassen. Die Grünkernmasse mit der Brühe und dem Liebstöckel kräftig würzen.

3. Petersilie, Sonnenblumenkerne und Eigelb unter die Grünkernmasse mischen und so lange rühren, bis ein fester Brei entsteht. Die Masse beiseite stellen und 30 Min. quellen lassen.

4. In der Zwischenzeit für das Salbeigemüse Möhren und Kohlrabi putzen, schälen und in kleine Würfel schneiden. Die Zwiebel schälen und ebenfalls klein schneiden.

5. Die Butter schmelzen lassen und die Zwiebel darin bei schwacher Hitze glasig werden lassen. Das Gemüse zugeben und 3 Min. anbraten. Die Brühe angießen und das Gemüse zugedeckt bei schwacher Hitze 10 Min. dünsten.

6. In der Zwischenzeit den Salbei waschen, trockenschütteln und grob hacken. Die Vollkornsemmelbrösel auf einen Teller geben.

7. Aus der Grünkernmasse mit feuchten Händen vier flache Frikadellen formen und in den Semmelbröseln wenden.

8. Das Öl in einer Pfanne erhitzen. Die Bratlinge darin von beiden Seiten bei mittlerer Hitze 10 Min. braten.

9. Salbei und Sahne unter das Gemüse rühren. Die Grünkernbratlinge mit dem Gemüse anrichten und servieren.

Varianten:
Für Grünkernburger 2 Vollkornbrötchen halbieren, toasten und die unteren Hälften mit je 1 TL saurer Sahne bestreichen. Mit 2 großen Salatblättern, 3 Gurkenscheiben und 2 Tomatenscheiben belegen. Jeweils 1 Grünkernbratling darauf setzen. Die Bratlinge jeweils mit 1/2 TL Sambal oelek bestreichen. Mit den oberen Brötchenhälften abdecken.
Statt Salbeigemüse schmeckt auch Wirsinggemüse oder Apfelrotkohl dazu (Rezepte Seite 40 und 41). Wer lieber einen neutralen Salat als Vorspeise oder Beilage isst, findet die passenden Rezepte ab Seite 26. Auch die Dips auf Seite 54 schmecken sehr gut zu den Bratlingen.

Kokos-Pfannkuchen mit Quarkfüllung

Quellzeit: 10 Min.
Zubereitungszeit: 20 Min.

Für 2 Personen (pro Portion ca. 710 kcal)
Für die Pfannkuchen:
160 g feines Dinkelvollkornmehl
2 EL Kokosraspel
300 ml Trinksauermilch (ersatzweise Buttermilch)
2 Eigelbe
1 TL kaltgepresstes Sonnenblumenöl
Meersalz
30 g Butter
Für die Füllung:
2 EL Sonnenblumenkerne
125 g Quark (20 % Fett i. Tr.)
2 EL flüssiger Honig

1. Mehl und Koksraspeln mischen. Nach und nach die Trinksauermilch, Eigelbe, Öl und Salz mit dem Handrührgerät unterrühren, bis ein glatter, geschmeidiger Teig entsteht. Den Teig zugedeckt 10 Min. quellen lassen.

2. Für die Füllung die Sonnenblumenkerne in einer kleinen beschichteten Pfanne ohne Fett goldbraun rösten. Den Quark mit dem Honig verrühren. Die Sonnenblumenkerne unterrühren.

3. 1 TL Butter in einer Pfanne schmelzen lassen. 1 kleine Schöpfkelle Teig hineingeben und in 3–4 Min. goldgelb braten. Den Pfannkuchen wenden und von der zweiten Seite in 3–4 Min. goldgelb braten, herausnehmen und warm halten. Aus der restlichen Butter und dem übrigen Teig 5 weitere dünne Pfannkuchen backen.

4. Die Pfannkuchen mit der Füllung bestreichen, aufrollen und warm servieren.

Dazu passt als Vorspeise ein neutraler Salat (Rezepte ab Seite 26).

Palatschinken mit Apfelsalat

Quellzeit: 15 Min.
Zubereitungszeit: 40 Min.

Für 2 Personen (pro Portion ca. 935 kcal)
Für die Palatschinken:
160 g feines Dinkelvollkornmehl
50 g Sahne | 200 g Buttermilch
2 Eigelbe | Meersalz
4 EL Butter
Für die Füllung:
4 EL Rosinen
5 EL Slibowitz (ersatzweise Wasser)
2 abgelagerte mürbe Äpfel
1 TL Butter
2 EL Ahornsirup
1 TL abgeriebene Schale einer unbehandelten Zitrone
25 g gehackte Mandeln

1. Das Mehl in eine Schüssel sieben, dabei die Kleie, die übrig bleibt, beiseite stellen. Das Mehl mit Sahne, 100 ml Wasser, Buttermilch, Eigelben und 1 Prise Salz mit dem Handrührgerät zu einem glatten Teig verrühren. Den Teig abgedeckt 15 Min. quellen lassen.

2. Inzwischen für die Füllung die Rosinen im Slibowitz einweichen. Die Äpfel waschen, vierteln, entkernen und in schmale Spalten schneiden. Die Butter schmelzen lassen. Die Apfelspalten darin kurz anbraten. Rosinen mit Slibowitz und Zitronenschale dazugeben und 3 Min. einkochen lassen.

3. 1 EL von der übrigen Kleie mit den Mandeln in einer Pfanne ohne Fett goldbraun rösten und über den Apfelsalat streuen.

4. 1 EL Butter in einer Pfanne erhitzen. Ein Viertel des Teiges in die Pfanne geben und bei mittlerer Hitze 3 Min. backen, den Palatschinken wenden und von der zweiten Seite 3 Min. backen. Herausnehmen und warm halten. Aus der restlichen Butter und dem übrigen Teig 3 weitere Palatschinken backen. Mit dem Apfelsalat servieren.

Apfelpfannküchle

Quellzeit: 10 Min.
Zubereitungszeit: 30 Min.

Für 2 Personen (pro Portion ca. 720 kcal)
4 EL Rosinen
160 g feines Dinkelvollkornmehl
300 ml Trinksauermilch
(ersatzweise Buttermilch)
2 EL Apfeldicksaft
2 Eigelbe
1 TL Vanillepulver
1 TL abgeriebene Schale einer unbehandelten Zitrone
Meersalz
50 g Butter
2 abgelagerte mürbe Äpfel
Zimtpulver zum Bestreuen

1. Die Rosinen mit kochendem Wasser überbrühen und 5 Min. ziehen lassen. Abgießen, abtropfen lassen und grob hacken.

2. Mehl, Trinksauermilch, Apfeldicksaft, Eigelbe, Vanillepulver, Zitronenschale und 1 Prise Salz mit dem Handrührgerät zu einem glatten, nicht zu flüssigen Teig verrühren. 1 EL Butter schmelzen lassen und mit den Rosinen unter den Teig rühren. Den Teig abgedeckt 10 Min. quellen lassen.

3. Die Äpfel waschen, vierteln, vom Kerngehäuse befreien und in kleine Würfel schneiden. Die Apfelwürfel unter den Teig rühren.

4. 1 TL Butter schmelzen lassen. Pro Apfelpfannküchle 2 EL Teig in die Pfanne geben und bei mittlerer Hitze 1–2 Min. backen, wenden und von der anderen Seite 1–2 Min. backen. Herausnehmen und warm halten. Aus der restlichen Butter und dem übrigen Teig weitere kleine Pfannkuchen backen. Mit Zimt bestreut servieren.

1 ***Kokos-Pfannkuchen mit Quarkfüllung***
2 ***Palatschinken mit Apfelsalat***
3 ***Apfelpfannküchle***

1

2

3

Zwiebel-Pizza mit Schafkäse

Zeit zum Gehen: 45 Min.
Zubereitungszeit: 30 Min.
Backzeit: ca. 20 Min.

Für 1 Pizzaform (28 cm Ø, pro Portion ca. 705 kcal)
Für den Teig:
1 Würfel Hefe (42 g)
200 g feines Dinkelvollkornmehl
1 EL kaltgepresstes Olivenöl | 1 TL Meersalz
Butter für die Form
Für den Belag:
2 Gemüsezwiebeln
3 EL kaltgepresstes Olivenöl
Kräutersalz | 1 Knoblauchzehe
1/2 Bund glatte Petersilie
1 TL getrockneter Oregano | 100 g Schafkäse

1. Für den Vorteig die Hefe in 60 ml lauwarmem Wasser auflösen, 2 EL Mehl unterrühren und zugedeckt an einem warmen Ort 20 Min. gehen lassen.

2. Das restliche Mehl in eine Schüssel geben und in die Mitte eine Mulde drücken. 60 ml lauwarmes Wasser, Öl, Salz und den Vorteig hineingeben und alles zu einem geschmeidigen Teig verkneten.

3. Die Pizzaform mit etwas Butter einfetten. Den Teig in die Form geben und mit den Händen auseinanderdrücken, bis der Boden bedeckt ist, dabei einen kleinen Rand hochziehen. Den Teig zugedeckt an einem warmen Ort 20 Min. gehen lassen.

4. Den Backofen auf 200° vorheizen. Die Zwiebeln schälen und in Ringe schneiden. Die Hälfte des Öls erhitzen und die Zwiebeln darin bei schwacher Hitze glasig werden lassen. Mit Kräutersalz würzen.

5. Den Knoblauch schälen und zum restlichen Öl pressen. Die Petersilie waschen, trockenschütteln, hacken und untermischen. Diese Mischung gleichmäßig auf den Pizzateig streichen. Die Zwiebeln darauf verteilen, den Oregano darüber streuen und den Schafkäse darüber bröckeln. Die Pizza im Backofen (Mitte, Umluft) 18–20 Min. backen.

Paprika-Pizza mit Mozzarella

Zubereitungszeit: 30 Min.
Backzeit: ca. 20 Min.

Für 1 Pizzaform (28 cm Ø, pro Portion ca. 880 kcal)
Für den Teig:
225 g feines Dinkelvollkornmehl
125 g Magerquark | 1 Eigelb
4 EL Sonnenblumenöl
1/2 TL Meersalz | 1 Päckchen Backpulver
Butter für die Form
Für den Belag:
1 Gemüsezwiebel
je 1 grüne und rote Paprikaschote
1 1/2 EL kaltgepresstes Olivenöl
Kräutersalz | 1–2 TL getrockneter Oregano
125 g Mozzarella
einige Basilikumblättchen

1. Für den Teig das Mehl mit Quark, Eigelb, Öl, Salz und Backpulver zu einem glatten Teig verkneten.

2. Die Pizzaform mit etwas Butter einfetten. Den Teig in die Form geben und mit den Händen auseinanderdrücken, bis der Boden bedeckt ist, dabei einen kleinen Rand hochziehen.

3. Den Backofen auf 200° vorheizen. Die Zwiebel schälen und in dünne Ringe schneiden. Die Paprikaschoten halbieren, putzen, waschen und in schmale Streifen schneiden.

4. Das Öl erhitzen. Die Zwiebelringe darin bei schwacher Hitze glasig werden lassen. Die Paprikastreifen zugeben und 5 Min. anbraten. Mit Kräutersalz und Oregano würzen. Den Mozzarella abtropfen lassen und in Scheiben schneiden.

5. Das Gemüse auf dem Teig verteilen und mit dem Mozzarella belegen. Die Pizza im Backofen (Mitte, Umluft 180°) 20 Min. backen.

Dazu passt als Beilage ein neutraler Salat (Rezepte ab Seite 26).

Sesamtaschen

Zubereitungszeit: 45 Min.
Backzeit: ca. 15 Min.

Für 2 Personen (pro Portion ca. 790 kcal)
Für den Teig:
200 g feines Dinkelvollkornmehl
1/2 Pck. Weinsteinbackpulver
30 g Sahne | 2 EL kaltgepresstes Olivenöl
Meersalz | 2 EL kalte Butter
Für die Füllung:
200 g Champignons | 1 große Zwiebel
1 EL kaltgepresstes Sonnenblumenöl | Salz
Pfeffer | etwas flüssige Butter | 1 Eigelb
3 TL Sesamsamen | Butter fürs Backblech

1. Mehl und Backpulver mischen und mit 50 ml Wasser, Sahne, Öl, Salz und Butter zu einem geschmeidigen Teig verkneten. Den Teig in Folie wickeln und im Kühlschrank 15 Min. ruhen lassen.

2. Champignons putzen und klein würfeln. Zwiebel schälen und fein hacken. Das Öl erhitzen und die Zwiebel darin bei schwacher Hitze glasig werden lassen. Champignons zugeben und 5 Min. anbraten, salzen und pfeffern, dann abkühlen lassen.

3. Den Backofen auf 180° vorheizen. Das Backblech einfetten. Den Teig in 8 gleich große Portionen teilen und zwischen Klarsichtfolie zu dünnen Kreisen ausrollen. Den Teig mit der flüssigen Butter bestreichen. Die Füllung auf jeweils einer Hälfte der Teigfladen verteilen, die andere Teighälfte darüber klappen. Die Teigtaschen auf das Blech setzen.

4. Das Eigelb verquirlen und die Taschen damit bestreichen und mit Sesam bestreuen. Im Backofen (Mitte, Umluft 160°) 12–15 Min. backen.

Dazu passt als Beilage **Zwiebel-Lauch-Gemüse** (Rezept Seite 44).

1 Zwiebel-Pizza mit Schafkäse

2 Paprika-Pizza mit Mozzarella

3 Sesamtaschen mit Champignonfüllung

1

2

3

Nudeln

Ob geschmacklich an Italien, Asien oder Deutschland orientiert: Nudeln sind allseits beliebt und lassen sich mit verschiedenen Gewürzen und Zutaten immer wieder interessant zubereiten. Auf den folgenden Seiten finden Sie schmackhafte Blitzrezepte und Tipps und Tricks zum Nudelkochen. Der anschließende Rezeptteil bietet Nudelgerichte in immer neuer Variation, mal pikant, mal süß, mal überbacken oder als Salat.

Nudelrezepte

Nudeln – unwiderstehlich gut

Nudeln sind nicht nur äußerst vielseitig und lecker, sie sind auch ideale Energiespender. Besonders Vollkornnudeln aus Vollweizen haben reichlich B-Vitamine und einen hohen Anteil an Ballaststoffen. Und Nudeln machen auch noch glücklich, was nicht nur an den köstlichen Rezepten liegt.

Ist Nudel gleich Nudel? Vollkornnudeln sollten Weißmehlnudeln vorgezogen werden. Sie haben gesündere Inhaltsstoffe und werden vor allem langsamer verdaut als Weißmehlnudeln, so dass eine Unterzuckerung vermieden wird. Doch nicht jede Vollkornnudel schmeckt gut und sieht gut aus. Oft wird Zuckerkulör beigemischt, das die Nudeln gesünder aussehen lassen soll. Suchen Sie sich hier einen guten Hersteller, denn eine echte Vollkornnudel muss nicht dunkelbraun sein oder dumpf schmecken.

Spaghetti, Makkaroni und Co., die beliebten italienischen Nudeln, werden fast immer aus Hartweizengrieß ohne Zugabe von Ei hergestellt. Dies kommt der Trennkost sehr entgegen. Wählen Sie immer Nudeln, auf denen eigens vermerkt ist, dass sie ohne Ei hergestellt sind, oder machen Sie sie einfach selbst.

Dinkelnudeln werden heute von vielen Herstellern in zahlreichen Variationen angeboten. Schon Hildegard von Bingen lobte den Dinkel als eine Art Wundermedizin. Wachsender Beliebtheit erfreut sich Dinkel auch aufgrund seines nussartigen Geschmacks.

Kombinationsmöglichkeiten

Nudeln gehören zur Kohlenhydratgruppe. Je nach Sorte und Zubereitung (herzhaft oder süß, als Salat oder warme Mahlzeit) können sie mit diesen neutralen Zutaten kombiniert werden:

Butter, Öl, Mayonnaise aus hochwertigen Ölen, Margarine aus ungehärteten Fetten, Eigelb, Sahne, saure Sahne, Buttermilch, Kefir, Joghurt, alle Käsesorten aus der neutralen Gruppe, abgelagerte mürbe Äpfel, Bananen, Trockenobst, Datteln, Feigen, Honig, Ahornsirup, Birnendicksaft, Frutilose.

Roher Fisch und rohes Fleisch, z. B. gebeizter Lachs, Kaviar, roher Schinken, Salami.

Auberginen, Artischocken, Avocados, Brokkoli, Blattsalate, Blumenkohl, grüne Bohnen, Chicorée, Chinakohl, grüne Erbsen, Fenchel, Gurken, Knoblauch, Kohlrabi, Lauch, frischer Mais, Mangold, Möhren, Nüsse, Paprikaschoten, Peperoni, Pilze, Radieschen, Rettich, Rote Bete, Rosenkohl, Rosinen, Rotkohl, Rucola, Sauerkraut, Sellerie, Spargel, Spinat, rohe Tomaten, Weißkohl, Wirsing, Zwiebel, Zucchini.

Bärlauch, Brunnenkresse, Currypulver, Dill, Ingwer, Kardamom, Kerbel, Kräuter der Provence, Kurkuma, Liebstöckel, Majoran, Nelke, Oregano, Petersilie, rosenscharfes Paprikapulver, Rosmarin, Safran, Sambal oelek, Schnittlauch, Thymian, Worcestersauce, Zimtpulver.

Wichtig: Nach den Trennkostregeln muss eine der beliebtesten Kombinationen, Nudeln mit Tomatensugo, leider entfallen (gekochte Tomaten gehören zur Eiweißgruppe). Leckerer Ersatz können Pesto und Saucen auf Basis von Sahne, Käse oder Soja Creme sein.

Die richtige Zubereitung

Pro Portion benötigen Sie etwa 80 g Nudeln. Erhitzen Sie in einem großen, hohen Topf reichlich Wasser, mindestens 3/4 Liter. Wenn es kocht, das Wasser salzen, die Nudeln und anschließend ein wenig Olivenöl (ca. 1 TL) zufügen. Die Nudeln nach etwa 2 Minuten Kochzeit gründlich durchrühren. Die Gesamt-Kochzeit richtet sich nach Größe und Form der Nudeln; ein ungefährer Richtwert ist die Zeit, die auf der Packung angegeben ist. Probieren Sie zwischendurch, ob die Nudeln schon »al dente«, also bissfest sind. Wenn sie zu lange kochen, werden sie mehlig und kleben. Sind die Nudeln fertig, nicht kalt abschrecken (es sei denn, Sie wollen daraus Nudelsalat machen), sondern abgießen und sofort mit etwas Olivenöl oder Sauce vermengen.

Zuerst die Sauce, dann die Nudeln

Bereiten Sie bei einem Nudelgericht immer zuerst die Sauce und dann die Nudeln zu. Die fertige Sauce muss also praktisch auf die Nudeln warten. In den meisten Fällen lässt sich nämlich die Sauce ohne Problem in der Mikrowelle oder, unter Zugabe von etwas Flüssigkeit, im Topf wieder erwärmen – bei den Nudeln ist dies nicht ohne Qualitätsverlust möglich.

Grundrezept Pesto (für 1/4 l)

2 Bund Basilikum
je 25 g Pecorino und Parmesan
2–3 Knoblauchzehen
40 g Pinienkerne
100 ml gutes Olivenöl

Die Basilikumblättchen abzupfen. Pecorino und Parmesan reiben. Knoblauchzehen und Pinienkerne im Mörser zerreiben. Alle Zutaten außer dem Öl im Mixer oder mit der Küchenmaschine pürieren. Nach und nach das Olivenöl einarbeiten. Pesto hält sich im Glas (unter einer Schicht Olivenöl) wochenlang im Kühlschrank.

Blitzrezepte

Es gibt Blitzrezepte, für die werden Sie alle Fertigsaucen im Schrank lassen ... Zutaten jeweils für 2 Personen:

Das berühmte original italienische Blitzrezept »Spaghetti aglio e olio«

Wasser für die Spaghetti aufsetzen. **2–3 Knoblauchzehen** in ganz feine Scheibchen schneiden. Spaghetti (hier am besten keine Vollwertnudeln) nach Packungsangabe zubereiten. Kurz vor Ende der Garzeit **50 ml Olivenöl** in einer Pfanne schwach erhitzen. Knoblauch zugeben und in 2 Min. glasig werden lassen. Das Fett nicht zu heiß werden lassen und Knoblauch nicht bräunen, sonst wird er bitter! Nudeln kurz abtropfen lassen und sofort mit dem Knoblauch-Öl vermischen. Nach Geschmack salzen und pfeffern und gleich servieren.

Auch zum Niederknien: die sommerliche Variante »Spaghetti mit Rucola«

Wasser für die Spaghetti aufsetzen. **1 Bund Rucola** waschen, trockenschütteln und grob hacken. In eine Schüssel geben, salzen und leicht pfeffern. **6 EL Öl** über den Rucola geben und vermengen. Spaghetti (hier am besten keine Vollwertnudeln verwenden) nach Packungsangabe zubereiten. Die Nudeln kurz abtropfen lassen (es kann noch ein wenig Kochwasser an den Nudeln bleiben) und noch heiß mit dem Rucola in der Schüssel vermischen. Auf 2 Tellern anrichten, frischen **Parmesan** darüber raspeln und die Spaghetti sofort servieren.

Vollkornspätzle selbst gemacht

2 Eigelbe, 1/2 TL Meersalz und 100 ml kaltes Wasser verrühren. **100 g sehr fein gemahlenes Vollkorndinkel-** oder **-weizenmehl** unterkneten. Den Teig abgedeckt einige Zeit quellen lassen. Etwa 3/4 l Wasser mit **1 TL vegetarischer Gemüsebrühe (Instant)** zum Kochen bringen. Spätzleteig portionsweise dünn auf ein abgeflachtes Holzbrett geben und mit einem breiten Messer mit stumpfer Klinge feine Teigstreifen in das kochende Wasser schaben. Je feiner die Streifen sind, umso besser! Spätzle im siedenden Wasser etwa 3 Min. ziehen lassen, mit einem Schaumlöffel herausheben und kurz kalt abbrausen. Damit sie nicht verkleben, mit **einigen Tropfen Öl** beträufeln.

Selbst gemachte Spätzle können Sie auf Vorrat zubereiten – sie halten sich abgedeckt im Kühlschrank gut 2 Tage. Dazu passen gebratene Zwiebeln und Käse oder eine Sauce aus Waldpilzen mit viel Salat.

Scharfe Spaghetti

Zubereitungszeit: 25 Min.

Für 2 Personen (pro Portion ca. 665 kcal)
180 g Vollkornspaghetti | Meersalz
6–8 Knoblauchzehen | 4 Fleischtomaten
1 kleines Bund Basilikum
6 EL kaltgepresstes Olivenöl
50 g Sahne | Kräutersalz
1–2 TL Sambal oelek

1. Die Spaghetti in reichlich leicht gesalzenem Wasser in 10–12 Min. bissfest garen, dann abgießen und abtropfen lassen.

2. Den Knoblauch schälen und in dünne Scheibchen schneiden. Die Tomaten waschen, von den Stielansätzen befreien, in Scheiben schneiden und anrichten. Mit Salz würzen. Das Basilikum waschen, trockenschütteln, grob hacken und darüber streuen.

3. Das Öl in einer Pfanne erhitzen und den Knoblauch darin bei mittlerer Hitze glasig werden lassen. Spaghetti untermischen, die Sahne zugeben und kurz erhitzen. Mit Kräutersalz und Sambal oelek würzen. Mit den Tomaten servieren.

Variante:
Die Spaghetti schmecken nicht so scharf, wenn Sie statt Sambal oelek frische Majoranblättchen darüber streuen.

Spaghetti mit Basilikumsauce

Zubereitungszeit: 25 Min.

Für 2 Personen (pro Portion ca. 545 kcal)
160 g Spaghetti | Meersalz
1/2 Bund Basilikum
1–2 Knoblauchzehen
8 Mandelkerne
60 ml vegetarische Gemüsebrühe (Instant)
1 EL kaltgepresstes Olivenöl
60 g geriebener Parmesan
150 g Kirschtomaten | 6 schwarze Oliven

1. Die Spaghetti in reichlich leicht gesalzenem Wasser in 10–12 Min. bissfest garen.

2. Basilikum waschen und die Blättchen abzupfen. Einige Blättchen beiseite legen und den Rest in ein hohes Gefäß geben. Knoblauch schälen, halbieren und dazugeben. Mit Mandeln, Brühe und Öl pürieren. Den Käse unterrühren.

3. Die Tomaten waschen und halbieren. Die Spaghetti abgießen, abtropfen lassen und mit der Basilikumsauce vermischen. Mit Oliven, Tomaten und restlichem Basilikum garnieren.

Dazu passt als Beilage **Paprikastreifen aus dem Ofen** (Rezept Seite 44).

Zucchininudeln mit Schafkäse

Zubereitungszeit: 25 Min.

Für 2 Personen (pro Portion ca. 470 kcal)
160 g Spiralnudeln | Meersalz | 2 kleine Zucchini
1 Zwiebel | 1–2 Knoblauchzehen
1/2 Bund Petersilie
1 1/2 EL kaltgepresstes Olivenöl
Kräutersalz | 1 TL frische Oreganoblättchen
80 g Schafkäse

1. Die Nudeln in reichlich leicht gesalzenem Wasser in 10–12 Min. bissfest garen, dann abgießen und abtropfen lassen.

2. Die Zucchini waschen, putzen und in kleine Würfel schneiden. Zwiebel und Knoblauch schälen, beides fein hacken. Die Petersilie waschen, trockenschütteln und hacken.

3. Das Öl in einer Pfanne erhitzen und den Knoblauch darin bei schwacher Hitze kurz anbraten. Zwiebel und Zucchiniwürfel zugeben und bei mittlerer Hitze unter Wenden 4 Min. anbraten. Mit Kräutersalz und Oregano würzen. Die Nudeln untermischen. Den Käse darüber bröckeln und mit Petersilie bestreut servieren.

Dazu passt als Vorspeise **Kopfsalat mit Kräuter-Vinaigrette** (Rezept Seite 32).

Bandnudeln in Mandelsauce

Zubereitungszeit: 25 Min.

Für 2 Personen (pro Portion ca. 600 kcal)
160 g schmale Bandnudeln | Meersalz
1 Bund Frühlingszwiebeln
2–3 Knoblauchzehen
2 Zweige frischer Majoran
2 EL Sonnenblumenöl | 40 g Mandelstifte
60 g Sahne | Kräutersalz

1. Die Nudeln in reichlich leicht gesalzenem Wasser in 10–12 Min. bissfest garen, dann abgießen und abtropfen lassen.

2. Die Frühlingszwiebeln putzen, waschen und in dünne Ringe schneiden. Den Knoblauch schälen und in Scheiben schneiden. Den Majoran waschen, trockenschütteln und die Blättchen abzupfen.

3. Das Öl in einer Pfanne erhitzen. Frühlingszwiebeln, Knoblauch und Mandeln darin 3–4 Min. unter Rühren anbraten.

4. Die Nudeln in die Pfanne geben und unterrühren, die Sahne zugeben und alles erhitzen. Mit Kräutersalz würzen und mit Majoran bestreut servieren.

Dazu passt als Vorspeise **Fenchelrohkost** (Rezept Seite 33).

Gemüse-Lasagne

Zubereitungszeit: 30 Min.
Backzeit: ca. 25 Min.

Für 2 Personen (pro Portion ca. 955 kcal)
Für die Füllung:
1 Gemüsezwiebel
2 Stangen Lauch
15 grüne Oliven ohne Stein
200 g Champignons
1 rote Paprikaschote
1–2 Knoblauchzehen
1 1/2 EL kaltgepresstes Olivenöl
Kräutersalz
1 TL vegetarische Gemüsebrühe (Instant)
2 TL frische Oreganoblättchen
1 TL frische Majoranblättchen
80 g Emmentaler
Butter für die Form
Für die Béchamelsauce:
25 g Butter
2 geh. EL feines Dinkelvollkornmehl
125 g Sahne
1 EL vegetarische Gemüsebrühe (Instant)
Außerdem:
9 grüne Lasagneblätter (ohne Vorkochen)

1. Die Zwiebel schälen und grob würfeln. Den Lauch putzen, längs aufschneiden, gründlich waschen und in schmale Streifen schneiden. Die Oliven fein hacken.

2. Die Champignons putzen, eventuell abreiben und in dünne Scheiben schneiden. Die Paprikaschote halbieren, putzen, waschen und in kleine Würfel schneiden. Den Knoblauch schälen.

3. Das Öl in einer Pfanne erhitzen und die Zwiebel darin bei schwacher Hitze glasig werden lassen. Das Gemüse zugeben und unter Rühren bei mittlerer Hitze 4–5 Min. anbraten. Mit Salz, Brühe, Oregano und Majoran würzen. Den Knoblauch dazupressen und unterrühren.

4. Für die Sauce die Butter in einem Topf schmelzen lassen. Das Mehl löffelweise anschwitzen, mit 225 ml Wasser glatt rühren und die Sahne unterziehen.

5. Mit der Brühe würzen und einmal unter Rühren aufkochen lassen. Die Sauce beiseite stellen.

6. Den Backofen auf 200° vorheizen. Eine große feuerfeste Form mit etwas Butter einfetten. Abwechselnd Gemüse, Béchamelsauce und Nudelblätter in die Form schichten, dabei mit Béchamelsauce abschließen.

7. Den Käse darüber streuen und die Lasagne im Backofen (Mitte, Umluft 180°) in 25 Min. goldbraun überbacken.

Variante:
Statt Emmentaler können Sie zum Überbacken auch Schnittkäse (60 % Fett i. Tr.) verwenden, zum Beispiel Rahmgouda oder Wörishofener. Diesen Käse in kleine Stücke schneiden oder anderen Rohmilchkäse (45 % Fett i. Tr.) wie Gruyère reiben.

Mein Tipp

Sauce ohne Klümpchen

Wenn die Béchamelsauce nach dem Angießen der Flüssigkeit nicht glatt wird, sondern Klümpchen hat, können Sie diese blitzschnell mit dem Pürierstab beseitigen. Sie können die Sauce auch durch ein Haarsieb streichen, das dauert aber etwas länger.

Gratinierte Spinatnudeln

Zubereitungszeit: 45 Min.
Backzeit: ca. 15 Min.

Für 2 Personen (pro Portion ca. 935 kcal)
20 g Butter
2 leicht geh. EL feines Dinkelvollkornmehl
100 g Sahne | 150 g Spinat | 1 Zwiebel
1 Knoblauchzehe | 150 g Champignons
1 1/2 EL kaltgepresstes Olivenöl
Meersalz | Muskatnuss, frisch gerieben
180 g Tagliatelle | 1 1/2 TL vegetarische Gemüsebrühe (Instant) | 100 g Emmentaler
Butter für die Form

1. Für die Sauce die Butter in einem Topf schmelzen lassen. Das Mehl löffelweise darin anschwitzen, mit 200 ml Wasser glatt rühren und die Sahne unterziehen, einmal unter Rühren aufkochen lassen. Die Sauce beiseite stellen.

2. Den Spinat waschen, verlesen, putzen, abtropfen lassen und klein schneiden. Zwiebel und Knoblauch schälen, beides fein würfeln. Die Champignons putzen, eventuell abreiben und in Scheiben schneiden.

3. Das Öl in einer Pfanne mit hohem Rand erhitzen. Zwiebel und Knoblauch darin glasig werden lassen. Champignons zugeben und 4 Min. anbraten. Spinat zugeben und zugedeckt in 3 Min. zusammenfallen lassen. Mit Salz und Muskat kräftig würzen.

4. Die Tagliatelle in reichlich leicht gesalzenem kochendem Wasser in 8–10 Min. bissfest garen, dann abgießen und abtropfen lassen.

5. Das Gemüse unter die Sauce mischen, mit Brühe würzen und alles bei schwacher Hitze 5–7 Min. köcheln lassen. Eine feuerfeste Form mit etwas Butter einfetten. Den Backofen auf 200° vorheizen. Den Emmentaler reiben.

6. Die Hälfte des Gemüses in die Form füllen, die Tagliatelle darauf verteilen und das restliche Gemüse obenauf geben. Mit Käse bestreuen. Im Backofen (Mitte, Umluft 180°) in 15 Min. goldbraun überbacken.

Dazu passt als Vorspeise **Kopfsalat mit Kräuter-Vinaigrette** (Rezept Seite 32).

Sahne-Penne mit grünem Spargel

Zubereitungszeit: 30 Min.

Für 2 Personen (pro Portion ca. 770 kcal)
160 g Penne
Meersalz
500 g grüner Spargel
3–5 Knoblauchzehen
200 g Kirschtomaten
125 g Sahne
80 g Gorgonzola (60 % Fett i. Tr.)
1 TL frische Majoranblättchen
2 EL kaltgepresstes Olivenöl

1. Die Penne in reichlich leicht gesalzenem Wasser in 10–12 Min. bissfest garen, dann abgießen und abtropfen lassen.

2. Den Spargel waschen, putzen und im unteren Drittel schälen. Die Stangen in 3–4 cm lange Stücke schneiden.

3. Den Knoblauch schälen und in hauchdünne Scheibchen schneiden. Die Tomaten waschen und halbieren.

4. 1/4 l Wasser mit Sahne zum Kochen bringen und den Gorgonzola darin unter Rühren schmelzen lassen. Die Sauce mit Majoran würzen.

5. Das Öl in einer Pfanne erhitzen. Den Knoblauch darin bei schwacher Hitze glasig werden lassen.

6. Den Spargel zugeben, salzen und bei mittlerer Hitze kräftig anbraten, bis die Spargelstücke leicht braun sind.

7. Die Nudeln untermischen. Mit der Käsesauce übergießen und nochmals kurz erwärmen. Anrichten und mit den Tomatenhälften garniert servieren.

Variante:
Für eine Käsesauce mit Parmesan zwei Knoblauchzehen schälen, in Scheiben schneiden und in 1 EL Olivenöl hellbraun anbraten. Mit 50 g Sahne und 80 ml Gemüsebrühe ablöschen und aufkochen lassen. 50 g geriebenen Parmesan und 1 Eigelb verrühren und erhitzen, aber nicht mehr kochen lassen. Die Sauce separat zu den Nudeln servieren.

Nudeln mit Rucola und Schafkäse

Zubereitungszeit: 25 Min.

Für 2 Personen (pro Portion ca. 550 kcal)
180 g Nudeln
(z. B. Hörnchennudeln)
Meersalz
100 g Schafkäse
1/2 Bund Rucola
1–2 Knoblauchzehen
3 EL kaltgepresstes Olivenöl
2 EL gemahlene Mandeln
1 EL Sesamsamen
2 EL gehackte Petersilie

1. Die Nudeln in reichlich leicht gesalzenem Wasser in 10–12 Min. bissfest garen, dann abgießen und abtropfen lassen.

2. Den Rucola waschen, putzen, von den groben Stielen befreien und klein schneiden. Den Knoblauch schälen und fein hacken.

3. Das Öl in einer Pfanne erhitzen. Mandeln, Sesamsamen, Knoblauch und Petersilie zufügen und bei mittlerer Hitze unter Rühren anbraten. Mit Salz würzen. Die Nudeln zugeben und mitbraten.

4. Den Rucola unter die Nudeln mischen. Den Schafkäse darüber bröckeln und zugedeckt leicht schmelzen lassen. Anrichten und sofort servieren.

Variante:
Als Beilage schmecken geröstete Artischocken sehr gut. Dafür den Backofen auf 200° vorheizen. 8 kleine Artischocken putzen (vor allem die scharfkantigen Blattspitzen stutzen), längs halbieren, die Schnittstellen mit Olivenöl beträufeln und leicht salzen. 3 Knoblauchzehen schälen, hacken und auf einem Blech verteilen. Die Artischocken mit der Schnittfläche nach unten darauf legen und im Backofen (Mitte, Umluft 180°) 15–18 Min. rösten. Auf Küchenpapier abtropfen lassen und zu den Nudeln servieren.

Bandnudeln mit Pfifferlingen

Zubereitungszeit: 40 Min.

Für 2 Personen (pro Portion ca. 465 kcal)
180 g dünne Vollkornbandnudeln
Meersalz
300 g Pfifferlinge
1 Zwiebel
1/2 Bund Petersilie
1 EL Butter
Kräutersalz
1 EL feines Dinkelvollkornmehl
50 g Sahne

1. Die Pilze abreiben, putzen und klein schneiden. Die Zwiebel schälen und fein hacken. Die Petersilie waschen, trockenschütteln und hacken.

2. Die Butter in einer Pfanne erhitzen. Die Zwiebelwürfel darin bei schwacher Hitze glasig werden lassen. Die Pilze zugeben und unter Rühren 5 Min. anbraten.

3. Mit Kräutersalz würzen, das Dinkelmehl darüber stäuben und unter Rühren kurz anschwitzen. 150 ml warmes Wasser angießen und unterrühren. Die Pilze zugedeckt 10 Min. bei schwacher Hitze köcheln lassen.

4. Die Nudeln in reichlich leicht gesalzenem Wasser nach Packungsangabe bissfest garen, dann abgießen und abtropfen lassen.

5. Die Sahne zur Sauce geben und mit den Nudeln untermischen. Mit Petersilie bestreut servieren.

Variante:
An Stelle von Pfifferlingen können Sie nach Belieben auch andere frische Pilze oder Zuchtpilze wie Champignons, Egerlinge und Austernpilze verwenden. Pilze vorher nie waschen, sondern nur putzen und abreiben.

Gemüse-Spaghetti aus dem Wok

Zubereitungszeit: 25 Min.

Für 2 Personen (pro Portion ca. 640 kcal)
180 g dünne Spaghetti
Meersalz
150 g grüne Bohnen
1 Zwiebel
150 g Champignons
80 g Sojabohnensprossen
3 EL kaltgepresstes Sonnenblumenöl
2–3 EL Sojasauce
1 TL getrocknetes Bohnenkraut

1. Die Spaghetti in reichlich leicht gesalzenem Wasser nach Packungsangabe bissfest garen, dann abgießen und abtropfen lassen.

2. Die Bohnen waschen, putzen, eventuell entfädeln und in etwa 3 cm lange Stücke schneiden. Die Zwiebel schälen und grob hacken. Die Champignons putzen, eventuell abreiben und in Scheiben schneiden. Die Sprossen waschen und abtropfen lassen.

3. Den Wok erhitzen, das Öl hinzugeben und heiß werden lassen. Bohnen, Zwiebelwürfel und Champignons unter Rühren bei mittlerer Hitze 12–15 Min. braten.

4. Mit Sojasauce und Bohnenkraut würzen. Die Nudeln untermischen und 5 Min. mitbraten. Mit Sojabohnensprossen bestreut servieren.

1

2

3

1 Bandnudeln mit Pfifferlingen
2 Nudeln mit Rucola und Schafkäse
3 Gemüse-Spaghetti aus dem Wok

Bandnudeln mit Honig

Zubereitungszeit: 30 Min.

Für 2 Personen (pro Portion ca. 585 kcal)
160 g Bandnudeln | 1 unbehandelte Zitrone
100 g Sahne | 1 1/2 EL Honig (z. B. Rapshonig)
1 TL gemahlene Vanille | 1 Eigelb
2 EL gehackte Haselnusskerne

1. Die Nudeln in reichlich kochendem Wasser nach Packungsangabe bissfest garen, dann abgießen und abtropfen lassen.

2. Die Zitrone waschen, abtrocknen und 1 EL Schale abreiben. Mit der Sahne, 80 ml Wasser, Honig und Vanille zum Kochen bringen. Den Topf beiseite stellen, das Eigelb einrühren und den Topf wieder auf die Herdplatte stellen.

3. Die Nüsse in einer kleinen beschichteten Pfanne ohne Fett leicht goldbraun rösten. Die Nudeln unter die Sahne mischen, anrichten und mit Nüssen bestreut servieren.

Dazu passt als Beilage **Feigen im Honigsud** (Rezept Seite 180).

Variante:
Für Butter-Mandel-Nudeln 2 EL Mandelstifte ohne Fett goldbraun rösten. 1 EL Butter schmelzen lassen, die Nudeln darin schwenken, anrichten und mit Mandelstiften bestreuen.

Mein Tipp

So gelingen Nudeln

Ob selbst gemacht oder gekauft, Nudeln müssen immer in reichlich Wasser garen. Pro 100 g Teigwaren sind mindestens ein Liter Kochwasser ideal. »Al dente«, also bissfest, schmecken sie am besten. Wann Nudeln noch Biss haben, hängt von der Sorte und der Beschaffenheit ab. Im Zweifel vorher immer einen Blick auf die Angaben auf der Packung werfen oder probieren. Und: Nur wenn sie für Aufläufe oder Salate verwendet werden, sollten sie mit kaltem Wasser abgeschreckt werden.

Käsespätzle

Zubereitungszeit: 15 Min.

Für 2 Personen (pro Portion ca. 615 kcal)
160 g Vollkornspätzle
Meersalz
100 g Emmentaler
2 EL feines Dinkelvollkornmehl
1 Gemüsezwiebel
2 EL kaltgepresstes Olivenöl
Kräutersalz
2 EL gehackte Petersilie

1. Die Spätzle in reichlich leicht gesalzenem Wasser nach Packungsangabe bissfest garen, dann abgießen und abtropfen lassen.

2. Den Emmentaler reiben. Das Dinkelmehl auf einen Teller geben. Die Zwiebel schälen, in dünne Ringe schneiden und im Dinkelmehl wenden. Das Öl in einer Pfanne erhitzen und die Zwiebelringe darin bei mittlerer Hitze goldbraun rösten.

3. Spätzle und Zwiebelringe mischen und mit Kräutersalz würzen. Den Käse obenauf geben und zugedeckt bei schwacher Hitze in 3–4 Min. schmelzen lassen. Mit Petersilie bestreut servieren.

Dazu passt als Vorspeise **Feldsalat mit Tomatenwürfeln** (Rezept Seite 33).

Variante:
Den zarten weißen Teil von 1 Stange Lauch waschen und in dünne Ringe schneiden. Den Backofen auf 200° vorheizen. Eine feuerfeste Form mit etwas Butter einfetten. Wasser zum Kochen bringen und die Lauchringe darin 3 Min. blanchieren. Aus dem Wasser nehmen und abtropfen lassen. 80 g Emmentaler fein reiben. Lauch und Käse unter die Spätzle mischen, die Mischung in die Form geben und im Backofen (Mitte, Umluft 180°) 5 Min. gratinieren. Wer gerne hausgemachte Spätzle isst, sollte das Grundrezept auf Seite 95 ausprobieren.

Nudeln mit Apfelkompott

Zubereitungszeit: 30 Min.

Für 2 Personen (pro Portion ca. 470 kcal)
4 abgelagerte mürbe Äpfel
1/2 Zimtstange
Honig
160 g dünne Bandnudeln
1 EL Butter
1 TL Zimtpulver

1. Die Äpfel schälen, vierteln, vom Kerngehäuse befreien und in Würfel schneiden. Mit 150 ml Wasser und Zimtstange in einen Topf geben und zum Kochen bringen.

2. Die Äpfel bei schwacher Hitze 10 Min. köcheln lassen. Die Zimtstange entfernen und mehrmals mit dem Schneebesen das Kompott durchrühren. Das Apfelkompott mit 1 TL Honig abschmecken.

3. Die Nudeln in reichlich leicht gesalzenem Wasser nach Packungsangabe bissfest garen, dann abgießen und abtropfen lassen.

4. Die Butter in einer Pfanne schmelzen lassen und 1 EL Honig einrühren. Die Nudeln zugeben und darin schwenken.

5. Auf zwei Tellern anrichten, mit Zimt bestreuen und mit dem lauwarmen Apfelkompott servieren.

1

2

3

***1** Bandnudeln mit Honig und Nüssen*
***2** Käsespätzle*
***3** Nudeln mit Apfelkompott*

Schinken-Nudel-Salat mit Kräuter-Dressing

Zubereitungszeit: 30 Min.

Für 2 Personen (pro Portion ca. 510 kcal)
160 g Nudeln (z. B. Spiralen)
Meersalz
150 g Möhren
150 g Erbsen (tiefgekühlt)
1 Stück Salatgurke (125 g)
1 rote Paprikaschote
100 g roher Putenlachsschinken
1/2 Bund Rucola
1/2 Bund Petersilie
100 g Sahnedickmilch
(ersatzweise saure Sahne)
100 g Naturjoghurt (3,5 % Fett)
1 EL Apfelessig
Kräutersalz

1. Die Nudeln in reichlich leicht gesalzenem Wasser nach Packungsangabe bissfest garen, dann abgießen und abtropfen lassen.

2. Die Möhren putzen, schälen und in kleine Würfel schneiden. Wenig leicht gesalzenes Wasser zum Kochen bringen. Möhrenwürfel und Erbsen zugeben und darin 8 Min. garen.

3. Die Gurke schälen und klein würfeln. Die Paprikaschote halbieren, putzen, waschen und ebenfalls in kleine Würfel schneiden. Den Schinken in feine Streifen schneiden. Den Rucola waschen, von den groben Stielen befreien und in Streifen schneiden. Die Petersilie waschen, trockenschütteln und hacken.

4. Erbsen und Möhren abgießen und abtropfen lassen. Mit dem übrigen Gemüse, dem Schinken und den Nudeln mischen.

5. Für das Dressing Sahnedickmilch, Joghurt und Apfelessig cremig verrühren. Mit Kräutersalz würzen und den Rucola unterrühren. Das Dressing mit der Gemüse-Schinken-Nudel-Mischung verrühren. Mit Petersilie bestreut servieren.

Nudelsalat mit Bohnen und Champignons

Zubereitungszeit: 30 Min.

Für 2 Personen (pro Portion ca. 620 kcal)
160 g dünne Bandnudeln | Meersalz
200 g grüne Bohnen (oder Staudensellerie)
200 g Champignons | 1 EL Butter
Oregano | 1 gelbe Paprikaschote
3 Tomaten | 150 g Mozzarella
Für das Dressing:
1/2 Bund Basilikum | 2 EL saure Sahne
1 EL kaltgepresstes Olivenöl
1 TL Obstessig
Thymian | Kräutersalz

1. Die Nudeln in reichlich leicht gesalzenem Wasser nach Packungsangabe bissfest garen, dann abgießen und abtropfen lassen.

2. Die Bohnen waschen, putzen, eventuell entfädeln und in 3–4 cm lange Stücke schneiden. Salzwasser zum Kochen bringen. Die Bohnen darin in 15–18 Min. bissfest garen, dann abgießen und dabei 100 ml Kochwasser auffangen. Die Bohnen abtropfen lassen.

3. Die Champignons putzen, eventuell abreiben und in Scheiben schneiden. Die Butter in einer beschichteten Pfanne schmelzen lassen. Die Champignons darin bei mittlerer Hitze in 5 Min. braun anbraten. Mit Oregano und Salz würzen und abkühlen lassen.

4. Die Paprikaschote halbieren, putzen, waschen und in kleine Würfel schneiden. Die Tomaten waschen, von den Stielansätzen befreien und in Würfel schneiden. Beides mit Nudeln, Bohnen und Champignons mischen. Den Mozzarella abtropfen lassen und in Scheiben schneiden.

5. Das Basilikum waschen, trockenschütteln und bis auf einige Blättchen klein schneiden. Für das Dressing saure Sahne mit etwas Bohnenwasser, Öl, Obstessig, Thymian, Kräutersalz und Basilikum verrühren. Mit dem Nudelsalat mischen. Den Mozzarella obenauf legen. Mit dem restlichen Basilikum garniert servieren.

Fleisch

Sonntagsbraten, feine Gerichte aus Fleisch und Gemüse, saftige Schnitzel mit Salat – wem läuft da nicht das Wasser im Mund zusammen? Auch als Trennköstler müssen Sie auf diesen Genuss nicht verzichten. Auf den nächsten Seiten finden Sie 15 Fleischrezepte, von herzhaft bis raffiniert. Eine Extra-Doppelseite zeigt Ihnen Grundlegendes zum Thema Fleisch und gibt viele Ideen und Tipps für eigene Lieblingsrezepte.

Fleischrezepte

Fleisch – ein wichtiges Nahrungsmittel, das hochwertiges Eiweiß und Vitamine enthält? Oder doch eher ungesund, in Verruf gekommen durch MKS und BSE?
Die Antwort ist sicherlich in maßvollem Fleischkonsum zu finden. Kleine Portionen Fleisch sind ein Genuss, den wir uns ruhig ein- bis zweimal pro Woche gönnen können. Achten Sie einfach auf gute Qualität, möglichst vom Bio-Bauern.

Kombinationsmöglichkeiten

Fleisch zählt zur Eiweißgruppe. Diese Lebensmittel können Sie damit kombinieren:

Butter, Öl, Mayonnaise aus guten Ölen, Reformhausmargarine, volles Ei, Sahne, saure Sahne, Milch, Buttermilch, Kefir, Joghurt, Trinksauermilch, Quark (Fettstufe spielt keine Rolle), alle Käsesorten (auch hier spielt der Fettgehalt keine Rolle), alle gekochten und rohen Wurstwaren, Schinken.

Auberginen, Artischocken, Avocados, Brokkoli, Blattsalate, Blumenkohl, grüne Bohnen, Chicorée, Chinakohl, grüne Erbsen, Fenchel, Gurken, Knoblauch, Kohlrabi, Lauch, frischer Mais, Mangold, Möhren, Nüsse, Paprikaschoten, Peperoni, Pilze, Radieschen, Rettich, Rote Beten, Rosenkohl, Rotkohl, Sauerkraut, Sellerie, Spargel, Spinat, Tomaten (roh oder gekocht), Weißkohl, Wirsing, Zwiebeln, Zucchini.

Frisches Obst, Äpfel, Zitrusfrüchte, trockene Weine, Sekt, Korn, Wacholder.

Mein Tipp

Fleisch ja, aber…

Bevorzugen Sie mageres Fleisch (z. B. Geflügel) und schneiden Sie dicke Fettränder ab, auch wenn sie noch so verlockend aussehen.

Da Fleisch stark Säure bildend ist, sollten Sie es immer mit Basenbildnern kombinieren.

Das Mittagessen ist die beste Zeit für ein Fleischgericht, da Fleisch schwer verdaulich ist. Am Abend gegessen liegt es oft schwer im Magen und verursacht einen unruhigen Schlaf. Ausnahmen können Sie natürlich bei Feiern oder Einladungen machen.

Die passenden Gewürze:

Oregano, Kurkuma, Safran, Currypulver, Kardamom, Koriander, Kreuzkümmel, Kümmel, Ingwer, Majoran, Rosmarin, rosenscharfes Paprikapulver, Oregano, Kräuter der Provence, Bärlauch, Knoblauch, Petersilie, Schnittlauch, Dill, Kerbel, Estragon, Thymian, Salbei, Brunnenkresse, Zwiebel, Sauerampfer, Lorbeerblätter, Kaffir-Limettenblätter, Wacholderbeeren, Worcestersauce, Sambal oelek, Essig, Zitrone.

Ein Wort zu Bratentopf und Pfanne

Damit Sie möglichst viele Stücke gleichzeitig anbraten können, sollte der ideale Fleischtopf möglichst breit sein. Außerdem sollte ein Deckel dazugehören, der fest schließt, damit nach dem Anbraten Dampf und Aroma erhalten bleiben und das Fleisch nicht austrocknet.

Am besten verwenden Sie Pfannen mit Antihaftbeschichtung, da Sie dann mit wenig Fett zum Anbraten auskommen. Für einige Fleischsorten benötigen Sie sogar gar kein Fett (z. B. Entenbrust). Für Steaks und andere Kurzbratstücke sind allerdings unbeschichtete Pfannen besser: Sie lassen sich stärker erhitzen und nehmen es auch nicht übel, wenn man darin herumschabt. Vor allem wenn Sie aus dem Bratenansatz eine leckere Sauce zaubern möchten, sind sie besser geeignet.

Fleisch richtig garen

Braten in der Pfanne

Das Braten in der Pfanne ist am besten für kleine Fleischstücke (z. B. Steaks, Medaillons) geeignet. Die Lebensmittel werden rasch in möglichst wenig sehr gut erhitztem Öl oder Pflanzenfett gebräunt und gegart.

Schmoren

Das ist das Richtige für größere Fleischstücke, die so auch zusammen mit Gemüse gegart werden können: Zuerst wird das Gargut in heißem Fett angebraten und dann mit etwas Flüssigkeit im abgedeckten Topf geschmort.

Garziehen im Ofen

Im heißen Ofen können Sie Fleisch oder Geflügel garen, z. B. in einem Römertopf oder einer Jenaer Glasform. Diese Zubereitungsform ist auch ideal für Braten: das Fleisch vorher in einem Schmortopf auf dem Herd anbraten, dann in den Ofen stellen zum Fertiggaren.

Garziehen im Wasser

Würste und Suppenfleisch gart man, indem man sie in Wasser/Brühe garziehen lässt. Hier ist der Aspekt des Ziehens sehr wichtig: Da z. B. Würste sehr schnell zerplatzen, sollten sie sanft unterhalb des Siedepunktes in Flüssigkeit gegart werden.

Garzeiten für Fleisch

Garmethode	Temperatur	Zeit
Kurzbraten/Grillen		**pro Seite**
Schnitzel, unpaniert	bei starker Hitze jede Seite 1,5 Min. anbraten, dann:	1 Min.
Kotelett, 1,5 cm dick	bei mittlerer Hitze jede Seite 1,5 Min. anbraten, dann:	1,5–2 Min.
Entenbrust	bei mittlerer bis starker Hitze auf der Fettseite anbraten, dann:	10 Min.
Hähnchenbrust, Putenschnitzel	mittlere Hitze:	5 Min.
Porterhouse Steak (750 g, 3–3,5 cm dick)	bei starker Hitze anbraten, dann mittlere Hitze:	2,5 Min.
Schmoren	**nach Anbraten**	**fertig nach**
Rindfleisch, 1 kg	schwache Hitze	2–3 Std.
Kalb-, Lamm- oder Schweinefleisch	schwache Hitze	1,5 Std.
Rindergulasch, -ragout	schwache Hitze	2,5 Std.
Schweinegulasch, -ragout	schwache Hitze	30–35 Min.
Lammhaxen, 1 kg	schwache Hitze	1,5 Std.
Braten im Ofen		**fertig nach**
Roastbeef/Rinderlende, 1 kg	zuerst bei 250° 15 Min., dann 200°	15–20 Min.
Schweine-/Rollbraten, 1 kg	zuerst 15 Min. bei 220°, dann 180°	1,5–2 Std.
Lammkeule, -rücken, 1,2 kg	180°	2 Std.
Pute, 3,5 kg	180°	1 Std.
Ente	200°	1 3/4 Std.
Hähnchen, 1,5 kg	200°	1 Std.

Lammtopf mit Champignons und Bohnen

Zubereitungszeit: 1 Std.

Für 2 Personen (pro Portion ca. 670 kcal)
300 g Lammfleisch (aus der Keule) | 1 Zwiebel
1 EL kaltgepresstes Olivenöl | Meersalz
1–2 TL rosenscharfes Paprikapulver
1/2 TL Cayennepfeffer
1 TL frische Thymianblättchen
1–2 TL frische Rosmarinnadeln
300 ml vegetarische Gemüsebrühe (Instant)
Für das Gemüse:
200 g Champignons | 3 Schalotten
500 g grüne Bohnen | 400 g reife Tomaten
1 EL kaltgepresstes Olivenöl | 5 EL Sahne

1. Das Fleisch kalt waschen, mit Küchenpapier trockentupfen und in mundgerechte Würfel schneiden. Die Zwiebel schälen und grob würfeln.

2. Öl erhitzen und das Fleisch darin braun anbraten. Zwiebel zugeben und kurz mitbraten. Mit Meersalz, Paprikapulver, Cayennepfeffer, Thymian und Rosmarin würzen. Brühe angießen und das Fleisch zugedeckt bei schwacher Hitze in 45 Min. garen.

3. Die Champignons putzen, eventuell abreiben und in Viertel schneiden. Die Schalotten schälen und würfeln. Die Bohnen waschen, putzen und in etwa 3 cm große Stücke brechen. Die Stielansätze der Tomaten entfernen. Tomaten kurz überbrühen, häuten und in grobe Würfel schneiden.

4. Das Öl in einer Pfanne mit hohem Rand erhitzen. Champignons, Schalotten und Bohnen darin unter Rühren 5 Min. anbraten. Die Tomatenwürfel zum Gemüse geben und zugedeckt 10 Min. dünsten, ab und zu umrühren. Das Fleisch unter das Gemüse mischen und weitere 10 Min. garen. Die Sahne unterrühren und heiß werden lassen, eventuell salzen. Auf zwei Tellern anrichten und servieren.

Dazu passt als Vorspeise **Feldsalat mit Tomatenwürfeln** (Rezept Seite 33).

Variante:
Schneller geht es, wenn Sie zum Gemüse gebratene Lammkoteletts servieren. Koteletts mit Salz und Pfeffer würzen. Olivenöl erhitzen und die Koteletts darin bei mittlerer Hitze von jeder Seite 2–3 Min. braten.

Bohnen-Hackfleisch-Eintopf

Zubereitungszeit: 40 Min.

Für 2 Personen (pro Portion ca. 700 kcal)
400 g grüne Bohnen | 1 Zwiebel
3 Möhren | 1 gelbe Paprikaschote
400 g reife Tomaten
1 EL kaltgepresstes Sonnenblumenöl
350 g Hackfleisch (vom Rind oder Lamm)
2–3 TL edelsüßes Paprikapulver
1 TL getrocknetes Bohnenkraut | Meersalz
1/8 l vegetarische Gemüsebrühe (Instant)
4 EL Sahne

1. Die Bohnen waschen, putzen und in etwa 3 cm lange Stücke schneiden. Die Zwiebel schälen und fein hacken. Die Möhren putzen, schälen und schräg in dünne Scheiben schneiden. Die Paprikaschote halbieren, putzen, waschen und in Würfel schneiden. Die Stielansätze von den Tomaten entfernen. Die Tomaten kurz überbrühen, häuten und in grobe Würfel schneiden.

2. Das Öl in einer Pfanne mit hohem Rand erhitzen. Die Zwiebelwürfel darin bei schwacher Hitze glasig werden lassen. Die Bohnen, Möhrenscheiben und Paprikawürfel hinzufügen und unter Rühren bei schwacher Hitze anbraten. Das Gemüse an den Pfannenrand schieben. Das Hackfleisch in die Mitte geben und unter Rühren bei mittlerer Hitze krümelig anbraten.

3. Die Tomaten hinzufügen und alles verrühren. Mit Paprikapulver, Bohnenkraut und Meersalz würzen. Die Gemüsebrühe angießen und den Eintopf zugedeckt bei mittlerer Hitze 15 Min. köcheln lassen. Die Sahne unterrühren und weitere 5 Min. köcheln lassen.

Dazu passt als Vorspeise **Tomatensalat** (Rezept Seite 28).

Variante:
Vegetarier können das Hackfleisch einfach weglassen. Stattdessen das Gemüse in eine mit Butter eingefettete feuerfeste Form geben, mit 125 g Mozzarella in Scheiben belegen und im vorgeheizten Backofen bei 200° (Mitte, Umluft 180°) 10 Min. überbacken, bis der Käse geschmolzen ist.

Fleischklößchen mit Gurkengemüse

Zubereitungszeit: 35 Min.

Für 2 Personen (pro Portion ca. 600 kcal)
Für die Fleischklößchen:
1 Zwiebel | 300 g Rinderhackfleisch
2 EL gehackte Petersilie | 1 Eigelb | 1 TL Kräutersalz
1 Msp. Cayennepfeffer | 1 TL getrockneter Oregano
1 EL kaltgepresstes Olivenöl
Für das Gemüse:
1 Zwiebel
600 g Schmorgurke (ersatzweise Salatgurke)
100 ml vegetarische Gemüsebrühe (Instant)
1 kleines Bund Dill | 4 EL Sahne

1. Die Zwiebel schälen und fein hacken, mit Hackfleisch, Petersilie und Eigelb vermischen. Mit Kräutersalz, Cayennepfeffer und Oregano würzen. Aus der Masse 8 kleine Kugeln formen. Das Öl in einer beschichteten Pfanne erhitzen und die Klößchen darin bei mittlerer Hitze rundherum scharf anbraten. Aus der Pfanne nehmen und warm halten.

2. Inzwischen die Zwiebel schälen und klein würfeln. Die Gurke schälen, längs halbieren und mit einem Löffel von den Kernen befreien, das Fruchtfleisch in Würfel schneiden.

3. Die Zwiebelwürfel im restlichen Bratfett der Klößchen goldbraun anbraten. Die Gurkenwürfel zugeben und kurz anbraten. Die Gemüsebrühe angießen und das Gemüse zugedeckt bei schwacher Hitze 15 Min. schmoren lassen.

4. Inzwischen den Dill waschen, trockenschütteln und fein hacken. Die Sahne unter das Gurkengemüse rühren und kurz kochen lassen.

5. Das Gemüse mit den Fleischklößchen auf zwei Tellern anrichten und mit Dill bestreut servieren.

Variante:
Statt der Fleischklößchen können Sie das Hackfleisch krümelig anbraten, unter das Gemüse mischen, mit 70 g frisch geriebenem Parmesan bestreuen und im vorgeheizten Backofen bei 200° (Mitte, Umluft 180°) in 10 Min. überbacken.

Spitzkohl mit Hackfleischsauce

Zubereitungszeit: 35 Min.

Für 2 Personen (pro Portion ca. 680 kcal)
1 kleiner Spitzkohl (ersatzweise Weißkohl)
Meersalz | 2 Stangen Lauch
1 EL Butter | 50 g Sahne
2 TL vegetarische Gemüsebrühe (Instant)
Muskatnuss, frisch gerieben
Für die Sauce:
1 Zwiebel | 400 g reife Tomaten
100 ml vegetarische Gemüsebrühe (Instant)
1 EL kaltgepresstes Sonnenblumenöl
300 g Hackfleisch | 1–2 TL getrockneter Oregano
1–2 TL edelsüßes Paprikapulver
1 Msp. Cayennepfeffer | Kräutersalz
2 EL saure Sahne
2 EL frisch geriebener Parmesan

1. Den Kohl von den äußeren Blätter befreien, halbieren und den mittleren Strunk keilförmig herausschneiden. Den Spitzkohl in sehr feine Streifen hobeln. Salzwasser zum Kochen bringen und den Kohl darin 3 Min. blanchieren, herausnehmen, kalt abschrecken und abtropfen lassen.

2. Den Lauch putzen, längs aufschneiden, gründlich waschen und in dünne Streifen schneiden.

3. Die Butter in einem Topf erhitzen. Spitzkohl und Lauch darin unter Rühren bei mittlerer Hitze anbraten. 50 ml Wasser und die Sahne angießen. Mit Brühe und Muskat würzen. Das Gemüse zugedeckt bei schwacher Hitze 10 Min. dünsten. Dann offen und unter Rühren kochen lassen, bis die Flüssigkeit fast eingekocht ist.

4. Für die Sauce die Zwiebel schälen und klein würfeln. Stielansätze der Tomaten entfernen. Tomaten kurz überbrühen, häuten und mit dem Pürierstab pürieren. Püree mit der Brühe verrühren.

5. Das Öl erhitzen, Hackfleisch zugeben und unter Rühren bei starker Hitze scharf anbraten. Das Tomatenpüree zugeben. Mit den Gewürzen abschmecken und die saure Sahne unterrühren. Gemüse mit der Hackfleischsauce anrichten und mit Parmesan bestreut servieren.

Lammkoteletts mit Ratatouille

Zubereitungszeit: 50 Min.

Für 2 Personen (pro Portion ca. 680 kcal)
1–2 Knoblauchzehen
2 EL kalt gepresstes Olivenöl
je 1 TL getrockneter Rosmarin, Thymian, Oregano
Meersalz
4 Lammkoteletts
Für die Ratatouille:
300 g reife Tomaten
1 kleine Aubergine
je 1 kleine rote und gelbe Paprikaschote
1 kleiner Zucchino
1 Zwiebel
2–3 Knoblauchzehen
1 EL kalt gepresstes Olivenöl
Meersalz
1 TL getrockneter Thymian
einige Basilikumblättchen
10 schwarze Oliven

1. Für die Marinade den Knoblauch schälen und fein hacken. Das Öl mit Knoblauch, Kräutern und Salz gründlich verrühren.

2. Das Fleisch kalt waschen, mit Küchenpapier trockentupfen, mit der Marinade bestreichen und abgedeckt ziehen lassen.

3. In der Zwischenzeit die Stielansätze der Tomaten entfernen. Tomaten kurz überbrühen, häuten, entkernen und das Fruchtfleisch in kleine Würfel schneiden.

4. Das übrige Gemüse putzen, waschen und etwa 1 cm groß würfeln. Zwiebel und Knoblauch schälen. Die Zwiebel grob hacken.

5. Das Öl in einer Pfanne erhitzen. Das Gemüse, Tomaten und Zwiebel zugeben und bei schwacher Hitze unter Rühren 30 Min. anbraten. Den Knoblauch dazupressen und unterrühren. Mit Salz und Thymian würzen.

6. Das Fleisch leicht abtropfen lassen und in einer beschichteten Pfanne oder auf dem heißen Grill von jeder Seite 4–5 Min. braun braten.

7. Mit dem Ratatouille auf zwei Tellern anrichten. Mit Basilikum und Oliven garniert servieren.

Dazu passt als Vorspeise ein neutraler Salat (Rezepte ab Seite 26).

Variante:
Ratatouille passt sehr gut zu allen kurz gebratenen Fleisch- und Fischsorten. Es schmeckt auch kalt sehr gut und eignet sich zum Mitnehmen an den Arbeitsplatz. Da das Gemüse eine Eiweißmahlzeit ist, sollten Sie aber kein Brot dazuessen.

Mein Tipp

Knoblauch, das uralte Heilmittel

Was wären südländische Gerichte ohne Knoblauch? Erst die kleine weiße Knolle verleiht ihnen das typische Aroma. Ganz nebenbei ist Knoblauch auch sehr gesund, denn die Wirkstoffe desinfizieren den gesamten Verdauungstrakt und wirken antibiotisch. So konnten Wissenschaftler nachweisen, dass die Inhaltsstoffe von Knoblauch die Gefäße vor Arteriosklerose schützen. Sie sollen auch vor Infektionskrankheiten schützen und den Cholesterinspiegel senken. Zudem enthält Knoblauch die Vitamine A, B_1 und C sowie die Mineralstoffe und Spurenelemente Magnesium, Eisen, Mangan, Kupfer, Zink und Jod. Wenn Ihnen der Geschmack und Geruch von Knoblauch zu intensiv erscheint, so können Sie stattdessen die jungen Blätter von Bärlauch verwenden.

Milder Sauerbraten

Zeit zum Marinieren: 24 Std.
Zubereitungszeit: 1 Std. 55 Min.

Für 2 Personen (pro Portion ca. 325 kcal)
300 g Rindfleisch (aus der Unterschale)
300 g Buttermilch | 3 EL milder Weinessig
1 Lorbeerblatt | 5 Wacholderbeeren
1 große Zwiebel | 1 EL ungehärtetes Kokosfett (ersatzweise Sonnenblumenöl)
300 ml vegetarische Gemüsebrühe (Instant)
2 EL Sahne | Kräutersalz

1. Das Fleisch kurz waschen, mit Küchenpapier trockentupfen und in eine Schüssel geben. Für die Marinade Buttermilch, Essig, Lorbeerblatt und Wacholderbeeren mischen. Die Marinade über das Fleisch gießen, abdecken und etwa 24 Std. im Kühlschrank marinieren.

2. Am nächsten Tag die Zwiebel schälen und würfeln. Fleisch aus der Marinade nehmen und abtropfen lassen. Kokosfett in einem Topf erhitzen und das Fleisch darin bei starker Hitze unter Wenden anbraten. Die Zwiebel dazugeben und mitbraten.

3. Mit der Brühe ablöschen und 100 ml von der Marinade zugießen. Zugedeckt bei schwacher Hitze 1 Std. 30 Min. schmoren lassen.

4. Das Fleisch aus der Sauce nehmen und warm halten, Lorbeerblatt und Wacholderbeeren entfernen.

5. Die Sauce von der Herdplatte nehmen und mit dem Pürierstab fein pürieren. Die Sahne unterrühren und die Sauce heiß werden lassen, eventuell mit Kräutersalz abschmecken.

6. Das Fleisch in Scheiben schneiden und mit der Sauce auf zwei Tellern anrichten.

Variante:
Auf die gleiche Art können Sie einen Lammbraten zubereiten. Dann statt Rindfleisch Lammfleisch nehmen und das Fleisch vor dem Braten mit Thymian und Rosmarin würzen.

Gulasch in Rotweinsauce

Zubereitungszeit: 1 Std. 30 Min.

Für 2 Personen (pro Portion ca. 340 kcal)
300 g mageres Rindfleisch
1 Zwiebel
1 kleine rote Paprikaschote
300 g reife Tomaten
1 EL ungehärtetes Kokosfett (ersatzweise Sonnenblumenöl)
2 EL edelsüßes Paprikapulver
2 Msp. Cayennepfeffer
1/8 l Rotwein
je 1 TL Koriander, Rosmarin, Thymian
1 Lorbeerblatt
200 ml vegetarische Gemüsebrühe (Instant)
5 EL Sahne

1. Das Fleisch eventuell von Fett und Sehnen befreien und in kleine Würfel schneiden. Die Zwiebel schälen und fein würfeln. Die Paprikaschote halbieren, putzen, waschen und in schmale Streifen schneiden.

2. Die Stielansätze von den Tomaten entfernen. Tomaten kurz überbrühen, häuten und in grobe Würfel schneiden.

3. Das Kokosfett erhitzen. Die Fleischwürfel darin bei starker Hitze braun anbraten. Zwiebelwürfel und Paprikastreifen zum Fleisch geben. Mit Paprikapulver und Cayennepfeffer bestäuben und alles mit anbraten.

4. Mit dem Rotwein ablöschen. Tomatenwürfel und Koriander, Rosmarin, Thymian und Lorbeerblatt zum Fleisch geben, mit Brühe auffüllen und alles zugedeckt bei schwacher Hitze 1 Std. köcheln lassen.

5. Kurz vor dem Ende der Garzeit die Sahne unterrühren und heiß werden lassen.

Dazu passt als Beilage **Scharfes Bohnengemüse** (Rezept Seite 40).

Putenbrustfilet in Weinsauce

Zubereitungszeit: 50 Min.

Für 2 Personen (pro Portion ca. 420 kcal)
200 g Champignons
2 mittelgroße Stangen Lauch
300 g Möhren
1 säuerlicher Apfel
300 g Putenbrustfilet
1 EL kaltgepresstes Sonnenblumenöl
Meersalz
100 ml trockener Weißwein
150 ml vegetarische Gemüsebrühe (Instant)
1 TL Currypulver
4 EL Sahne
2 TL fein gehackter Kerbel
(ersatzweise Petersilie)

1. Die Champignons putzen, eventuell abreiben und in Scheiben schneiden. Den Lauch putzen, längs aufschneiden, gründlich waschen und in schmale Streifen schneiden. Die Möhren putzen, schälen und grob würfeln. Den Apfel schälen, vierteln und entkernen, die Viertel quer in schmale Scheibchen schneiden.

2. Das Putenfleisch kalt waschen und mit Küchenpapier trockentupfen, größere Stücke eventuell teilen.

3. Das Öl in einer Pfanne erhitzen und das Fleisch darin bei mittlerer Hitze von allen Seiten braun anbraten. Mit Salz würzen, aus der Pfanne nehmen und warm halten.

4. Das Gemüse und die Apfelscheiben im restlichen Bratfett unter Rühren bei schwacher Hitze 10 Min. anbraten. Wein und Brühe angießen, das Gemüse mit Salz und Currypulver würzen.

5. Die Sahne unter das Gemüse rühren. Das Fleisch auf das Gemüse legen und alles offen bei schwacher Hitze 10 Min. köcheln lassen.

6. Das Fleisch in Scheiben schneiden und mit dem Gemüse auf zwei Tellern anrichten. Mit Kerbel bestreut servieren.

Sauerkraut mit geräucherter Putenbrust und Gemüsepüree

Zubereitungszeit: 35 Min.

Für 2 Personen (pro Portion ca. 335 kcal)
1 Zwiebel
500 g Sauerkraut
1 EL kaltgepresstes Sonnenblumenöl
2 Scheiben geräucherte Putenbrust (je 100 g)
Für das Püree:
200 g Möhren
200 g Pastinaken (ersatzweise Knollensellerie)
150 ml vegetarische Gemüsebrühe (Instant)
1 Msp. Safranpulver
4 EL Sahne

1. Die Zwiebel schälen und klein würfeln. Das Sauerkraut klein schneiden. Das Öl erhitzen. Die Zwiebelwürfel darin bei schwacher Hitze glasig werden lassen. Das Sauerkraut zugeben und unter Wenden leicht anbraten.

2. 100 ml Wasser angießen und das Sauerkraut zugedeckt bei schwacher Hitze 10 Min. köcheln lassen. Die Putenbrustscheiben obenauf legen und zugedeckt etwa 10 Min. ziehen lassen.

3. Möhren und Pastinaken schälen, beides in kleine Würfel schneiden. Die Brühe mit Safran zum Kochen bringen. Das Gemüse zugeben und zugedeckt bei schwacher Hitze in 20 Min. garen.

4. Den Topf von der Herdplatte nehmen, die Gemüsewürfel mit dem Pürierstab fein pürieren. Die Sahne unterrühren und das Püree heiß werden lassen.

5. Das Sauerkraut, das Gemüsepüree und die Putenbrustscheiben auf zwei Tellern anrichten und sofort servieren.

Hähnchencurry auf Fenchel-Orangen-Bett

Zubereitungszeit: ca. 35 Min.
Backzeit: 20 Min.

Für 2 Personen (pro Portion ca. 400 kcal)
2 Fenchelknollen (etwa 600 g)
4 Orangen
1 Zwiebel
150 g Champignons
300 g Hähnchenbrustfilet
1 EL kaltgepresstes Sonnenblumenöl
Kräutersalz
1–2 TL Currypulver
1 Msp. Cayennepfeffer
50 g Sahne

1. Den Fenchel waschen, putzen und halbieren. Etwas von dem Grün hacken und zum Bestreuen beiseite legen. Wasser in einem großen Topf zum Kochen bringen. Die Fenchelhälften darin in 15 Min. fast gar kochen, dann herausnehmen, leicht abkühlen lassen und in dünne Scheiben schneiden.

2. Den Saft von 2 Orangen auspressen. Die übrigen Orangen schälen. Die Fruchtfilets mit einem spitzen Messer zwischen den Trennhäuten herausschneiden und halbieren, dabei den abtropfenden Saft auffangen.

3. Die Zwiebel schälen und klein würfeln. Die Champignons putzen, eventuell abreiben und in dünne Scheiben schneiden.

4. Das Hähnchenfleisch kalt waschen, mit Küchenpapier trockentupfen und in schmale Streifen schneiden. Den Backofen auf 175° vorheizen.

5. Das Öl in einer beschichteten Pfanne erhitzen und das Fleisch darin bei mittlerer Hitze braun anbraten. Die Zwiebelwürfel und Champignonscheiben hinzufügen und alles unter Rühren 3 Min. mitbraten. 1/8 l Wasser und den Orangensaft dazugießen. Mit Kräutersalz, Currypulver und Cayennepfeffer würzen. Die Sahne unterrühren und erhitzen.

6. Die Fenchelscheiben mit den Orangenfilets in eine feuerfeste Form legen, dabei die einzelnen Lagen etwas auseinander ziehen.

7. Das Hähnchencurry auf dem Fenchel verteilen, mit Alufolie abdecken und im Backofen (Mitte, Umluft 150°) 10 Min. backen. Die Folie entfernen und offen weitere 5 Min. schmoren lassen. Mit dem Fenchelgrün bestreut servieren.

Dazu passt als Vorspeise **Kopfsalat mit Kräuter-Vinaigrette** (Rezept Seite 32).

Variante:
Statt Hähnchenbrustfilet können Sie auch Putenbrust verwenden. Die Sahne können Sie weglassen oder durch Crème fraîche, Soja Creme oder auch Kokosmilch ersetzen.

Mein Tipp

Variationen

Geflügelfleisch ist leicht und gesund. Im Gegensatz zu Rind- und Schweinefleisch hat das Geflügelfleisch einen geringeren Bindegewebsanteil und ist daher leichter verdaulich. Trotzdem gibt es auch bei Geflügel Unterschiede. Entenfleisch, Gänse und ältere Hennen sind fettreicher als Junghühner und daher schwerer verdaulich.

Geschnetzeltes Geflügelfleisch gelingt am besten, wenn nicht zu viele Fleischstreifen auf einmal in der Pfanne angebraten werden. In kleinen Portionen gebraten, zieht das Fleisch kaum Flüssigkeit und bräunt viel besser. Die Fleischstreifen bekommen eine besondere Geschmacksnote, wenn Sie sie vor dem Garen in einer Marinade aus Öl, Paprikapulver, Knoblauch und Kräutern etwa 15 Min. marinieren.

Putenschnitzel mit Tomaten und Mozzarella

Zubereitungszeit: 30 Min.
Backzeit: ca. 35 Min.

Für 2 Personen (pro Portion ca. 515 kcal)
3 mittelgroße Stangen Lauch
250 g Champignons | 4 Tomaten
2 dünne Putenschnitzel (je 150 g)
Kräutersalz | 1 TL getrockneter Oregano
1 EL kaltgepresstes Olivenöl | 100 g Sahne
1/2 TL getrockneter Thymian
1/2 TL getrockneter Rosmarin
2 TL vegetarische Gemüsebrühe (Instant)
125 g Mozzarella | einige Basilikumblättchen

1. Den Lauch putzen, längs aufschneiden, gründlich waschen und in dünne Streifen schneiden. Die Champignons putzen, eventuell abreiben und in feine Scheiben schneiden. Stielansätze der Tomaten entfernen. Tomaten kurz überbrühen, häuten und in grobe Stücke schneiden.

2. Die Putenschnitzel kalt waschen, mit Küchenpapier trockentupfen, mit Kräutersalz und Oregano würzen.

3. Das Öl in einer Pfanne erhitzen. Lauch und Champignons bei mittlerer Hitze unter Rühren 8–10 Min. anbraten. Den Backofen auf 175° vorheizen. Die Hälfte des Gemüses in eine Auflaufform geben. Die Putenschnitzel darauf legen. Das restliche Gemüse und die Tomatenstücke auf dem Fleisch verteilen.

4. Sahne mit 100 ml Wasser verrühren, mit Thymian, Rosmarin und Brühe würzen. Die Mischung in die Form gießen.

5. Den Mozzarella abtropfen lassen, in Scheiben schneiden und auf die Tomatenstücke legen. Im Backofen (Mitte, Umluft 150°) in 30–35 Min. goldbraun überbacken. Mit Basilikum garniert servieren.

Dazu passen als Beilage: zwei Fleischtomaten, in Achtel geschnitten.

Spanisches Huhn à la Ani

Zubereitungszeit: 45 Min.

Für 2 Personen (pro Portion ca. 420 kcal)
500 g Tomaten | 100 g Champignons | 2 Schalotten
1–2 Knoblauchzehen | 200 g Möhren
400 g Hähnchenteile mit Knochen (Keulen und Flügel)
Meersalz | 2 TL edelsüßes Paprikapulver
1 TL getrockneter Rosmarin
1 EL kaltgepresstes Olivenöl
150 ml vegetarische Gemüsebrühe (Instant)
80 ml Rotwein | 60 g Sahne
2 Zweige frischer Rosmarin

1. Die Stielansätze der Tomaten entfernen. Tomaten kurz überbrühen, häuten, halbieren, entkernen und mit dem Pürierstab pürieren.

2. Die Champignons putzen, eventuell abreiben und in Scheiben schneiden. Schalotten und Knoblauch schälen, beides grob hacken. Die Möhren putzen, schälen und grob würfeln.

3. Hähnchenteile waschen, trockentupfen und mit Meersalz, Paprikapulver und Rosmarin einreiben. Das Öl erhitzen, das Fleisch darin kräftig anbraten.

4. Champignons, Schalotten, Knoblauch und Möhren zum Fleisch geben und unter Wenden kräftig anbraten. Das Tomatenpüree untermischen. Mit Brühe und Rotwein auffüllen, aufkochen lassen und geschlossen bei schwacher Hitze 30 Min. garen. Die Sahne in die Gemüsesauce rühren und mit Rosmarinzweigen garniert servieren.

Variante:
Statt der Hähnchenteile 300 g Hähnchenbrustfilet in etwa 1 cm breite Streifen schneiden und statt Gemüse 1/2 Mango und 1/4 Ananas würfeln. 1 EL Öl erhitzen und das Fleisch darin kräftig anbraten, herausnehmen und warm halten. Im verbliebenen Bratfett die Mango- und Ananaswürfel anbraten, je 2 TL Currypulver und Kokosraspeln unterrühren, mit 6 EL Wasser ablöschen. Das Fleisch zugeben. Mit Salz und Chilipulver würzen, kurz aufkochen lassen und 1 EL Soja Creme unterrühren. Das restliche Obst für einen Obstsalat verwenden.

Putenschnitzel mit Tomaten und Roquefort

Zubereitungszeit: 35 Min.

Für 2 Personen (pro Portion ca. 315 kcal)
3 Tomaten
2 dünne Putenschnitzel (je 150 g)
Kräutersalz
1 EL kaltgepresstes Olivenöl
60 g Roquefort
einige Basilikumblättchen

1. Die Stielansätze der Tomaten entfernen. Tomaten kurz überbrühen, häuten und in grobe Stücke schneiden.

2. Die Schnitzel kalt waschen, mit Küchenpapier trockentupfen und mit Kräutersalz würzen. Das Öl in einer beschichteten Pfanne erhitzen. Das Fleisch darin von jeder Seite bei mittlerer Hitze 3 Min. braun braten.

3. Die Tomatenstücke auf das Fleisch geben, den Käse in kleinen Stückchen darauf verteilen und den Käse zugedeckt bei schwacher Hitze schmelzen lassen. Auf zwei Tellern anrichten und mit Basilikum garniert servieren.

Dazu passt als Beilage **Zucchinisalat** (Rezept Seite 28).

Variante:
Das Fleisch schnetzeln und im heißen Öl 5 Min. kräftig anbraten. Die Tomatenstücke dazugeben und mitschmoren. Mit 1 TL Paprikapulver und Meersalz würzen und 1 EL Schmand unterrühren. 2 Zweige Basilikum hacken und darüber streuen.

1

2

3

1 Putenschnitzel mit Tomaten und Mozzarella

2 Spanisches Huhn à la Ani

3 Putenschnitzel mit Tomaten und Roquefort

Hähnchenkeulen

Zubereitungszeit: 15 Min.
Backzeit: 30 Min.

Für 2 Personen (pro Portion ca. 300 kcal)
2 Hähnchenkeulen | Olivenöl | Salz | Pfeffer
1 TL Rosmarin | 1/2 TL Paprikapulver (rosenscharf)

1. Den Ofen auf 200° vorheizen. Hähnchenkeulen kalt abspülen, trockentupfen. Mit 1 EL Öl bepinseln, mit Salz, Pfeffer, Rosmarin und Paprikapulver einreiben. 1 Gratinform mit Öl auspinseln. Die Hähnchenkeulen in die Form legen, mit Alufolie abdecken. Im Backofen bei 200° 30 Min. garen. 10 Min. vor Ende der Garzeit die Folie entfernen, damit die Hähnchenkeulen knusprig werden.

2. Von den Keulen die Haut entfernen und mit den Paprikastreifen aus dem Ofen (Rezept Seite 44) servieren.

Frikadellen

Zubereitungszeit: 35 Min.

Für 2 Personen (pro Portion ca. 440 kcal)
1 große Möhre | 1 Zwiebel
250 g Rinderhackfleisch
1 Ei | Kräutersalz | 1/2 TL Chilipulver
1 EL kaltgepresstes Sonnenblumenöl

1. Möhre putzen, schälen und raspeln. Zwiebel schälen und hacken. Mit Hackfleisch, Ei, Salz, Chilipulver, Zwiebelwürfeln und Möhrenraspeln verkneten.

2. Aus dem Fleischteig 4 Kugeln formen und diese flach drücken. Das Öl in einer beschichteten Pfanne erhitzen. Die Frikadellen von beiden Seiten jeweils 6–8 Min. braten, bis sie braun sind.

Dazu passen als Vorspeise ein neutraler Salat (Rezepte ab Seite 26) und als Beilage **Zuckerschoten-Möhren-Gemüse** (Rezept Seite 42).

Rindswurst mit Bohnengemüse

Zubereitungszeit: 15 Min.

Für 1 Portion (ca. 320 kcal)
1 Rindswurst | 1 TL Butter
350 g grüne Bohnen (tiefgekühlt)
1 TL vegetarische Gemüsebrühe (Instant)
1 Zweig frisches Bohnenkraut

1. Wenig Wasser in einem Topf zum Kochen bringen. Die Wurst zugeben und bei schwacher Hitze 10 Min. ziehen lassen.

2. Die Butter schmelzen lassen und die unaufgetauten Bohnen darin bei mittlerer Hitze unter Rühren 5 Min. anbraten. Mit der Brühe würzen, 5 EL Wasser und das Bohnenkraut zufügen und zugedeckt bei schwacher Hitze 10 Min. köcheln lassen. Bohnenkraut entfernen und die Bohnen mit der Rindswurst servieren.

Tatarbrötchen mit Zwiebeln

Zubereitungszeit: 15 Min.

Für 2 Personen (pro Portion ca. 330 kcal)
1 Zwiebel | 150 g Tatar
1 frisches Eigelb | Meersalz
1 TL Kapern | 1 TL rosenscharfes Paprikapulver
2 Vollkornbrötchen | 4 TL Butter

1. Zwiebel schälen, fein hacken und einige Zwiebelwürfel beiseite legen. Das Tatar mit Eigelb, Salz, Kapern, Zwiebeln und Paprikapulver vermischen.

2. Die Brötchen aufschneiden, mit der Butter bestreichen und das Tatar auf allen vier Hälften verteilen. Mit den Zwiebelwürfeln bestreuen und sofort servieren.

Salami-Baguette

Zubereitungszeit: 15 Min.

Für 2 Personen (pro Portion ca. 480 kcal)
1 Tomate | 100 g Salatgurke | 1 Baguette
2 TL Butter | 60 g Rindersalami in Scheiben

1. Tomate waschen, vom Stielansatz befreien, Gurke schälen, beides in dünne Scheiben schneiden.

2. Das Baguette aufschneiden. Untere Hälfte mit Butter bestreichen und mit Tomaten- und Gurkenscheiben belegen. Salamischeiben darauf legen und die oberen Hälften obenauf setzen. Das Baguette in der Mitte durchschneiden und servieren.

Beefsteak mit Erbsen und Möhren

Zubereitungszeit: 15 Min.

Für 1 Portion (ca. 385 kcal)
150 g Tatar | Meersalz
1 TL kaltgepresstes Sonnenblumenöl | 1 TL Butter
350 g Erbsen und Möhren (tiefgekühlt)
1 TL vegetarische Gemüsebrühe (Instant)
2 EL gehackte Petersilie (tiefgekühlt)

1. Tatar leicht salzen und zu einer Frikadelle formen. Das Öl in einer beschichteten Pfanne erhitzen und das Fleisch von beiden Seiten je 4–5 Min. braten.

2. Die Butter schmelzen lassen und die Erbsen und Möhren darin unter Rühren kurz anbraten. Mit der Brühe würzen, 5 EL Wasser zufügen und zugedeckt 10 Min. köcheln lassen. Mit dem Beefsteak und mit Petersilie bestreut servieren.

1 Rindswurst mit Bohnengemüse

2 Beefsteak mit Erbsen und Möhren

3 Hähnchenkeulen

1

2

3

Fisch

Fisch ist eine Delikatesse, die Sie sich mindestens zweimal pro Woche gönnen sollten. Sein zartes Fleisch schmeckt nicht nur besonders lecker, sondern ist auch blitzschnell gar und lässt sich in zahlreichen Variationen zubereiten. Ob saftig im Dampf gegart oder mit frischem Gemüse: Die folgenden Rezepte bringen Sie auf den Geschmack und machen Lust aufs Nachkochen. Auf der nächsten Seite erfahren Sie auch, wie Sie Fisch kombinieren müssen, damit er in die Trennkostküche passt.

Fischrezepte

Fisch – leicht und schmackhaft

Vieles spricht dafür, öfter Fisch zu essen. Schon 4–5 Portionen Seefisch pro Woche erfüllen die Jodempfehlung von täglich 200 Mikrogramm (µg). Wenn Sie Jodsalz benutzen, reichen schon zwei Portionen pro Woche. Besonders jodreich sind Schellfisch, Seelachs, Kabeljau und Rotbarsch.

Neben Jod, dem Treibstoff für eine aktive Schilddrüse, hat Fisch noch mehr zu bieten: Lachs, Hering, Sprotten und Tunfisch liefern Omega-3-Fettsäuren, die vor vielen chronischen Krankheiten schützen. Makrelen enthalten die Aminosäure Tyrosin, Ausgangsstoff für die Schlankhormone Noradrenalin sowie Dopamin, und Seezungenfilets enthalten kaum Fett. Shrimps und Garnelen versorgen uns mit Taurin, einem Eiweißstoff, der der Hirnanhangsdrüse hilft, Fett schmelzende Hormone im Körper zu verschicken. Deshalb sollte Fisch immer öfter auf den Tisch kommen.

Fisch und Trennkost

Bei der Trennkost wird Fisch zwei Gruppen zugeordnet: Roher Fisch gehört in die neutrale Gruppe, da die Struktur von Fischfleisch noch in einem natürlichen Zustand und daher nach dem Trennkost-Prinzip leicht verdaulich ist. Matjes, Hering, Lachs und roh marinierter Fisch sind die wichtigsten Vertreter dieser Gruppe. Auch geräucherter Fisch ist neutral.

Neutraler Fisch kann mit Nahrungsmitteln der neutralen Gruppe sowie der Eiweiß- und Kohlenhydratgruppe kombiniert werden. Bei Kombination mit vorwiegend kohlenhydratreichen Lebensmitteln sollten Sie auf Milch, Eiweiß vom Ei, gekochte Tomaten, frisches Obst, Zitrusfrüchte, trockene Weine und Sekt verzichten.

Mein Tipp

Fisch richtig einkaufen

Achten Sie auf das komplette Angebot Ihres Fischhändlers, neben Fischfilets sollten auch ganze Fische auf Eis in der Theke liegen.

Fisch hat zunächst keinen Eigengeruch. Wenn es nicht »fischelt«, sondern herrlich nach Meerwasser und Tang duftet, sollten Sie das Angebot nutzen. Greifen Sie zu, wenn zudem die Filets prall aussehen, glasig schimmern und keine angetrockneten Ränder haben.

Bei ganzen Fischen genügt ein Blick in die Augen und auf die Haut: Bei frischem Fisch sind die Augen glasklar, leicht gewölbt und glänzend. Auch die Haut sollte glänzen. Die Kiemen dürfen nicht verklebt sein.

Frisches Fischfleisch ist fest und elastisch, ein Fingerdruck darf keine Dellen hinterlassen.

Frischen Fisch am besten gleich verarbeiten. Doch in einem ausreichend großen Behälter mit Folie bedeckt, können Sie ihn im Kühlschrank einen Tag aufbewahren. Gegarten Fisch nicht länger als zwei Tage und geräucherte Fischwaren höchstens vier Tage im Kühlschrank lagern. Vor dem Kaltstellen eventuell die Gräten entfernen und mit reichlich Zitronensaft marinieren.

Heiß geräucherter Fisch, wie Makrele, Bückling, Schillerlocke, Heilbutt oder Forelle, haben eine Sonderrolle. Obwohl gegart, sind diese Sorten wegen des hohen Fettgehaltes neutral. Sie sollten aber nur sparsam verwendet werden.

Gegarter Fisch gehört zur Eiweißgruppe. Ob gekocht oder gebraten: Garen verändert die Zellstruktur, so dass nach den Trennkostregeln der Verdauungsprozess erschwert wird. Das gilt auch für Meeresfrüchte wie Hummer, Krebse, Krabben, Scampi und Muscheln. Ideale Kombinationen für gebratenen, gegrillten und gedünsteten Fisch sind Fette und Öle, Milchprodukte aller Art, auch Gemüse, Salate und Früchte. Zum Panieren den Fisch statt in Semmelbröseln in Sesamsamen oder gemahlenen Nüssen wenden. Als Getränk schmeckt trockener Wein oder Sekt.

Roher und geräucherter Fisch ist kombinierbar mit: Butter, Öl, Mayonnaise aus guten Ölen, Reformhausmargarine, Sahne, Buttermilch, Kefir, Joghurt.

Auberginen, Artischocken, Avocados, Brokkoli, Blattsalaten, Blumenkohl, grünen Bohnen, Chicorée, Chinakohl, grünen Erbsen, Fenchel, Gurken, Kohlrabi, Lauch, frischem Mais, Mangold, Möhren, Nüssen, Paprikaschoten, Peperoni, Pilzen, Radieschen, Rettich, Sellerie, Spinat, rohen Tomaten, Wirsing, Zucchini.

Die passenden Gewürze:

Currypulver, Safran, Oregano, Kurkuma, Koriander, gemahlene Nelke, Ingwer, Majoran, Rosmarin, rosenscharfes Paprikapulver, Kräuter der Provence, Knoblauch, Bärlauch, Petersilie, Schnittlauch, Dill, Kerbel, Thymian, Liebstöckel, Estragon, Salbei, Rucola, Wacholderbeeren, Zitronenmelisse, Essig, Zitrone.

Fisch zubereiten

Frischen Fisch nicht zu lange kochen oder braten. Auf den Punkt gegart ist das Fleisch herrlich zart und fest. Die Tabelle enthält die wichtigsten Angaben.

Sushi – Fingerfood aus Japan

Die winzigen Häppchen aus Japan stehen auch hierzulande hoch im Kurs. Sie sind kalorienarm, sättigend und schmecken als Snack oder als Hauptmahlzeit. Sushi passt bestens in die Trennkost, da hier Reis meist mit rohem Fisch oder Gemüse kombiniert wird. Wenn Sie sich bisher noch nicht an diese Spezialität herangewagt haben, sollten Sie sie probieren.

Auch Menschen mit Abneigung gegen rohen Fisch kommen auf ihre Kosten: Es gibt vegetarische Sushi mit Frischkäse, Omelett, gegartem Fisch… Serviert werden sie auf einer Platte, daneben liegt ein grüner Klecks und ein Häufchen beiger Blätter. Der grüne Klecks ist Wasabi (japanischer Meerrettich), der ultrascharf sein kann und den man nie pur isst. Die Blättchen sind eingelegter Ingwer (»Gari«). Er ist milder als frischer Ingwer und angenehm scharf. Gari passt zu Sushi-Varianten, die wenig Eigengeschmack haben, oder für zwischendurch zum Neutralisieren.

Füllen Sie sich Sojasauce in das Schälchen, das meist vor Ihrem Teller steht. Dann mit den Stäbchen ein wenig Wasabi nehmen und unter die Sojasauce rühren. Der Geschmack sollte würzig sein, aber nicht den feinen Eigengeschmack des Sushi überdecken. Typisches Getränk zu Sushi ist grüner Tee; Sie können aber auch Bier oder Sake dazu trinken. Sushi lässt sich auch zu Hause zubereiten – mit einem kleinen Sushi-Kochbuch, ein paar Utensilien und einer Mischung aus typischen und »westlichen« Zutaten können Sie leicht starten.

Garmethoden und Garzeiten für Fisch

Garmethode	Temperatur	Zeit
Dämpfen		**fertig nach**
Fischfilet, Fischröllchen	schwache/mittlere Hitze	3–5 Min.
Großer Fisch (etwa 1 kg)	schwache/mittlere Hitze	30 Min.
Dünsten		**fertig nach**
Fischwürfel (etwa 3 cm groß)	schwache Hitze	1–2 Min.
Fischfilet: 100 g, etwa 1 cm dick	schwache Hitze	2–3 Min.
300 g, etwa 3 cm dick	schwache/mittlere Hitze	10 Min.
Großer Fisch (etwa 1 kg)	schwache Hitze/mittlere Hitze	20–25 Min.
Braten in der Pfanne		**fertig nach**
Fischfilet natur (etwa 200 g, 2–3 cm dick)	mittlere Hitze	2–3 Min. pro Seite
Garnelen (3–7 cm lang)	mittlere Hitze	2–3 Min. insgesamt
Scampi	starke Hitze	2–3 Min. ingesamt
Wok		**fertig nach**
Fischwürfel/-streifen (3 cm dick, 1 cm breit)	starke Hitze	1–2 Min.
Garnelen	starke Hitze	1 1/2 Min.
Pochieren (Garziehen im Sud)		**fertig nach**
Fischfilet, Fischröllchen	schwache Hitze bis Siedepunkt	3–5 Min.
Großer Fisch (etwa 1 kg)	schwache Hitze bis Siedepunkt	30 Min.

Makrele im Salzteig

Zubereitungszeit: 20 Min.
Backzeit: ca. 30 Min.

Für 2 Personen (pro Portion ca. 360 kcal)
1 große Makrele (etwa 500 g)
1,5 kg grobkörniges Meersalz
6–8 Kopfsalatblätter | 4 EL Butter

1. Den Backofen auf 200° vorheizen. Den Fisch säubern, waschen und mit Küchenpapier abtrocknen. Ein Backblech mit Alufolie auslegen und fingerdick mit Salz bestreuen.

2. Die Salatblätter waschen und trockenschütteln. Den Fisch mit den Salatblättern umwickeln, auf das Blech legen und mit dem restlichen Salz gut bedecken. Eventuell mit ein paar Wassertropfen beträufeln, damit das Salz gebunden wird. Den Fisch im Backofen (Mitte, Umluft 180°) 30 Min. backen.

3. Butter schmelzen lassen. Den Fisch aus dem Ofen nehmen und die Salzkruste vorsichtig aufschlagen. Den Fisch häuten, filetieren, auf zwei Tellern anrichten und mit der heißen Butter beträufeln.

Dazu passen als Beilage **Gebratene Gurkenwürfel** (Rezept Seite 41).

Mein Tipp

Das Gold des Meeres

Meersalz, ein Speisesalz, wird aus Meerwasser oder salzhaltigen Binnenseen durch Verdampfung gewonnen und enthält außer Natriumchlorid (etwa 98 Prozent) noch geringe Mengen anderer Salze, zum Beispiel Kalzium- und Magnesiumchlorid.

Das grobkörnige Meersalz brauchen Sie nicht in teuren Spezialgeschäften zu kaufen, sondern erhalten Sie für wenig Geld bei Ihrem Fischhändler.

Das Garen im Salzmantel ist eine schonende Garmethode, bei der das luftdicht eingeschlossene Gargut die feinen Aromastoffe bewahrt.

Fischfilets mit Kräutern in Folie

Zubereitungszeit: 35 Min.
Backzeit: ca. 20 Min.

Für 2 Personen (pro Portion ca. 225 kcal)
1 kleiner Zucchino
2 Tomaten | 1 Zwiebel
10 schwarze Oliven ohne Stein
1–2 Knoblauchzehen
2 TL kaltgepresstes Olivenöl
2 Fischfilets (je 200 g; z. B. Kabeljau, Rotbarsch oder Schellfisch)
1 EL Zitronensaft | Kräutersalz
je 2 TL getrockneter Oregano, Thymian und Rosmarin

1. Den Zucchino waschen, putzen und grob raspeln. Die Tomaten waschen, von den Stielansätzen befreien und in etwa 1/2 cm dicke Scheiben schneiden. Die Zwiebel schälen und in sehr dünne Ringe schneiden.

2. Die Oliven grob hacken. Den Knoblauch schälen, fein hacken und mit den Oliven mischen. Den Backofen auf 200° vorheizen.

3. Zwei ausreichend große Stücke Alufolie zuschneiden und mit Olivenöl bepinseln. Je ein Viertel Zucchinoraspel, Tomatenscheiben, Zwiebelringe und Oliven-Knoblauch-Mischung darauf verteilen.

4. Den Fisch waschen, mit Küchenpapier abtrocknen und je 1 Filet auf das Gemüse legen. Mit Zitronensaft beträufeln und mit Salz, Oregano, Thymian und Rosmarin würzen.

5. Die restlichen Zucchinoraspel, Tomatenscheiben, Zwiebelringe und Oliven-Knoblauch-Mischung darauf verteilen.

6. Die Folie gut verschließen, damit nichts auslaufen kann. Den Fisch im Backofen (Mitte, Umluft 180°) 20 Min. garen.

Dazu passt als Beilage ein neutraler Blattsalat (Rezepte ab Seite 26).

Rotbarschfilet mit Tomaten-Gurken-Gemüse

Zubereitungszeit: 45 Min.

Für 2 Personen (pro Portion ca. 485 kcal)
500 g reife Tomaten
1 Zwiebel
400 g Schmorgurke (ersatzweise Salatgurke)
3 TL kaltgepresstes Sonnenblumenöl
150 ml vegetarische Gemüsebrühe (Instant)
400 g Rotbarsch- oder Kabeljaufilet
Meersalz
3 EL gemahlene Mandeln
1 unbehandelte Zitrone
2 Dillzweige
1 EL frische Oreganoblättchen
4 EL Sahne

1. Die Stielansätze der Tomaten entfernen. Tomaten kurz überbrühen, häuten und in grobe Stücke schneiden. Die Zwiebel schälen und fein würfeln. Die Gurke schälen, längs halbieren, entkernen und in kleine Stücke schneiden.

2. 1 TL Öl erhitzen, die Zwiebelwürfel darin glasig werden lassen. Tomatenwürfel und Brühe dazugeben, alles bei starker Hitze zur Hälfte einkochen lassen. Die Gurkenwürfel unterrühren und bei schwacher Hitze 20 Min. köcheln lassen.

3. In der Zwischenzeit den Fisch waschen, mit Küchenpapier abtrocknen und salzen. Die Mandeln auf einen Teller geben und die Fischfilets darin wenden. Das restliche Öl in einer beschichteten Pfanne erhitzen. Den Fisch darin von beiden Seiten jeweils in 5 Min. goldbraun braten.

4. Die Zitrone waschen, abtrocknen und in 6 Scheiben schneiden. Den Dill waschen und trockenschütteln. Das Gurken-Tomaten-Gemüse mit Oregano abschmecken. Die Sahne unterrühren. Gemüse und Fisch auf einer Platte anrichten. Mit Zitronenscheiben und Dill garniert servieren.

Scholle in rotgelber Paprikasauce

Zubereitungszeit: 45 Min.

Für 2 Personen (pro Portion ca. 395 kcal)
2 küchenfertige Schollen
2 EL Zitronensaft
Meersalz
2 rote Paprikaschoten
3 gelbe Paprikaschoten
80 g Schafkäse
1 TL Sambal oelek
1 EL kaltgepresstes Olivenöl
Kräutersalz
1 EL Butter
1 unbehandelte Zitrone
1 Zweig Petersilie

1. Die Schollen waschen und mit Küchenpapier abtrocknen. Von beiden Seiten mit Zitronensaft beträufeln und salzen.

2. Die Paprikaschoten halbieren, putzen und waschen, die roten Paprikaschoten grob würfeln, die gelbe in schmale Streifen schneiden. Die roten Paprikawürfel in wenig Wasser 5–8 Min. garen, herausnehmen und mit dem Pürierstab pürieren. Das Püree in einem Topf erwärmen, den Käse hineinbröckeln und darin schmelzen lassen. Die Sauce mit Sambal oelek würzen.

3. Das Öl in einer Pfanne nicht zu stark erhitzen. Die gelben Paprikastreifen darin unter Rühren bei mittlerer Hitze 5 Min. anbraten. Mit dem Kräutersalz würzen und beiseite stellen.

4. In einer zweiten Pfanne die Butter erhitzen. Die Schollen darin bei mittlerer Hitze von beiden Seiten jeweils 5–6 Min. braten.

5. Inzwischen die gelben Paprikastreifen in der roten Paprikasauce erwärmen. Die Zitrone waschen, abtrocknen und in 6 Scheiben schneiden.

6. Die Schollen mit der Paprikasauce auf zwei Tellern anrichten, mit Zitronenscheiben und Petersilie garniert servieren.

Marinierte Schollenfilets

Zubereitungszeit: 30 Min.

Für 2 Personen (pro Portion ca. 395 kcal)
2 EL kaltgepresstes Sonnenblumenöl
1/8 l frisch gepresster Orangensaft
Kräutersalz | 1 1/2 TL edelsüßes Paprikapulver
1 Msp. Cayennepfeffer | 4 Schollenfilets
4 EL Sahne
Für das Gemüse:
1 Salatgurke | je 1 gelbe und rote Paprikaschote
1 Zwiebel | 1 EL Butter | 4 EL Sahne
2 TL vegetarische Gemüsebrühe (Instant)
100 g Mais (aus der Dose oder tiefgekühlt)

1. 1 EL Öl mit Orangensaft verrühren. Die Marinade mit Salz, Paprikapulver und Cayennepfeffer würzen. Den Fisch waschen, abtrocknen und in der Marinade 15 Min. ziehen lassen.

2. Gurke schälen und in Scheiben hobeln. Paprikaschoten halbieren, putzen, waschen und in Streifen schneiden. Zwiebel schälen und hacken. Butter erhitzen. Zwiebel darin glasig werden lassen. Gurke und Paprika zugeben, mit Brühe würzen und zugedeckt 6–8 Min. schmoren lassen.

3. Restliches Öl erhitzen. Fisch abtropfen lassen und darin von beiden Seiten je 3 Min. scharf anbraten. Marinade zugeben, etwas einkochen lassen. Sahne und Mais unter das Gemüse rühren. Die Filets mit dem Gemüse servieren.

Lachsfilet mit Spinat und Mozzarella

Zubereitungszeit: 30 Min.

Für 2 Personen (pro Portion ca. 695 kcal)
1 Zwiebel | 125 g Mozzarella | 300 g frischer Spinat
1 EL Butter | Meersalz | 2 Lachsfilets (je 200 g)
1 EL kaltgepresstes Sonnenblumenöl
1 EL vegetarische Gemüsebrühe (Instant)
Muskatnuss, frisch gerieben | 6 Tomaten
einige Basilikumblättchen

1. Die Zwiebel schälen und hacken. Den Mozzarella abtropfen lassen und in Scheiben schneiden. Spinat waschen, verlesen und harte Stiele abzupfen.

2. Butter erhitzen und die Zwiebel darin glasig werden lassen. Spinat tropfnass zugeben, leicht salzen und zugedeckt bei mittlerer Hitze 3 Min. dünsten.

3. Die Lachsfilets leicht salzen. Das Öl in einer Pfanne erhitzen. Die Filets darin bei starker Hitze von beiden Seiten jeweils 3 Min. scharf braten.

4. Spinat mit Brühe und Muskat würzen und gleichmäßig auf den Filets verteilen. Mit Mozzarella belegen und zugedeckt in 5 Min. schmelzen lassen.

5. Tomaten waschen, ohne Stielansätze in Scheiben schneiden und auf zwei Tellern anrichten. Lachsfilets daneben setzen und mit Basilikum garnieren.

Schwertfischsteak mit Tomatensalsa

Zubereitungszeit: ca.: 30 Min.

Für 2 Personen (pro Portion ca. 230 kcal)
4 reife Tomaten | 1 kleine Zwiebel
1–2 Knoblauchzehen
1 EL kaltgepresstes Olivenöl
je 1/2 TL getrockneter Oregano,
Thymian und Rosmarin
Kräutersalz | 1 EL fein gehackte Basilikumblättchen
1 TL Sambal oelek | 2 Scheiben Schwertfisch
(je 200 g) | Meersalz | 1 EL Butter

1. Stielansätze der Tomaten entfernen. Tomaten überbrühen, häuten, entkernen und fein würfeln. Zwiebel und Knoblauch schälen. Zwiebel klein würfeln und unter die Tomaten mischen. Knoblauch dazupressen und mit dem Öl unterrühren.

2. Die Salsa mit Oregano, Thymian, Rosmarin, Kräutersalz, Basilikum und Sambal oelek abschmecken.

3. Den Fisch waschen, mit Küchenpapier abtrocknen und salzen. Die Butter in einer Pfanne schmelzen lassen, den Fisch darin bei mittlerer Hitze von beiden Seiten je 3–5 Min. braten. Zusammen mit der Tomatensalsa servieren.

Dazu passt als Beilage ein neutraler Salat (Rezepte ab Seite 26).

Schwertfischspieße vom Grill

Zubereitungszeit: 30 Min.
Marinierzeit: ca. 2 Std.

Für 2 Personen (pro Portion ca. 405 kcal)
1/2 kleines Bund Petersilie | 2 Knoblauchzehen
6 EL kaltgepresstes Olivenöl
100 ml trockener Weißwein | 10 Mandelkerne
je 1 TL getrockneter Thymian und Oregano
Meersalz | 400 g Schwertfisch am Stück
12 Cocktailtomaten | 1 gelbe Paprikaschote
1 Stange Staudensellerie | Holzspieße

1. Für die Marinade die Petersilie waschen, trockenschütteln, die Blättchen abzupfen. Knoblauch schälen. Beides mit Öl, Weißwein, Mandeln, Thymian, Oregano und Salz grob pürieren.

2. Den Fisch waschen, abtrocknen und etwa 2 cm groß würfeln. Die Tomaten waschen und halbieren. Paprikaschote halbieren, putzen, waschen und in Stücke schneiden. Staudensellerie waschen, putzen und in etwa 1/2 cm dicke Stücke schneiden.

3. Den Fisch abwechselnd mit Tomaten-, Paprika- und Selleriestückchen auf Spieße stecken. Die Spieße mit Marinade einpinseln und zugedeckt im Kühlschrank 2 Std. ziehen lassen. Den Grill vorheizen. Alufolie auf einen Gitterrost legen und die Spieße auf dem Grill von allen Seiten je 3 Min. grillen.

Fischgulasch mit Tomaten

Zubereitungszeit: 30 Min.

Für 2 Personen (pro Portion ca. 290 kcal)
400 g Fischfilet (z. B. Seelachs oder Kabeljau)
350 g Tomaten
1 Zwiebel
1 Knoblauchzehe
1 EL kaltgepresstes Olivenöl
2 TL rosenscharfes Paprikapulver
2 TL getrocknete Kräuter der Provence
2 TL Gemüsebrühe (Instant)
1 TL Sambal oelek
1/8 l Rotwein
2 TL saure Sahne
einige Basilikumblättchen

1. Den Fisch waschen, mit Küchenpapier abtrocknen, eventuell von den sichtbaren Gräten befreien und in mundgerechte Würfel schneiden.

2. Stielansätze der Tomaten entfernen. Tomaten kurz überbrühen, häuten, entkernen und würfeln. Zwiebel und Knoblauch schälen, beides fein hacken.

3. Das Öl erhitzen. Zwiebel und Knoblauch darin bei schwacher Hitze glasig werden lassen. Die Tomatenwürfel unterrühren. Mit Paprikapulver, Kräutern der Provence, Brühe und Sambal oelek kräftig würzen.

4. Den Rotwein angießen und alles unter Rühren leicht einkochen lassen. Die Fischwürfel zugeben und zugedeckt bei schwacher Hitze in 10 Min. gar ziehen lassen.

5. Das Gulasch auf zwei Tellern anrichten und jeweils 1 TL saure Sahne in die Mitte geben. Mit den Basilikumblättchen garniert servieren.

Dazu passt als Beilage **Marinierte Paprikastreifen** (Rezeptvariante Seite 44).

Seezungenfilets mit Ananas und Currysauce

Zubereitungszeit: 30 Min.

Für 2 Personen (pro Portion ca. 545 kcal)
Für die Currysauce:
1 säuerlicher Apfel | 1 Schalotte | 1 EL Butter
150 ml trockener Weißwein | 2–3 TL Currypulver
1/2–1 TL Sambal oelek | Meersalz | 4 EL Sahne
Für den Fisch:
400 g Seezungenfilets | Meersalz
2 EL Kokosraspel
1 EL kaltgepresstes Sonnenblumenöl
2 Scheiben frische Ananas
2 TL Butter

1. Den Apfel schälen, vierteln, vom Kerngehäuse befreien und in kleine Würfel schneiden. Die Schalotte putzen und fein würfeln. Die Butter in einem Topf erhitzen und beides darin bei schwacher Hitze unter Rühren 3 Min. anbraten.

2. Den Wein angießen und aufkochen lassen. Mit Currypulver, Sambal oelek und Salz würzen. Die Sauce 15 Min. bei schwacher Hitze köcheln lassen.

3. Den Fisch waschen, mit Küchenpapier abtrocknen und salzen. Die Kokosraspel auf einen Teller geben und die Fischfilets darin wenden. Das Öl in einer Pfanne erhitzen und den Fisch darin bei mittlerer Hitze von beiden Seiten je 6–8 Min. goldbraun braten.

4. Die Ananasscheiben schälen und vom mittleren Strunk befreien. Die Butter in einer zweiten Pfanne schmelzen lassen und die Ananas darin von beiden Seiten goldbraun braten.

5. Den Topf mit der Sauce von der Herdplatte nehmen, die Currysauce mit dem Pürierstab pürieren und die Sahne unterrühren. Den Fisch auf zwei Tellern anrichten, je 1 Scheibe Ananas darauf legen und mit der Currysauce servieren.

Dazu passt als Beilage ein neutraler Salat (Rezepte ab Seite 26).

Asiatische Fischsuppe

Zubereitungszeit: 30 Min.

Für 2 Personen (pro Portion ca. 375 kcal)
2 Stangen Lauch
3 kleine Schalotten
2 große Karotten
1 EL Butter
2 TL Currypulver
150 ml trockener Weißwein
1 TL weißer Aceto balsamico
400 ml vegetarische Gemüsebrühe (Instant)
2 EL Sojasauce
1 TL Sambal oelek
300 g Fischfilet (z. B. Steinbutt, Heilbutt, Kabeljau oder Seeaal)
150 g rohe Garnelen ohne Schale
2 EL Sahne
2 EL frisch gehackte Petersilie

1. Den Lauch putzen, längs aufschneiden, gründlich waschen und in Streifen schneiden. Die Schalotten schälen und fein hacken. Die Karotten putzen, schälen und fein würfeln.

2. Die Butter in einer Pfanne mit hohem Rand erhitzen, das Gemüse darin bei schwacher Hitze unter Rühren andünsten. Mit dem Currypulver bestäuben, mit Wein und Essig ablöschen. Alles bei schwacher Hitze in 3 Min. etwas einkochen lassen. Die Brühe angießen und die Suppe mit Sojasauce und Sambal oelek würzen.

3. Den Fisch in mundgerechte Stücke schneiden. Die Garnelen vom schwarzen Darm befreien und mit dem Fisch zur Suppe geben. Bei schwacher Hitze 12–15 Min. köcheln lassen. Die Sahne mit einer Gabel halb steif schlagen. Die Suppe in zwei tiefe Teller geben und mit Sahne und Petersilie garniert servieren.

1

2

3

1 Fischgulasch mit Tomaten

2 Seezungenfilets mit Ananas und Currysauce

3 Asiatische Fischsuppe

Schollenröllchen mit fruchtigem Eisbergsalat

Zubereitungszeit: 40 Min.

Für 2 Personen (pro Portion ca. 600 kcal)
400 g küchenfertige Schollenfilets
1–2 EL Zitronensaft | Kräutersalz
1 kleine Stange Staudensellerie
5 Zweige Petersilie
8 Walnusskernhälften
5 EL Sahne | 1 Eigelb | Meersalz
1/2 Bund Kerbel (ersatzweise Petersilie)
kleine Holzspieße
Für den Salat:
1 Eisbergsalat | 1 rote Paprikaschote
1 Stange Staudensellerie | 1 Orange
Für das Dressing:
1 EL kaltgepresstes Sonnenblumenöl
1 EL Zitronensaft
100 ml frisch gepresster Orangensaft
Kräutersalz | 80 g saure Sahne
4 EL gehackte glatte Petersilie

1. Die Schollenfilets längs halbieren, waschen, mit Küchenpapier abtrocknen, mit Zitronensaft beträufeln und mit Kräutersalz mild würzen.

2. Staudensellerie waschen, putzen und grob würfeln. Petersilie waschen, trockenschütteln und hacken. Sellerie mit Salz, Petersilie und Nüssen pürieren.

3. Die Fischfilets mit zwei Dritteln der Würzpaste bestreichen, aufrollen und mit Holzspießchen feststecken. Die Röllchen in eine Pfanne setzen. Sahne mit Eigelb, Salz und 80 ml Wasser verquirlen. Kerbel und restliche Paste unterrühren und die Fischröllchen damit übergießen. Den Fisch zugedeckt bei schwacher Hitze in 20 Min. gar ziehen lassen.

4. Den Eisbergsalat putzen, waschen, zerpflücken und abtropfen lassen. Die Paprikaschote halbieren, putzen, waschen und fein würfeln. Den Staudensellerie waschen, putzen und in feine Scheibchen schneiden. Die Orange schälen und in kleine Stücke schneiden. Den Salat in einer Schüssel mischen.

5. Für das Dressing Öl mit Zitronen- und Orangensaft sowie Kräutersalz verrühren. Die saure Sahne unterschlagen. Das Dressing über den Salat geben, mischen und mit Petersilie bestreuen. Die Schollenfilets mit dem Salat servieren.

Matjeshappen mit Rote-Bete-Salat

Zubereitungszeit: 30 Min.
Marinierzeit: 24 Std.

Für 2 Personen (pro Portion ca. 750 kcal)
6 Matjesfilets | 1 rote Zwiebel | 1 Möhre
1 Stück frischer Ingwer (etwa haselnussgroß)
4 EL Himbeeressig | 1 TL Frutilose
1 Lorbeerblatt
5 Wacholderbeeren
Für den Salat:
6 kleine Rote Beten
1 Zwiebel | 1 Apfel
1 1/2 EL Obstessig
Meersalz
1 TL Frutilose
Kümmel
1/2 Bund Petersilie

1. Die Matjesfilets von kleinen Gräten befreien und in mundgerechte Stücke schneiden.

2. Für die Marinade die Zwiebel schälen und in dünne Ringe schneiden. Die Möhre putzen, schälen und in Scheiben schneiden. Den Ingwer schälen. 200 ml Wasser mit Essig und Frutilose in einem Topf vermischen. Mit Zwiebel, Möhre, Ingwer, Lorbeerblatt und Wacholderbeeren aufkochen und erkalten lassen.

3. Die Fischstücke mit der Marinade übergießen und zugedeckt an einem kühlen Ort etwa 24 Std. ziehen lassen.

4. Die Roten Beten waschen und in wenig Wasser in 20 Min. garen. Herausnehmen und abkühlen lassen. Die Rote Bete schälen und in feine Scheiben schneiden.

5. Die Zwiebel schälen und fein würfeln. Den Apfel waschen, abtrocknen, vierteln, vom Kerngehäuse befreien und in kleine Würfel schneiden.

6. Für das Dressing Obstessig mit 100 ml Wasser, Salz, Frutilose, Kümmel, Zwiebelringen und Apfelwürfeln verrühren. Mit den Roten Beten mischen. Die Petersilie waschen, trockenschütteln, fein hacken und über den Salat streuen. Die Matjeshappen mit dem Salat servieren.

Krabbensalat mit Orangensauce

Zubereitungszeit: 25 Min.

Für 2 Personen (pro Portion ca. 350 kcal)
1/2 Eisbergsalat | 150 g Friséesalat
1 kleine Salatgurke | 2 Orangen
Für das Dressing:
1 EL kaltgepresstes Sonnenblumenöl
150 ml frisch gepresster Orangensaft
2 EL Crème fraîche | Kräutersalz
1/2 kleines Bund Dill | 400 g Krabben

1. Eisberg- und Friséesalat putzen, waschen, abtropfen lassen und in mundgerechte Stücke zupfen. Die Gurke schälen, längs vierteln, mit einem Löffel entkernen und in dünne Spalten hobeln.

2. Die Orangen schälen und die Filets zwischen den Trennhäuten herausschneiden, dabei den abtropfenden Saft auffangen. Blattsalate, Gurke und Orangenfilets mischen und auf einer Salatplatte anrichten.

3. Öl, Orangensaft, Crème fraîche und Kräutersalz verrühren. Den Dill waschen, trockenschütteln, fein hacken und unterrühren. Das Dressing über den Salat gießen. Die Krabben auf dem Salat verteilen.

Räucherlachsbrötchen

Zubereitungszeit: 15 Min.

Für 2 Personen (pro Portion ca. 360 kcal)
2 Vollkornbrötchen | 2 Salatblätter
4 Scheiben Räucherlachs
1–2 TL Meerrettich (aus dem Glas)
3 TL saure Sahne | 2 Zweige Dill

1. Die Brötchen quer halbieren. Den Meerrettich mit der sauren Sahne verrühren, je 1 TL auf den Hälften verteilen.

2. Die Salatblätter putzen, waschen, trockenschütteln und auf den unteren Hälften verteilen. Die Hälften mit je 2 Scheiben Lachs belegen. Den Dill waschen, trockenschütteln und auf den Lachs legen. Die oberen Brötchenhälften darauf setzen.

Vollkorntoast mit Lachsquark

Zubereitungszeit: 15 Min.

Für 2 Personen (pro Portion ca. 255 kcal)
80 g Quark (20 % Fett i. Tr.) | 50 g saure Sahne
Meersalz | 80 g Räucherlachs | 2 EL gehackter Dill
2 Scheiben Vollkorntoast | einige Dillzweige

1. Quark mit der sauren Sahne cremig verrühren und mit Salz würzen. Den Lachs in sehr feine Streifen schneiden und mit dem Dill unter den Quark rühren.

2. Die Toastscheiben toasten. Mit dem Lachsquark bestreichen. Mit Dillzweigen garnieren.

Matjesbrötchen

Zubereitungszeit: 10 Min.

Für 2 Personen (pro Portion ca. 350 kcal)
2 Vollkornbrötchen | 4 TL saure Sahne
4 Salatblätter | 2 gesäuberte Matjes
1 kleine Zwiebel | 2 kleine Dillzweige

1. Die Brötchen quer halbieren und die Hälften mit saurer Sahne bestreichen.

2. Die Salatblätter putzen, waschen, trockenschütteln und jeweils auf die unteren Hälften legen.

3. Je 1 Matjes darauf legen. Zwiebel schälen und in Ringe schneiden. Den Dill waschen und trockenschütteln. Matjes mit Zwiebelringen und Dill garnieren. Die oberen Brötchenhälften darauf setzen.

Bunter Fischsalat

Zubereitungszeit: 25 Min.

Für 2 Personen (pro Portion ca. 520 kcal)
2 Stangen Lauch
100 g Mais (aus der Dose oder tiefgekühlt)
1 große rote Paprikaschote | 1 kleine Salatgurke
Für die Marinade:
1 EL kaltgepresstes Sonnenblumenöl
1 EL Obstessig
Kräutersalz | 1/2 Bund Dill
1 geräucherte Makrele

1. Den Lauch putzen, längs aufschneiden, gründlich waschen und nur das Weiße in Ringe schneiden (das Grüne anderweitig verwenden). Wasser zum Kochen bringen, die Lauchringe darin 3 Min. blanchieren, herausnehmen, kalt abschrecken und abtropfen lassen. Den Mais auftauen lassen.

2. Die Paprikaschote halbieren, putzen, waschen und in schmale Streifen schneiden. Die Gurke schälen, längs vierteln und in kleine Würfel schneiden.

3. Für die Marinade das Öl mit Essig, 80 ml Wasser und Salz kräftig verrühren. Den Dill waschen, trockenschütteln, 2 Zweige beiseite legen, den Rest fein hacken und unterrühren.

4. Die Makrele häuten, entgräten und in mundgerechte Stücke teilen. Lauchringe, Paprikastreifen, Gurkenwürfel und Mais mischen, zusammen mit dem Fisch auf einer Platte anrichten. Die Marinade gleichmäßig darüber träufeln und mit dem restlichen Dill garniert servieren.

Variante:
Dazu passt eine Scheibe Vollkornbrot. So kombiniert wird aus dem neutralen Gericht eine Kohlenhydratmahlzeit.

1

2

3

1 Krabbensalat mit Orangensauce

2 Matjesbrötchen

3 Bunter Fischsalat

Eier und Käse

Zu den Grundnahrungsmitteln zählen sie nicht, aber Eier und Käse können das i-Tüpfelchen auf einem leckeren Gericht sein. Und erst sie machen knusprige Gratins, köstliche Aufläufe und Omeletts möglich. Auf den folgenden Seiten begegnen Ihnen leckere Kombinationsmöglichkeiten, abwechslungsreiche Gerichte und eine neue Trennkost-Käsekunde.

Rezepte mit Eiern und Käse

Eier und Käse – ein leckeres Duo

Köstliche Omeletts, mit Käse überbackene Gratins und Aufläufe, Gemüse-Quiche … Viele unwiderstehliche Gerichte gäbe es ohne Käse und Eier nicht. Mit einigen Kniffen werden sie besonders köstlich. Und die neue Trennkost-Käsekunde zeigt, welcher Käse mit welchem Gericht kombiniert werden kann.

Viele Menschen meiden Eier aus Angst vor zu viel Cholesterin. Für Menschen mit einem niedrigen Cholesterinspiegel gilt aber die Regel »Ein Ei am Tag ist unbedenklich«. Wenn Sie sich ein Omelett mit 3 Eiern zubereiten, sollten Sie die nächsten Tage einfach auf den Genuss von Eiern verzichten.

Falls Sie einen erhöhten Cholesterinspiegel haben, können Sie viele Rezepte abwandeln, indem Sie einfach nur das Eiweiß verwenden. Achten Sie hierbei aber auf die Zuordnungen im Trennplan.

Eier gibt es in diesen Klassen oder Größen:

S	**=**	**52**	**Gramm und darunter**
M	**=**	**53–63**	**Gramm**
L	**=**	**63–73**	**Gramm**
XL	**=**	**74**	**Gramm und darüber**

Wenn in einem Rezept nichts weiter angegeben ist, sollten Sie ein Ei der Größe M wählen.

Kaufen Sie am besten Eier aus Freilandhaltung. Bodenhaltung sagt noch nichts über die Anzahl der Tiere pro Quadratmeter Boden aus. Die Tierhaltung kann genauso schlimm wie in einer Legebatterie sein.

Kombinationsmöglichkeiten von Eiern

Das komplette Ei zählt bei der Trennkost zur Eiweißgruppe.

Das Eigelb alleine gehört zur neutralen Gruppe, obwohl es einen höheren Eiweißgehalt hat als das Eiklar selbst. Gleichzeitig hat es aber einen noch höheren Fettgehalt, und deshalb gehört das Eigelb in die neutrale Gruppe.

Eier sind kombinierbar mit:

Butter, Öl, Mayonnaise aus guten Ölen, Margarine aus ungehärteten Fetten (Reformhaus), Sahne, saurer Sahne, Milch, Buttermilch, Kefir, Joghurt, Trinksauermilch, Quark (Fettstufe spielt keine Rolle), allen Käsesorten, Fleisch, allen gekochten und rohen Wurstwaren, Schinken und Fisch wie Sardellen.

Auberginen, Avocados, Brokkoli, Blattsalaten, Blumenkohl, Chicorée, Chinakohl, frischem Mais, Mangold, Pilzen, Radieschen, Rettich, Rosenkohl, Sellerie, Spargel, Spinat, Tomaten (roh oder gekocht), Zwiebeln, Zucchini.

Wasser, Tee, Obstsäften, trockenem Wein, Sekt, Korn, Wacholder.

Oregano, Majoran, Rosmarin, rosenscharfem Paprikapulver, Kräuter der Provence, Bärlauch, Petersilie, Schnittlauch, Kerbel, Thymian, Estragon, Salbei, Brunnenkresse, Zwiebel, Sauerampfer, Rucola.

Wie frisch ist das Ei?

So können Sie bei Eiern vom Markt, auf denen kein Haltbarkeitsdatum vermerkt ist, sehen, wie frisch sie sind: Legen Sie das Ei vorsichtig in ein großes Wasserglas. Sinkt das Ei im Wasser nach unten und bleibt es quer am Boden liegen, ist es sehr frisch. Richtet es sich mit dem stumpfen Ende halb auf, ist es etwa 7 Tage alt. Steht es im Glas (auf dem spitzen Ende), ist es zwischen 7 Tage und 3 Wochen alt und gerade noch genießbar – aber nur gekocht, niemals roh! Treibt das Ei an der Oberfläche, ist es mehr als 3 Wochen alt und sollte nicht mehr verwendet werden. Das Prinzip: Je älter ein Ei ist, desto größer wird seine Luftkammer, daher hat es immer mehr Auftrieb im Wasser.

Neue Käsekunde

Käse wurde bisher in der Trennkost nur nach Fettgehalt unterschieden. Nun habe ich dieses Thema vertieft und nach Hays Grundsatz, dass gesäuerte Nahrungsmittel leichter verdaulich und damit neutral sind, die Käsekunde deutlich erweitert.

Käsesorten, die zur Eiweißgruppe zählen, enthalten weniger als 60 % Fett i. Tr. Sie sind aus nicht gesäuerter Milch hergestellt, sind pasteurisiert, also vorher erhitzt, und darum etwas schwerer verdaulich. Auch wenn ein Happen Käse mehr Calcium »bringt« als ein Glas Milch, sollten Sie auf den Fettgehalt achten. Sonst ist der positive Gesundheitseffekt gleich wieder dahin.

Wie fett ist Käse wirklich?

»Fett i. Tr.« auf der Verpackung bezeichnet das Fett in der Trockenmasse. So gibt man den Fettgehalt an, weil der Wassergehalt im Käse während der Reifezeit und Lagerung abnimmt. Um den Käse nicht andauernd neu auszeichnen zu müssen, wird ein fixer Wert anhand der Trockenmasse errechnet. Diese Prozentangabe darf Sie nicht beeindrucken, denn der absolute Fettgehalt ist viel geringer als oft angenommen. So beträgt er bei Weichkäsen, die manchmal 50 % Feuchtigkeit enthalten, z. B. nur halb so viel (siehe Rechenbeispiel). Wollen Sie den absoluten Wert des Fettes im Käse wissen, so gibt es eine einfache Faustformel:

Absoluter Fettgehalt = Fett i. Tr. multipliziert mit ...
0,3 bei Frischkäse,
0,4 bei Weichkäse (wie Camembert),
0,5 bei Schnittkäse (wie Butterkäse) und
0,6 bei Hartkäse (wie Parmesan).

Rechenbeispiel für 100 g Tilsiter (15 % Fett i. Tr.):
15 x 0,5 g = 7,5 g Fett absolut in 100 g Käse.

Diese Käsesorten zählen zur Eiweißgruppe und können mit allen anderen Lebensmitteln der Eiweiß- und der neutralen Gruppe kombiniert werden: Allgäuer Bergkäse, Bel Paese, Bergader Edelpilz, Bergkäse, Biarom, Bierkäse, einige Blauschimmelkäse (z. B. Bleu D'Auvergne, Blue Stilton), Bonbel, Burlander, Butterkäse, Cantadou, Cantal, Cheddar, Chester, Chorherrenkäse, Danbo, Donautaler, Emild, Esrom, Fol Epi, Fontal, Gorgonzola, Gotland, Grünländer, Hälsinge, Harvarti, Höhlenkäse, Illertaler, Jausenkäse, Maasdamer, Mondseer, Monghidoro, Moosbacher, Münsterkäse, Old Amsterdam, Original Sennkäse, Paladin, Pecorino, Pikantje von Gouda, Raclette, Rottaler, Salzburger Bauernkäse, Trappistenkäse, Trollskäs.

Käsesorten, die zur neutralen Gruppe gehören, sind dagegen aus naturbelassener roher Milch geschöpft, durch Milchsäurebakterien gesäuert und aufgeflockt, und damit leichter verdaulich.

Neutraler Käse Die folgenden Käsesorten zählen zur neutralen Gruppe und können mit allen Nahrungsmitteln aus der Eiweiß- bzw. aus der Kohlenhydrat- und der neutralen Gruppe kombiniert werden. Bei einer Kombination mit Kohlenhydraten sollten Sie dann aber auf Milch, Eiweiß vom Ei, gekochte Tomaten, gegarte Wurstsorten, frisches Obst, Zitrusfrüchte, trockene Weine und Sekt verzichten.

Neutraler Schnittkäse Allgäuer Emmentaler, Appenzeller, Fontina, Halloumi, Majorero, Morbier, Pyrenäenkäse, Raclette, Reblochon de Savoie, Tomme de Savoie, Wörishofener, Rahmgouda. *Diese Sorten eignen sich gut als Brotbelag und zum Überbacken.*

Neutraler Hartkäse Beaufort, Comté, Fiore Sardo, Grana padano, Greyerzer, Grüntener, Idiazàbal, Jurassic, Kefalotyri, Manchego, Montasio, Original Parmesan, Provolone, Sbrinz Switzerland, Urtaler. *Diese Sorten passen frisch gerieben gut zu Nudelgerichten.*

Neutraler Weichkäse Amalthée, Banon Chèvre, einige Blauschimmelkäse (z. B. Bavaria Blu, Blue Bayou, Bresse Bleu, Cambozola, Castello Blue, Danablue), Bonifaz, Brie De Meaux (anderer Brie ist pasteurisiert!), Brocciu, Cabrales, Camembert, Feta, Geramont, Mont d'Or, Munster und Ziegenmünster, Roquefort, Sant Albray. *Diese Sorten eignen sich als Brotbelag.*

Neutraler Sauermilch- und Frischkäse Bresso, Handkäse, Harzer Roller, Korbkäse, Tiroler Graukäse, Körniger Frischkäse, Mascarpone, Mozzarella, Picandou Fermier, Ricotta, alle Sorten von Ziegenfrischkäse. *Diese Sorten eignen sich gut als Brotbelag, teils zu Pellkartoffeln, teils auch zum Überbacken.*

Zwiebelomelett mit Geflügelwürstchen

Zubereitungszeit: 15 Min.

Für 2 Personen (pro Portion ca. 400 kcal)
1 Zwiebel | 4 Geflügelwürstchen
4 Eier | 4 EL Mineralwasser
2 EL Sahne | Meersalz
1/2 Bund Schnittlauch
2 TL kaltgepresstes Sonnenblumenöl

1. Die Zwiebel schälen, halbieren und in dünne Streifen schneiden. Die Würstchen in Scheiben schneiden. Die Eier mit Mineralwasser und Sahne verquirlen und mit Meersalz würzen. Den Schnittlauch waschen, trockenschütteln und in Röllchen schneiden.

2. Das Öl in einer Pfanne erhitzen. Die Zwiebel darin braun anbraten, herausnehmen und beiseite stellen. Die Wurstscheiben im verbliebenen Fett kräftig anbraten. Die Zwiebel unterrühren.

3. Die verquirlten Eier darüber gießen und bei schwacher Hitze stocken lassen. Zwischendurch die Masse ein- bis zweimal vom Rand zur Mitte schieben und fertig braten. Mit Schnittlauchröllchen bestreut servieren.

Dazu passt als Beilage **Blumenkohlsalat** (Rezept Seite 34).

Mein Tipp

Geflügelwürstchen

Sie sind für meine Trennkost eine gute Alternative zu den handelsüblichen Würstchen aus Schweinefleisch, weil sie wesentlich weniger Fett enthalten. Sie können diese entweder abgepackt im Supermarkt oder an speziellen Geflügelfleischtheken kaufen. Achten Sie darauf, dass die Würstchen wirklich nur aus Geflügelfleisch hergestellt sind (gesetzlich erlaubt ist eine Beimischung von anderen Fleischsorten).

Omelett mit Kräutern der Provence

Zubereitungszeit: 30 Min.

Für 2 Personen (pro Portion ca. 335 kcal)
1 kleiner Zucchino
1 kleine Zwiebel
1 Knoblauchzehe
1 EL kaltgepresstes Olivenöl
Meersalz
Kräuter der Provence
6 Eier
1 Schuss Mineralwasser
2 TL Butter
1 kleiner Zweig Petersilie

1. Den Zucchino waschen, putzen und in feine Scheiben schneiden. Zwiebel und Knoblauch schälen und beides fein würfeln.

2. Das Öl in einer Pfanne erhitzen. Zwiebel- und Knoblauchwürfel darin bei schwacher Hitze glasig werden lassen. Die Zucchinischeiben hinzufügen und unter Wenden braten, bis die Flüssigkeit verdampft ist. Mit Salz und den Kräutern der Provence würzen.

3. Die Eier in eine Schüssel geben, Mineralwasser und Salz zugeben und mit einer Gabel 1/2 Min. schaumig schlagen. Die Hälfte der Butter in einer beschichteten Pfanne (20 cm Ø) nicht zu stark erhitzen und die Hälfte der Eiermasse hineingießen. Die Pfanne mehrmals kurz hin und her rütteln, damit das Omelett nicht anbackt.

4. Sobald das Omelett auf der Unterseite gestockt und oben noch etwas cremig ist, die Hälfte der Zucchinischeiben auf einer Omelетthälfte verteilen und die andere Hälfte darüber klappen. Auf einen Teller gleiten lassen und warm halten. Die restliche Butter erhitzen und aus der restlichen Eiermasse das zweite Omelett zubereiten. Mit Petersilie garniert servieren.

Dazu passt als Beilage **Eisbergsalat mit Rucola und Tomaten** (Rezept Seite 26).

Käse-Schaumomelett

Zubereitungszeit: 15 Min.

Für 2 Personen (pro Portion ca. 260 kcal)
1/2 Bund Schnittlauch
4 Eier
3 EL Mineralwasser
2 EL Sahne
2 EL geriebener Gouda
Meersalz
1 EL Butter

1. Den Schnittlauch waschen, trockenschütteln und in Röllchen schneiden. Die Eier trennen. Die Eigelbe in eine Schüssel geben und mit Mineralwasser, Sahne, Käse, Salz und Schnittlauchröllchen schaumig schlagen.

2. Die Eiweiße leicht salzen und sehr steif schlagen und vorsichtig unter das Eigelb heben.

3. Die Hälfte der Butter in einer beschichteten Pfanne (20 cm Ø) nicht zu stark erhitzen und die Hälfte der Eiermasse in die Pfanne geben. Die Pfanne mehrmals hin und her rütteln, damit das Omelett nicht anbackt.

4. Den Deckel auflegen und das Omelett bei schwacher Hitze stocken lassen. Das Omelett auf einen Teller gleiten lassen und warm halten. Aus der restlichen Butter und der übrigen Eiermasse das zweite Omelett zubereiten und ebenfalls auf einem Teller anrichten und servieren.

Dazu passt als Beilage **Kopfsalat mit Radieschen und Mungobohnensprossen** (Rezept Seite 30).

Variante:
Die Omeletts in mundgerechte Stücke schneiden und auf dem Kopfsalat mit Radieschen und Sprossen dekorativ verteilen.

1 Zwiebelomelett mit Geflügelwürstchen

2 Omelett mit Kräutern der Provence

3 Käse-Schaumomelett

1

2

3

Kohlrabi-Möhren-Ragout mit Eiern

Zubereitungszeit: 40 Min.

Für 2 Personen (pro Portion ca. 320 kcal)
1–2 junge Kohlrabi (300 g)
300 g Möhren
200 g Brokkoli
350 ml vegetarische Gemüsebrühe (Instant)
Meersalz
4 Eier
25 g Schmelzkäse
1/2 Bund Petersilie

1. Kohlrabi und Möhren schälen und beides in kleine Würfel schneiden. Den Brokkoli waschen, putzen und in kleine Röschen teilen. Die Stiele schälen und in kleine Stücke schneiden.

2. Die Brühe zum Kochen bringen. Den Brokkoli darin bei schwacher Hitze 15 Min. köcheln lassen.

3. Kohlrabi- und Möhrenwürfel in einen zweiten Topf mit wenig Salzwasser geben, zum Kochen bringen und zugedeckt in 15 Min. bissfest garen. Die Eier in 10–12 Min. hart kochen.

4. Kohlrabi und Möhren abgießen und abtropfen lassen. Den Topf mit dem Brokkoli und der Brühe beiseite stellen und den Brokkoli mit dem Pürierstab pürieren. Den Käse zugeben und unter Rühren schmelzen lassen. Die Brokkolisauce warm halten.

5. Die Eier mit kaltem Wasser abschrecken, pellen und vierteln. Die Petersilie waschen, trockenschütteln und hacken.

6. Die Brokkolisauce in eine Schüssel geben, das Gemüse und die Eier vorsichtig unterheben und mit der gehackten Petersilie bestreut servieren.

Dazu passt als Vorspeise ein neutraler Blattsalat (Rezepte ab Seite 26).

Blumenkohl-Eier-Auflauf

Zubereitungszeit: 20 Min.
Backzeit: ca. 25 Min.

Für 2 Personen (pro Portion ca. 305 kcal)
1 Blumenkohl
1/2 l vegetarische Gemüsebrühe (Instant)
4 Tomaten
80 g geräucherte Putenbrust
1 TL kaltgepresstes Sonnenblumenöl
4 Eier
4 EL Kräuterfrischkäse
1/2 Bund Schnittlauch

1. Den Blumenkohl waschen, putzen und in kleine Röschen teilen. Die Brühe zum Kochen bringen. Den Blumenkohl darin bei schwacher Hitze 10 Min. köcheln lassen, dann aus der Brühe nehmen und abtropfen lassen. 1/4 l Kochwasser beiseite stellen.

2. Stielansätze der Tomaten entfernen. Tomaten kurz überbrühen, häuten und grob würfeln. Die Putenbrust in kleine Würfel schneiden. Den Backofen auf 180° vorheizen.

3. Das Öl in einer beschichteten Pfanne erhitzen, die Putenbrustwürfel darin bei mittlerer Hitze unter Wenden kurz anbraten und beiseite stellen.

4. Die Eier mit Blumenkohlwasser und Frischkäse glatt verquirlen. Den Blumenkohl mit den Tomaten- und Putenbrustwürfeln vermischen. Die Mischung in eine mittelgroße feuerfeste Form geben und mit der verquirlten Eier-Frischkäse-Mischung übergießen. Im Backofen (Mitte, Umluft 160°) 20–25 Min. backen.

5. Den Schnittlauch waschen, trockenschütteln und in Röllchen schneiden. Den Auflauf mit Schnittlauch bestreut servieren.

Dazu passt als Vorspeise ein neutraler Blattsalat (Rezepte ab Seite 26).

Eierauflauf mit Spitzkohl und Möhren

Zubereitungszeit: 25 Min.
Backzeit: ca. 45 Min.

Für 2 Personen (pro Portion ca. 660 kcal)
4 EL Sonnenblumenkerne
1/2 Spitzkohl (300 g)
Meersalz
300 g Möhren
1 EL Butter
4 Eier
100 g Sahne
2 TL vegetarische Gemüsebrühe (Instant)
1–2 TL edelsüßes Paprikapulver
40 g geriebener Parmesan
Butter für die Form

1. Die Sonnenblumenkerne in einer kleinen beschichteten Pfanne ohne Fett goldbraun rösten. Herausnehmen und abkühlen lassen.

2. Den Spitzkohl waschen, putzen, vierteln und den Strunk herausschneiden. Salzwasser zum Kochen bringen und den Kohl darin 2 Min. blanchieren. Den Kohl aus dem Wasser nehmen, eiskalt abschrecken und gut abtropfen lassen.

3. Den Kohl ohne die grobe Mittelrippe in feine Streifen schneiden. Den Backofen auf 175° vorheizen.

4. Die Möhren putzen, schälen und grob raspeln. Die Butter in einer Pfanne schmelzen lassen und die Möhren darin bei mittlerer Hitze unter Rühren 5–8 Min. anbraten.

5. Eine mittelgroße feuerfeste Form mit etwas Butter einfetten. Den Kohl mit den Möhren abwechselnd in die Form schichten. Die Sonnenblumenkerne darüber streuen.

6. Die Eier mit der Sahne, 350 ml Wasser, Brühe und Paprikapulver verquirlen. Die Eier-Sahne-Mischung über den Kohl gießen. Den Parmesan gleichmäßig darüber streuen und die Form mit Alufolie abdecken.

7. Den Auflauf im Backofen (Mitte, Umluft 150°) 30 Min. backen. Die Alufolie entfernen und den Auflauf weitere 15 Min. backen, bis die Oberfläche goldbraun ist.

Dazu passt als Vorspeise **Kopfsalat mit Kräuter-Vinaigrette** (Rezepte Seite 32).

Variante:
Den Auflauf können Sie auch statt mit Spitzkohl mit Mangold oder Wirsing zubereiten. Beide Gemüsesorten harmonieren gut mit den Möhren. Den Parmesan können sie durch frisch geriebenen Grano padano ersetzen. Statt mit der Eier-Sahne-Mischung schmeckt dieser Auflauf auch, wenn Sie Soja Creme mit den Eiern und dem Wasser verrühren und diese Mischung über den Auflauf gießen. Da Soja Creme geschmacksneutral ist, sollten Sie die Mischung jedoch kräftiger würzen.

Mein Tipp

Spitzkohl – ein besonderer Kohl

Die Blätter sind zart, die Köpfe locker und spitz zulaufend. Sein Aroma ist wesentlich feiner als das von Weißkohl. Von April bis Dezember kommt diese Kohlsorte aus heimischer Ernte.

Wie Weißkohl schmeckt auch er in roher, gekochter oder geschmorter Form.

Beim Einkauf immer auf fest geschlossene Köpfe achten, die Hüllblätter dürfen lose, aber nicht welk sein. Im Gemüsefach des Kühlschranks hält er sich ein bis zwei Wochen.

Mein Tipp

Rührei zubereiten

Wer lieber Rührei statt Spiegelei isst, nimmt 2 Eier pro Portion und Zutaten nach Geschmack, z. B. Kräuter, frisch gemahlenen Pfeffer, Käsewürfelchen oder Zwiebelwürfel.

So gelingt's: Eier in eine Schüssel aufschlagen. 1 Prise Salz und pro Ei eine halbe Eierschale Flüssigkeit (Sahne oder Mineralwasser) zugeben und verquirlen. In einer kleinen Pfanne gerade so viel von einem neutralen Öl erhitzen, dass der Boden eben bedeckt ist. Die Eier zufügen und bei schwacher Hitze stocken lassen. Eier stocken schon bei 70–80° – erhitzt man sie zu stark, werden sie hart und zäh. Wenn das Ei zu stocken beginnt, mit einem Pfannenwender vorsichtig immer wieder Streifen lösen. Das noch flüssige Ei fließt nach und stockt ebenfalls.

Wichtig: Nehmen Sie die Pfanne vom Herd, wenn das Ei noch etwas cremig ist. Sofort auf angewärmten Tellern servieren.

Rahmspinat mit Spiegeleiern

Zubereitungszeit: 15 Min.

Für 1 Person (ca. 440 kcal)
400 g Rahmspinat (tiefgekühlt)
1 TL kaltgepresstes Sonnenblumenöl
2 Eier
Meersalz

1. Den Rahmspinat nach Packungsangabe in einen Topf geben und bei schwacher Hitze erst auftauen, dann einmal aufkochen lassen.

2. Das Öl in einer beschichteten Pfanne erhitzen, die Eier aufschlagen und als Spiegeleier braten. Die Eier leicht salzen und zusammen mit dem Rahmspinat servieren.

Paprika-Zucchini-Gemüse mit Spiegeleiern

Zubereitungszeit: 20 Min.

Für 2 Personen (pro Portion ca. 300 kcal)
2 rote Paprikaschoten
300 g Zucchini
1 EL Butter
1 EL vegetarische Gemüsebrühe (Instant)
2 Zweige Petersilie
1 EL kaltgepresstes Sonnenblumenöl
4 frische Eier
Meersalz

1. Die Paprikaschoten halbieren, putzen, waschen und die Hälften nochmals halbieren. Die Zucchini waschen, putzen und in etwa 1/2 cm dicke Scheiben schneiden.

2. Die Butter in einer Pfanne schmelzen lassen und das Gemüse darin bei mittlerer Hitze unter Rühren kurz anbraten. Mit der Brühe bestreuen, 5 EL Wasser zugeben und zugedeckt bei schwacher Hitze 10 Min. schmoren lassen, dabei gelegentlich umrühren. Die Petersilie waschen und trockenschütteln.

3. In der Zwischenzeit das Öl in einer zweiten Pfanne erhitzen, die Eier hineinschlagen, bei mittlerer Hitze braten und mit Salz leicht würzen.

4. Das Gemüse mit den Spiegeleiern anrichten, mit den Petersilienzweigen garnieren und servieren.

Variante:
»Over easy« nennen die Amerikaner ein Spiegelei, das von beiden Seiten angebraten ist. Wenn auch Sie diese Variante mögen: Achten Sie darauf, dass das Eiweiß schon ganz gestockt ist, bevor Sie das Ei in der Pfanne wenden.

Schnelles Eierpfännchen mit Rinderschinken

Zubereitungszeit: ca.: 15 Min.

Für 2 Personen (pro Portion ca. 780 kcal)
1 Zwiebel
50 g gegarter Rinderschinken
150 g Champignons
1 1/2 EL kaltgepresstes Sonnenblumenöl
4 Eier
Meersalz
1/2 Bund Schnittlauch

1. Die Zwiebel schälen und fein hacken. Den Schinken in kleine Würfel schneiden. Die Champignons putzen, eventuell abreiben und in Scheiben schneiden.

2. Das Öl in einer Pfanne mit Deckel erhitzen und die Zwiebelwürfel darin bei schwacher Hitze glasig werden lassen. Schinken und Champignons hinzufügen und unter Rühren bei schwacher Hitze 3 Min. anbraten.

3. Die Eier nacheinander aufschlagen und über die Champignons geben. Mit einer Gabel etwas auseinander ziehen und leicht salzen. Den Deckel auflegen und die Eier stocken lassen.

4. Den Schnittlauch waschen, trockenschütteln und in Röllchen schneiden. Mit den Schnittlauchröllchen bestreut servieren.

Dazu passt als Beilage ein neutraler Salat (Rezepte ab Seite 26).

1

2

3

*1 **Rahmspinat mit Spiegeleiern***

*2 **Paprika-Zucchini-Gemüse mit Spiegeleiern***

*3 **Schnelles Eierpfännchen mit Rinderschinken***

Schinkenrührei mit Gemüse

Zubereitungszeit: 30 Min.

Für 2 Personen (pro Portion ca. 510 kcal)
500 g Möhren | 1/2 Bund Schnittlauch
1 1/2 EL Butter | 200 g Erbsen (tiefgekühlt)
1 TL vegetarische Gemüsebrühe (Instant)
1 Zwiebel | 40 g roher Rinderschinken | 4 Eier
1 Schuss Mineralwasser | 2 EL Sahne | Salz
1 EL kaltgepresstes Sonnenblumenöl

1. Die Möhren putzen, schälen und in dünne Scheiben schneiden. Den Schnittlauch waschen, trockenschütteln und in Röllchen schneiden.
2. Die Butter in einem Topf schmelzen lassen und die Möhren darin unter Rühren leicht anbraten. Die Erbsen hinzufügen und 100 ml Wasser angießen. Das Gemüse mit der Brühe würzen und zugedeckt bei schwacher Hitze 10 Min. köcheln lassen.
3. Zwiebel schälen und fein würfeln. Den Schinken ebenfalls würfeln. Die Eier mit Mineralwasser, Sahne und Salz in einer Schüssel schaumig schlagen.
4. Das Öl erhitzen. Zwiebel- und Schinkenwürfel darin anbraten. Die Eier darüber gießen und stocken lassen. Die Eiermasse zusammenschieben und zu einem Rührei fertig backen. Mit den Möhren anrichten und mit Schnittlauch bestreut servieren.

Rührei mit Champignons und Keimlingen

Zubereitungszeit: 15 Min.

Für 2 Personen (pro Portion ca. 415 kcal)
150 g Champignons | 1 Zwiebel
4 Eier | 4 EL Mineralwasser
2 EL Sahne | Meersalz
100 g Sojabohnenkeimlinge
2 TL kaltgepresstes Sonnenblumenöl
1 TL rosenscharfes Paprikapulver

1. Die Champignons putzen, eventuell abreiben und in feine Scheiben schneiden. Die Zwiebel schälen und fein würfeln.
2. Die Eier mit Mineralwasser und Sahne verquirlen und mit Meersalz würzen. Die Sojabohnenkeimlinge waschen und abtropfen lassen.
3. Das Öl in einer Pfanne erhitzen. Die Zwiebel darin bei schwacher Hitze glasig werden lassen. Die Champignons zugeben und bei mittlerer Hitze 3 Min. anbraten. Mit Paprikapulver würzen.
4. Die verquirlten Eier über die Champignons gießen und bei schwacher Hitze stocken lassen. Die Eiermasse mit einem Pfannenwender zusammenschieben und zu einem Rührei stocken lassen. Mit den Sojabohnenkeimlingen bestreuen.

Pilzpfanne mit Ei

Zubereitungszeit: 20 Min.

Für 2 Personen (pro Portion ca. 255 kcal)
300 g frische Pfifferlinge
1 Zwiebel | 1/2 Bund Petersilie
1 EL Butter
Meersalz | 4 Eier
3 EL Mineralwasser
2 EL Sahne

1. Die Pfifferlinge abreiben, putzen und eventuell klein schneiden. Die Zwiebel schälen und fein hacken. Die Petersilie waschen, trockenschütteln und fein hacken.

2. Die Butter in einer Pfanne erhitzen und die Zwiebelwürfel darin bei schwacher Hitze glasig werden lassen. Die Pilze dazugeben, mit Salz würzen und unter Rühren so lange braten, bis sie leicht gebräunt sind und das Wasser weitgehend eingekocht ist.

3. In der Zwischenzeit die Eier mit Mineralwasser und Sahne verquirlen und mit Salz würzen. Die Eiermasse über die Pilze gießen und bei schwacher Hitze stocken lassen. Die Eier-Pilz-Masse zusammenschieben und fertig backen. Mit Petersilie bestreut servieren.

Dazu passt als Beilage ein neutraler Salat (Rezepte ab Seite 26).

Rühreier mit Tomaten

Zubereitungszeit: 15 Min.

Für 2 Personen (pro Portion ca. 245 kcal)
4 Eier
3 EL Mineralwasser
2 EL Sahne
Meersalz
4 Tomaten
Pfeffer
1 TL kaltgepresstes Sonnenblumenöl
2 EL Schnittlauchröllchen

1. Die Eier mit Mineralwasser und Sahne verquirlen und mit Meersalz würzen.

2. Die Tomaten waschen, von den Stielansätzen befreien und in Achtel schneiden. Die Tomatenachtel auf einem Teller anrichten und mit Salz und Pfeffer würzen.

3. Das Öl in einer beschichteten Pfanne erhitzen, die verquirlten Eier in die Pfanne geben und bei schwacher Hitze stocken lassen.

4. Die Eiermasse zusammenschieben und zu einem Rührei fertig backen. Neben den Tomaten anrichten und mit den Schnittlauchröllchen bestreuen.

Dazu passt als Beilage ein neutraler Salat (Rezepte ab Seite 26).

Gemischter Salat mit grüner Eiersauce

Zubereitungszeit: 30 Min.

Für 2 Personen (pro Portion ca. 365 kcal)
1 kleiner Blumenkohl
Meersalz
4 Eier
1/2 Eisbergsalat
1 junger Kohlrabi
2 Tomaten
je einige Zweige Petersilie, Pimpinelle, Kerbel, Dill, Schnittlauch, Sauerampfer, Estragon, Zitronenmelisse oder Borretsch
100 g saure Sahne
250 g Dickmilch
1 TL Zitronensaft
1 EL kaltgepresstes Sonnenblumenöl
Kräutersalz

1. Den Blumenkohl waschen, putzen und in kleine Röschen teilen. Wenig Salzwasser zum Kochen bringen. Den Blumenkohl darin in 12 Min. bissfest garen. Herausnehmen, kalt abschrecken, abtropfen und abkühlen lassen.

2. Die Eier in 10–12 Min. hart kochen, mit kaltem Wasser abschrecken und pellen. 1 Ei sehr fein hacken und die anderen halbieren.

3. Den Eisbergsalat putzen, waschen und in Streifen schneiden. Den Kohlrabi schälen und grob raspeln.

4. Die Tomaten waschen, von den Stielansätzen befreien und in dünne Scheiben schneiden. Blumenkohlröschen, Eisbergsalat, Kohlrabi und Tomatenscheiben dekorativ auf zwei Tellern anrichten.

5. Die Kräuter waschen, trockenschütteln und sehr fein hacken. Die saure Sahne mit Dickmilch, Zitronensaft, Öl und Kräutersalz verrühren. Die Kräuter und Eiwürfel untermischen.

6. Die Eiersauce über den Salat geben und mit Eihälften garnieren.

Eiersalat mit Buttermöhren

Zubereitungszeit: 15 Min.

Für 2 Personen (pro Portion ca. 370 kcal)
4 Eier
je einige Zweige Kerbel, Schnittlauch, Borretsch
80 g saure Sahne
1 EL Mayonnaise
70 g Buttermilch
1 TL Zitronensaft
Meersalz | Kräutersalz
500 g Möhren
1 EL Butter
6 Salatblätter
1/2 Bund Petersilie

1. Die Eier in 10–12 Min. hart kochen, mit kaltem Wasser abschrecken, pellen und in Scheiben schneiden.

2. Die Kräuter waschen, trockenschütteln und sehr fein hacken.

3. Die saure Sahne mit der Mayonnaise, Buttermilch, dem Zitronensaft und Kräutersalz verrühren und die Kräuter untermischen. Mit den Eierscheiben vorsichtig vermengen.

4. Die Möhren putzen, schälen und grob raspeln. Die Butter in einem Topf schmelzen lassen. Die Möhren darin bei mittlerer Hitze unter Rühren 6–8 Min. dünsten und mit Salz leicht würzen.

5. Die Salatblätter putzen, waschen, trockenschütteln und auf zwei Tellern anrichten. Die Möhrenraspel darauf setzen und zusammen mit dem Eiersalat servieren. Die Petersilie darüber streuen.

Variante:
Zum Mitnehmen die Möhren fein raspeln und nicht andünsten, sondern roh unter den Eiersalat mischen. Statt der Kräutermischung nur Kresse verwenden.
Damit nichts auslaufen kann, den Eiersalat in eine gut verschließbare Plastikbox oder in ein großes sauberes Glas mit Schraubverschluss geben.

Frühlingssalat mit Eiern und Sardellen

Zubereitungszeit: 25 Min.

Für 2 Personen (pro Portion ca. 380 kcal)
4 Eier | 1 kleine Salatgurke
6 Kirschtomaten | 1 Bund Radieschen
2 Frühlingszwiebeln
1 säuerlicher Apfel
1 EL Zitronensaft
100 g Eisbergsalat
100 g Friséesalat
100 g Rucola
Für das Dressing:
1 Bund Dill
150 ml frisch gepresster Grapefruitsaft
2 EL saure Sahne
1 EL kaltgepresstes Sonnenblumenöl
Kräutersalz | 10 Sardellenfilets
2 Zweige Petersilie

1. Die Eier in 10–12 Min. hart kochen, mit kaltem Wasser abschrecken und pellen.

2. Die Gurke schälen, halbieren, entkernen und in kleine Würfel schneiden. Die Tomaten waschen und halbieren. Die Radieschen und die Frühlingszwiebeln putzen, waschen und in dünne Scheiben bzw. Ringe schneiden.

3. Den Apfel waschen, vierteln, vom Kerngehäuse befreien und in Stifte schneiden. Die Apfelstifte sofort mit Zitronensaft beträufeln.

4. Die Blattsalate putzen, waschen, abtropfen lassen, in mundgerechte Stücke teilen und mischen. Die Salatmischung auf zwei Tellern anrichten.

5. Dill waschen, trockenschütteln und hacken. Mit Grapefruitsaft, saurer Sahne, Öl und Salz verrühren und das Dressing über den Salat geben.

6. Die Sardellen kalt abspülen und mit Küchenpapier abtrocknen. Die Eier in Scheiben schneiden und auf dem Salat verteilen. Die Sardellen darauf legen. Mit je 1 Petersilienzweig garniert servieren.

Tomatensuppe mit pochierten Eiern

Zubereitungszeit: 40 Min.

Für 2 Personen (pro Portion ca. 355 kcal)
5 reife Tomaten
1 Zwiebel
125 g Knollensellerie
2 Möhren
1 EL kaltgepresstes Olivenöl
3/8 l vegetarische Gemüsebrühe (Instant)
je 1 TL getrockneter Thymian, Oregano und Rosmarin
2 Prisen Cayennepfeffer
1–2 TL rosenscharfes Paprikapulver
4 EL Sahne
4 Eier
einige Blätter Basilikum

1. Stielansätze der Tomaten entfernen. Tomaten kurz überbrühen, häuten, halbieren, entkernen und grob würfeln. Zwiebel, Sellerie und Möhren schälen und alles ebenfalls in Würfel schneiden.

2. Das Öl in einem Topf erhitzen. Die Zwiebelwürfel darin bei schwacher Hitze glasig werden lassen. Nach und nach Sellerie-, Möhren- und Tomatenwürfel unter Rühren zugeben und 5 Min. bei mittlerer Hitze andünsten.

3. Die Brühe angießen und das Gemüse 15 Min. bei schwacher Hitze köcheln lassen. Mit Thymian, Oregano, Rosmarin, Cayennepfeffer und Paprikapulver würzen. Die Sahne unterrühren.

4. Den Topf beiseite stellen und die Suppe mit dem Pürierstab pürieren. Den Topf wieder auf die Herdplatte stellen.

5. Die Eier einzeln aufschlagen, in eine Suppenkelle geben und langsam in die Suppe gleiten lassen. Die Eier bei schwacher Hitze 5 Min. ziehen lassen. Mit Basilikum garniert servieren.

Auberginen-Paprika-Gemüse mit Schafkäse

Zubereitungszeit: 40 Min.

Für 2 Personen (pro Portion ca. 385 kcal)
400 g reife Tomaten
1 Aubergine
Meersalz
2 rote Paprikaschoten
1 Zwiebel
1–2 Knoblauchzehen
3 EL kaltgepresstes Olivenöl
Kräutersalz
Rosmarin, gemahlen
je 1 TL getrockneter Thymian und Oregano
1/8 l trockener Weißwein
120 g Schafkäse
einige Basilikumblätter

1. Stielansätze der Tomaten entfernen. Tomaten kurz überbrühen, häuten und in Stücke schneiden. Die Aubergine waschen, putzen und in etwa 1/2 cm dicke Scheiben schneiden. Mit Salz bestreuen und 10 Min. ziehen lassen.

2. Die Paprikaschoten halbieren, putzen, waschen und in grobe Stücke schneiden. Zwiebel und Knoblauch schälen und fein hacken. Das Öl erhitzen. Zwiebel- und Knoblauchwürfel darin bei schwacher Hitze glasig werden lassen.

3. Die Auberginenscheiben mit Küchenpapier trockentupfen. Mit Tomaten und Paprikastücken in den Topf geben und unter Rühren 3 Min. mitbraten. Mit Kräutersalz, Rosmarin, Thymian und Oregano würzen. Den Wein angießen und alles zugedeckt bei schwacher Hitze 20 Min. köcheln lassen. Den Schafkäse darüber bröseln, leicht schmelzen lassen. Mit Basilikum garniert servieren.

1 

2 

3 

1 Frühlingssalat mit Eiern und Sardellen
2 Tomatensuppe mit pochierten Eiern
3 Auberginen-Paprika-Gemüse mit Schafkäse

Wirsing-Tomaten-Auflauf

Zubereitungszeit: 30 Min.
Backzeit: ca. 20 Min.

Für 2 Personen (pro Portion ca. 905 kcal)
1 kleiner Wirsing | Meersalz
4 EL kaltgepresstes Sonnenblumenöl
1 TL Kümmelpulver | Muskatnuss, frisch gerieben
Kräutersalz | 400 g reife Tomaten
1 Zwiebel | 2 Knoblauchzehen | 1/2 Bund Petersilie
300 g Rinderhackfleisch | 1 TL Chilipulver
100 ml vegetarische Gemüsebrühe (Instant)
4 EL Sahne | 100 g junger Gouda

1. Den Wirsing von den äußeren Blättern befreien, halbieren, vom Strunk befreien und in feine Streifen schneiden. Salzwasser zum Kochen bringen. Den Wirsing darin 3 Min. blanchieren. Herausnehmen und abtropfen lassen.

2. 2 EL Öl in einer Pfanne erhitzen. Die Wirsingstreifen darin bei mittlerer Hitze 4–5 Min. braten, dabei gelegentlich umrühren. Mit Kümmel, Muskat und Kräutersalz leicht würzen und beiseite stellen.

3. Stielansätze der Tomaten entfernen. Tomaten kurz überbrühen, häuten und in Würfel schneiden. Den Backofen auf 175° vorheizen. Zwiebel und Knoblauch schälen und fein hacken. Petersilie waschen, trockenschütteln und fein hacken. Den Gouda in Streifen schneiden.

4. Das restliche Öl erhitzen. Zwiebel und Knoblauch darin bei schwacher Hitze glasig werden lassen. Hackfleisch zugeben und unter Rühren krümelig anbraten. Mit Salz, Chilipulver und Petersilie würzen. Tomatenwürfel, Brühe und Sahne unterrühren. Eventuell mit etwas Kräutersalz abschmecken.

5. Die Hälfte des Wirsings in eine feuerfeste Form schichten und das Hackfleisch darauf geben. Den übrigen Wirsing darauf verteilen und mit Käse belegen. Im Backofen (Mitte, Umluft 150°) 20 Min. überbacken.

Blumenkohlauflauf mit Raclette

Zubereitungszeit: 40 Min.
Backzeit: ca. 15 Min.

Für 2 Personen (pro Portion ca. 605 kcal)
1 Blumenkohl
1/2 l vegetarische Gemüsebrühe (Instant)
120 g geräucherte Putenbrust
1 EL kaltgepresstes Sonnenblumenöl
100 g Crème fraîche
Muskatnuss, frisch gerieben
1/2 Bund Schnittlauch | 150 g Raclette

1. Den Blumenkohl waschen, putzen und in kleine Röschen teilen. Die Gemüsebrühe zum Kochen bringen. Den Blumenkohl darin bei schwacher Hitze in 12 Min. bissfest garen, dann aus der Brühe nehmen und abtropfen lassen. 1/4 l Kochwasser auffangen und beiseite stellen.

2. Die Putenbrust in kleine Würfel schneiden. Das Öl in einer beschichteten Pfanne erhitzen und die Putenbrustwürfel darin bei mittlerer Hitze unter Wenden 5 Min. braten.

3. Den Backofen auf 180° vorheizen. Die Crème fraîche mit dem Blumenkohlwasser glatt verrühren und mit Muskat würzen. Den Schnittlauch waschen, trockenschütteln und in Röllchen schneiden. Die Schnittlauchröllchen unterrühren.

4. Den Raclette-Käse in dünne Streifen schneiden. Den Blumenkohl mit den Putenbrustwürfeln mischen und in eine feuerfeste Form geben und mit der Crème-fraîche-Mischung übergießen. Den Käse darüber streuen. Im Backofen (Mitte, Umluft 170°) 12–15 Min. überbacken.

Variante:
Statt Blumenkohl können Sie auch Brokkoliröschen verwenden und die Crème fraîche können Sie durch Soja Creme, ein Sojaprodukt, ersetzen. Dann sollten Sie den Auflauf aber etwas kräftiger abschmecken.

Schmorgurke mit Parmesankruste

Zubereitungszeit: 45 Min.
Backzeit: ca. 15 Min.

Für 2 Personen (pro Portion ca. 450 kcal)
1 reife Schmorgurke (800 g)
1 Zwiebel
1 kleines Bund Dill
1 1/2 EL kaltgepresstes Sonnenblumenöl
1 EL vegetarische Gemüsebrühe (Instant)
1 TL gemahlener Koriander
5 EL Sahne
2 Scheiben Vollkorntoastbrot
1 EL Butter
80 g frisch geriebener Parmesan

1. Die Gurke schälen, längs halbieren, entkernen und in kleine Stücke schneiden. Die Zwiebel schälen und sehr fein hacken. Den Dill waschen, trockenschütteln und hacken.

2. Das Öl in einer Pfanne erhitzen. Die Zwiebelwürfel darin bei schwacher Hitze glasig werden lassen. Gurkenstücke zugeben und zugedeckt bei schwacher Hitze 10 Min. schmoren lassen. Mit Brühe, Dill und Koriander würzen und die Sahne unterrühren. Den Backofen auf 175° vorheizen.

3. In der Zwischenzeit das Toastbrot in sehr kleine Würfel schneiden. Die Butter in einer Pfanne erhitzen und die Brotwürfel darin bei mittlerer Hitze goldbraun rösten.

4. Das Gurkengemüse in eine feuerfeste Form geben. Die Brotwürfel mit Parmesan vermischen und die Mischung darüber streuen. Im Backofen (Mitte, Umluft 150°) in 15 Min. goldbraun überbacken.

Dazu passt als Vorspeise ein neutraler Salat (Rezepte ab Seite 26).

Paprika-Zucchini-Auflauf

Zubereitungszeit: 40 Min.

Für 2 Personen (pro Portion ca. 275 kcal)
1 Zwiebel
1 Knoblauchzehe
1 rote Paprikaschote
300 g Zucchini
150 g Champignons
1 1/2 EL kaltgepresstes Olivenöl
Meersalz | Pfeffer
50 g Schafkäse
50 g frisch geriebener Gouda
2 Tomaten
einige Basilikumblättchen

1. Die Zwiebel und den Knoblauch schälen, die Zwiebel halbieren und in dünne Streifen schneiden. Die Paprikaschote waschen, halbieren, entkernen und in dünne Streifen schneiden.

2. Die Zucchini waschen, putzen und in dünne Scheiben schneiden. Die Champignons putzen, eventuell abreiben und ebenfalls in Scheiben schneiden.

3. Das Öl in einer Pfanne erhitzen und die Zwiebelstreifen darin bei schwacher Hitze glasig werden lassen. Das Gemüse zugeben und unter Rühren 5 Min. anbraten. Den Knoblauch dazupressen, mit Salz und Pfeffer kräftig würzen. Das Gemüse zugedeckt bei schwacher Hitze 8 Min. schmoren lassen.

4. Den Backofen auf 175° vorheizen. Das Gemüse in eine feuerfeste Form geben. Den Schafkäse zerbröseln und mit dem Gouda mischen. Die Käsemischung über das Gemüse streuen. Im Backofen (Mitte, Umluft 150°) in 15 Min. goldbraun überbacken.

5. Die Tomaten waschen, von den Stielansätzen befreien und in Achtel schneiden. Die Tomatenachtel anrichten, salzen, pfeffern, mit Basilikum garnieren und zum Auflauf servieren.

Möhren-Lauch-Gratin mit Äpfeln

Zubereitungszeit: 20 Min.
Backzeit: ca. 55 Min.

Für 2 Personen (pro Portion ca. 695 kcal)
300 g Lauch
2 säuerliche Äpfel
300 g Möhren
200 g Crème fraîche
2 TL vegetarische Gemüsebrühe (Instant)
80 g frisch geriebener Parmesan
Butter für die Form

1. Den Lauch putzen, längs aufschneiden, gründlich waschen, in etwa 3 cm große Stücke und diese in dünne Stifte schneiden. Die Äpfel waschen, vierteln, entkernen und klein würfeln. Die Möhren putzen, schälen und in dünne Scheiben hobeln.

2. Eine hohe feuerfeste Form mit etwas Butter einfetten. Den Backofen auf 175° vorheizen. Jeweils die Hälfte der Möhrenscheiben, der Lauchstifte und Apfelwürfel einlegen. Darauf schichtweise den restlichen Lauch, Äpfel und Möhren geben.

3. Die Crème fraîche mit 300 ml Wasser und Brühe glatt verrühren. Die Hälfte des Parmesans unterrühren. Die Mischung über das Gemüse gießen und den restlichen Parmesan gleichmäßig darüber streuen.

4. Mit Folie abdecken und im Backofen (Mitte, Umluft 150°) 35 Min. backen. Die Alufolie entfernen und den Auflauf in weiteren 20 Min. goldbraun überbacken.

1

2

3

1 Schmorgurke mit Parmesankruste
2 Paprika-Zucchini-Auflauf
3 Möhren-Lauch-Gratin mit Äpfeln

Paprikagemüse mit Schafkäse

Zubereitungszeit: 40 Min.

Für 2 Personen (pro Portion ca. 360 kcal)
600 g Paprikaschoten (rot, gelb und grün)
200 g reife Tomaten
1 mittelgroße Zwiebel
1 EL Tomatenmark
2 EL kaltgepresstes Olivenöl
Salz
je 1 TL getrockneter Rosmarin und Thymian
150 g Schafkäse | 2 kleine Zweige Rosmarin

1. Die Paprikaschoten waschen, halbieren, putzen, und in kleine Stücke schneiden. Stielansätze der Tomaten entfernen. Tomaten kurz überbrühen, häuten und grob würfeln. Die Zwiebel schälen und in dünne Ringe schneiden.

2. Das Öl in einer großen Pfanne erhitzen. Die Zwiebelringe darin bei schwacher Hitze andünsten. Das restliche Gemüse und das Tomatenmark hinzufügen und unter Rühren 10 Min. schmoren lassen. Mit Salz, Rosmarin und Thymian würzen.

3. Den Schafkäse in kleine Würfel schneiden und unter das Gemüse rühren. Den Käse leicht erwärmen. Das Gemüse auf zwei Tellern anrichten und mit den Rosmarinzweigen garniert servieren.

Gebackener Mozzarella auf Tomaten

Zubereitungszeit: 25 Min.

Für 2 Personen (pro Portion ca. 700 kcal)
700 g Tomaten
4 EL kaltgepresstes Olivenöl
Kräutersalz | 1/2 Bund Basilikum
250 g Mozzarella | 2 Eigelbe
6 EL Vollkornsemmelbrösel
12 schwarze Oliven

1. Die Tomaten waschen und ohne die Stielansätze in dünne Scheiben schneiden. Die Tomatenscheiben auf einer Platte anrichten, mit 2 EL Öl beträufeln und leicht salzen. Das Basilikum waschen, trockenschütteln, hacken und darüber streuen.

2. Den Mozzarella abtropfen lassen und in etwa 2 cm breite Stifte schneiden. Die Eigelbe verrühren und die Semmelbrösel auf einen Teller geben. Den Mozzarella erst in den Eigelben, dann in den Semmelbröseln wenden.

3. Das übrige Öl in einer Pfanne erhitzen und den Käse darin bei mittlerer Hitze von allen Seiten 5 Min. goldbraun braten. Die Mozzarellastifte auf die Tomaten legen und mit den Oliven garnieren.

Dazu passt: je 1 Scheibe Vollkornbrot, dünn mit Butter bestrichen.

Frischkäsecreme mit Lachs und Pellkartoffeln

Zubereitungszeit: 25 Min.

Für 2 Personen (pro Portion ca. 590 kcal)
400 g Kartoffeln | 100 g Frischkäse
125 g Dickmilch
Meersalz | 8 grüne Oliven ohne Stein
125 g Graved Lachs | 2 Zweige Dill
2 Stauden Chicorée
2 EL kaltgepresstes Sonnenblumenöl
1 TL Obstessig | Pfeffer | 2 Zweige Petersilie

1. Die Kartoffeln waschen und mit Schale in 20 Min. garen. Abgießen, kurz abkühlen lassen und pellen.
2. Frischkäse mit Buttermilch cremig verrühren und leicht salzen. Die Oliven fein würfeln. Den Lachs in feine Streifen schneiden und beides unter die Käsecreme rühren. Die Creme kalt stellen.
3. Inzwischen den Chicorée waschen, putzen, längs halbieren, vom Strunk befreien und in einzelne Blätter zerlegen. Die Blätter auf zwei Tellern dekorativ anrichten, die Käsecreme jeweils in die Mitte geben. Den Dill waschen, trockenschütteln und die Creme damit garnieren.
4. Das Öl mit Essig, Salz und Pfeffer verrühren und über den Chicorée träufeln. Mit der Petersilie garnieren und mit den Pellkartoffeln servieren.

Schafkäse in der Folie

Zubereitungszeit: 20 Min.
Backzeit: ca. 20 Min.

Für 2 Personen (pro Portion ca. 275 kcal)
1 große Fleischtomate
1 Zwiebel
2 TL kaltgepresstes Olivenöl
2 Scheiben Schafkäse (je 100 g)
Pfeffer
je 2 TL getrockneter Oregano, Thymian und Rosmarin

1. Den Backofen auf 200° vorheizen. Die Tomate waschen und ohne den Stielansatz in Scheiben schneiden. Die Zwiebel schälen und in dünne Ringe schneiden.
2. Zwei ausreichend große Stücke Alufolie mit dem Olivenöl bepinseln, einige Tomatenscheiben und Zwiebelringe darauf verteilen.
3. Den Käse darauf legen, mit Pfeffer, Oregano, Thymian und Rosmarin würzen. Die restliche Tomate und Zwiebel darauf geben.
4. Die Folie verschließen und im Backofen (Mitte, Umluft 180°) 20 Min. backen.

Dazu passt als Beilage **Tomatensalat** (Rezept Seite 28).

Überbackene Aubergine mit Mozzarella

Zubereitungszeit: 25 Min.
Backzeit: ca. 20 Min.

Für 2 Personen (pro Portion ca. 635 kcal)
1 Aubergine
Meersalz
4 reife Tomaten
1 Zwiebel
2 Knoblauchzehen
4 EL kaltgepresstes Olivenöl
250 g Rinderhackfleisch
1 TL frische Oreganoblättchen
1/2 TL Sambal oelek
125 g Mozzarella
einige Basilikumblättchen

1. Die Aubergine waschen, putzen, längs in etwa 1 cm dicke Scheiben schneiden, salzen und 15 Min. ziehen lassen.
2. Stielansätze der Tomaten entfernen. Die Tomaten kurz überbrühen, häuten und würfeln. Zwiebel und Knoblauch schälen, beides fein hacken. Den Backofen auf 200° vorheizen.
3. Die Auberginen trockentupfen. 3 EL Öl in einer beschichteten Pfanne erhitzen und die Auberginenscheiben darin bei mittlerer Hitze von beiden Seiten braun anbraten. Herausnehmen und auf Küchenpapier abtropfen lassen.
4. Das restliche Öl erhitzen. Zwiebel- und Knoblauchwürfel darin bei schwacher Hitze glasig werden lassen. Das Hackfleisch zugeben und unter Rühren krümelig anbraten. Mit Salz, Oregano und Sambal oelek würzen. Die Tomaten unterrühren.
5. Die Auberginenscheiben in eine feuerfeste Form legen. Das Hackfleisch darauf verteilen. Den Mozzarella abtropfen lassen, in Scheiben schneiden und darauf legen.
6. Im Backofen (Mitte, Umluft 180°) 20 Min. überbacken. Mit Basilikum garniert servieren.

Mein Tipp

Auberginen entfetten

Auberginenscheiben nehmen beim Braten sehr viel Fett auf. Um etwas Fett einzusparen, brate ich zunächst ein Drittel der Scheiben in der Pfanne von beiden Seiten an und lasse diese sich mit Fett voll saugen.

Dann lege ich im Stapel alle Scheiben übereinander (abwechselnd fettreiche und fettfreie), und drücke mit einer Gabel das Öl der vollgesaugten Scheiben in die fettfreien Scheiben hinein.

Anschließend nehme ich die unterste Scheibe nach oben, brate die nächste untere Scheibe, lege sie obenauf, etc., dabei drücke ich immer wieder das Öl von oben in die unteren Scheiben.

Variante

Sehr gut schmeckt dieses Gericht auch mit Zucchini. Für überbackene Zucchini statt der Aubergine 2 Zucchini (etwa 400 g) waschen, putzen und längs in etwa 1 cm dicke Scheiben schneiden und in Olivenöl braun anbraten. Dann wie im Rezept beschrieben zubereiten. Den Mozzarella können Sie nach Belieben durch Gouda oder Raclette ersetzen.
Für Vegetarier Zucchini quer in Scheiben schneiden und mit Zwiebel und Knoblauch in Olivenöl anbraten. Mit Salz, Oregano und Pfeffer würzen. Statt Hackfleisch 3 Eier mit Salz verquirlen, die Eier über die Zucchini gießen und mit geriebenem Gouda bestreuen. Das Ei bei mittlerer Hitze stocken und den Käse schmelzen lassen. Das Zucchini-Omelett mit Basilikum garniert servieren.

Dinkelfladen mit Brokkoli und Cambozola

Zubereitungszeit: 30 Min.
Ruhezeit: 45 Min.
Backzeit: ca. 20 Min.

Für 2 Personen (pro Portion ca. 805 kcal)
Für den Teig:
1 Würfel Hefe (42 g)
250 g feines Dinkelvollkornmehl
1 EL kaltgepresstes Olivenöl
1 TL Meersalz
Butter für die Form
Für den Belag:
250 g Brokkoli | Meersalz
1 große Zwiebel | 1 Knoblauchzehe
1/2 Bund glatte Petersilie
3 EL kaltgepresstes Olivenöl
Kräutersalz
1 TL getrockneter Oregano
60 g Blauschimmelkäse
(60 % Fett i. Tr., z. B. Cambozola)
80 g Schmand
Muskatnuss, frisch gerieben

1. Für den Vorteig die Hefe in 150 ml lauwarmem Wasser auflösen, mit der Hälfte des Mehls verrühren und zugedeckt an einem warmen Ort 20 Min. gehen lassen. Eine Springform (28 cm Ø) mit etwas Butter einfetten.

2. Das restliche Mehl in eine Schüssel geben und in die Mitte eine Mulde drücken. Öl, Meersalz und den Vorteig dazugeben. Alles zu einem geschmeidigen Teig verkneten.

3. Den Teig auf einer bemehlten Arbeitsfläche etwas größer als die Form ausrollen und in die Form geben. Zugedeckt an einem warmen Ort 20 Min. gehen lassen. Den Backofen auf 200° vorheizen.

4. Den Brokkoli waschen, putzen und in kleine Röschen teilen. Die Stiele schälen und klein schneiden. Salzwasser zum Kochen bringen. Den Brokkoli darin in 5 Min. bissfest garen. Aus dem Wasser nehmen und gut abtropfen lassen.

5. Zwiebel und Knoblauch schälen. Zwiebel in Ringe schneiden und Knoblauch durch die Presse drücken. Petersilie waschen, trockenschütteln und fein hacken.

6. Die Hälfte des Öls erhitzen und die Zwiebel darin bei schwacher Hitze glasig werden lassen. Den Brokkoli kurz mitbraten und mit Salz würzen.

7. Die Petersilie mit restlichem Öl und Knoblauch verrühren und gleichmäßig auf den Teig streichen. Zwiebelringe und Brokkoli darauf verteilen und den Oregano darüber streuen.

8. Den Blauschimmelkäse zerdrücken, mit Schmand und Muskat verrühren und auf das Gemüse geben. Im Backofen (Mitte, Umluft 180°) 18–20 Min. backen.

Dazu passt als Vorspeise ein neutraler Salat (Rezepte ab Seite 26).

Mein Tipp

Noch knuspriger

Schön knusprig wird der Fladen, wenn sie ihn im vorgeheizten Ofen ca. 5 bis 8 Min. vorbacken.
Achtung: Während des Backens geht der Teig ein Stück auf; lassen Sie sich davon nicht irritieren. Einfach aus dem Backofen nehmen und belegen.

Gemischter Salat mit Cidre-Dressing und Käse

Zubereitungszeit: 20 Min.

Für 2 Personen (pro Portion ca. 520 kcal)
1 Eisbergsalat
100 g Rucola
je 1 gelbe und grüne Paprikaschote
2 Tomaten
1 kleine Salatgurke
1 Zwiebel
6 Knoblauchzehen
200 ml Cidre (ersatzweise Weißwein)
Meersalz
3 EL kaltgepresstes Olivenöl
4 EL frisch gehackte Kräuter (z. B. Thymian, Oregano, Liebstöckel oder Petersilie)
120 g Schnittkäse (z. B. Harvarti oder Gouda)
12 schwarze Oliven

1. Den Eisbergsalat putzen, waschen, halbieren, mundgerecht zerteilen und trockenschleudern. Den Rucola waschen, von den groben Stielen befreien und abtropfen lassen.

2. Die Paprikaschoten waschen, halbieren, putzen und klein würfeln. Die Tomaten waschen und ohne die Stielansätze ebenfalls klein würfeln. Die Gurke schälen, längs vierteln, entkernen und in schmale Stücke schneiden. Alles in einer Schüssel mischen.

3. Die Zwiebel schälen und fein hacken. Den Knoblauch schälen und in Scheiben schneiden. Für das Dressing Cidre und Salz verrühren und 1 1/2 EL Öl unterschlagen. Kräuter und Zwiebelwürfel unterrühren. Das Dressing mit dem Salat vermischen.

4. Den Käse in kleine Würfel schneiden. Das restliche Olivenöl in einer kleinen Pfanne erhitzen und den Knoblauch darin goldgelb braten. Den Knoblauch mit den Käsewürfeln und den Oliven auf dem Salat verteilen.

Gemüsesalat mit Ziegenkäse

Marinierzeit: 30 Min.
Zubereitungszeit: ca. 40 Min.

Für 2 Personen (pro Portion ca. 670 kcal)
3 EL kaltgepresstes Olivenöl
1 EL Kräuter der Provence (tiefgekühlt)
160 g Ziegenkäserolle oder Ziegenfrischkäse
1 kleiner Blumenkohl
Meersalz
1/4 Kopf Eichblattsalat
1 kleines Bund Rucola
1 reife Avocado
3 Tomaten
1/2 Bund Petersilie
1 EL weißer Aceto balsamico
Kräutersalz

1. Das Öl mit den Kräutern der Provence verrühren. Den Käse in Scheiben schneiden, in die Marinade geben und 30 Min. ziehen lassen.

2. Den Blumenkohl waschen, putzen und in kleine Röschen teilen. Leicht gesalzenes Wasser zum Kochen bringen. Den Blumenkohl darin zugedeckt bei schwacher Hitze 15 Min. garen. Herausnehmen und abkühlen lassen.

3. Eichblattsalat und Rucola putzen, waschen und mundgerecht zerteilen und trockenschleudern. Die Avocado halbieren, entkernen, schälen und in kleine Stücke schneiden.

4. Die Tomaten waschen putzen und ohne die Stielansätze in Scheiben schneiden. Die Salatzutaten vermischen. Die Petersilie waschen, trockenschütteln und fein hacken.

5. Den Käse aus der Marinade nehmen. Für das Dressing Essig und 60 ml Wasser mit der Marinade verrühren und leicht salzen. Den Salat damit anmachen und mit dem Käse belegen. Mit der Petersilie bestreut servieren.

Kopfsalat mit Weintrauben und Käsecreme

Zubereitungszeit: 25 Min.

Für 2 Personen (pro Portion ca. 610 kcal)
1 kleiner Kopfsalat | 100 g junger Feldsalat
2 Stauden Chicorée | 2 Stangen Staudensellerie
150 g kernlose Weintrauben
6 Walnusskerne | 2 EL ungeschwefelte Rosinen
80 g junger Gouda
Für die Sauce:
80 g Blauschimmelkäse
1 EL Mayonnaise
175 g Sahnedickmilch
Saft von 1 Orange
Kräutersalz | 1 Msp. Cayennepfeffer
4 Cocktailtomaten

1. Kopf- und Feldsalat putzen und waschen. Kopfsalat mundgerecht zerteilen, Feldsalat ganz lassen. Beide Salate trockenschleudern. Den Chicorée waschen, putzen, längs halbieren, vom mittleren Strunk befreien und in etwa 2 cm breite Streifen schneiden. Mit Kopf- und Feldsalat mischen und auf zwei Tellern anrichten.

2. Den Sellerie waschen, putzen und in dünne Scheiben schneiden. Trauben waschen und halbieren. Die Hälfte der Nüsse grob hacken. Die Rosinen heiß abspülen und abtropfen lassen. Den Käse würfeln. Sellerie, Trauben, gehackte Nüsse, Rosinen und Käsewürfel darauf verteilen.

3. Für das Dressing den Blauschimmelkäse zerdrücken und mit Mayonnaise, Sahnedickmilch und Orangensaft verrühren. Mit Kräutersalz und dem Cayennepfeffer kräftig würzen und das Dressing über den Salat geben. Tomaten waschen, halbieren und mit den restlichen Walnusskernen über dem Salat verteilen.

1

2

3

*1 **Kopfsalat mit Weintrauben und Käsecreme***

*2 **Gemischter Salat mit Cidre-Dressing und Käse***

*3 **Gemüsesalat mit Ziegenkäse***

Käsewürfel mit Apfel und Fenchel

Zubereitungszeit: 10 Min.

Für 1 Person (ca. 405 kcal)
80 g Hartkäse am Stück
(z. B. Emmentaler oder Edamer)
1 säuerlicher Apfel
1 kleine Fenchelknolle

1. Den Käse in mundgerechte Würfel schneiden. Den Apfel waschen, vierteln, vom Kerngehäuse befreien und in grobe Würfel schneiden.
2. Den Fenchel waschen, putzen, halbieren und den Strunk keilförmig herausschneiden. Den Fenchel ebenfalls würfeln.
3. Alles auf einem Teller anrichten und den Käse abwechselnd zusammen mit den Apfel- und Fenchelwürfeln essen.

Vollkornbrötchen mit Hüttenkäse und Gurke

Zubereitungszeit: 5 Min.

Für 1 Person (ca. 260 kcal)
1 kleine Salatgurke
Meersalz
1 Becher Hüttenkäse
1 Vollkornbrötchen

1. Die Salatgurke schälen, in etwa 1 cm breite Scheiben schneiden, auf einen Teller legen und leicht salzen.
2. Den Hüttenkäse in Nocken danebenlegen und mit dem Brötchen servieren.

Schinken-Käse-Sandwich

Zubereitungszeit: 5 Min.

Für 2 Personen (pro Portion ca. 220 kcal)
2 Scheiben Vollkornbrot
2 TL Kräuterfrischkäse
2 Salatblätter | 30 g Emmentaler
1 kleine Tomate
2 Scheiben roher Rinderschinken
2 EL gehackte Petersilie

1. Die Brotscheiben mit dem Kräuterfrischkäse bestreichen. Die Salatblätter putzen, waschen, trockenschütteln und auf eine Brotscheibe legen.
2. Den Käse auf den Salat legen. Die Tomate waschen, ohne den Stielansatz in Scheiben schneiden und dachziegelartig auf dem Käse verteilen. Den Schinken darauf legen und mit Petersilie bestreuen.
3. Die zweite Brotscheibe obenauf setzen. Das Sandwich in der Mitte einmal durchschneiden und servieren.

Käsebrot mit Sesamsamen

Zubereitungszeit: 15 Min.

Für 2 Personen (pro Portion ca. 220 kcal)
1 TL Sesamsamen
2 Scheiben Vollkornbrot | 2 TL Butter
80 g Camembert (60 % Fett i.Tr.)
einige Kerbelblättchen

1. Die Sesamsamen ohne Fett rösten und abkühlen lassen. Die Brotscheiben mit Butter bestreichen und mit den Sesamsamen bestreuen.
2. Den Camembert in Scheiben schneiden und die Brotscheiben damit belegen. Mit Kerbelblättchen garnieren.

Käsetoast mit Möhren

Zubereitungszeit: 15 Min.

Für 2 Personen (pro Portion ca. 215 kcal)
1 Möhre
1 EL Sprossen (z. B. Sonnenblumenkernsprossen)
2 Scheiben Vollkorntoast
2 TL Butter
2 Scheiben Wörishofener Käse (60 % Fett i.Tr.)

1. Die Möhre putzen, schälen und fein raspeln. Den Grill auf höchster Stufe vorheizen.

2. Die Toastscheiben mit Butter bestreichen, Möhrenraspel und Sonnenblumenkernsprossen darauf verteilen. Mit je 1 Scheibe Käse belegen und unterm Grill 5 Min. überbacken, bis der Käse geschmolzen ist.

Käse-Bananen-Brot

Zubereitungszeit: 5 Min.

Für 2 Personen (pro Portion ca. 270 kcal)
60 g Cambozola
1 1/2 EL saure Sahne
2 Scheiben Vollkornbrot
1 Banane
4 Walnusshälften

1. Den Käse mit der Gabel zerdrücken und mit der sauren Sahne vermischen.

2. Die Brotscheiben dünn mit der Käsecreme bestreichen. Die Banane schälen, in Scheiben schneiden und die Brote damit belegen. Mit den Walnusshälften garnieren.

1 Käsewürfel mit Apfel und Fenchel

2 Schinken-Käse-Sandwich

3 Käsetoast mit Möhren

1

2

3

Früchte

Ob einheimische Früchte, Exoten oder Zitrusfrüchte: Obst ist gesund und sollte nach neuesten Ernährungsempfehlungen mehrmals täglich gegessen werden. Was steckt dahinter? Ganz einfach – die Fülle an lebenswichtigen Inhaltsstoffen. Je mehr Sie davon essen, desto besser für Ihre Gesundheit. Wer nicht nur einfach in einen Apfel beißen möchte, findet in diesem Kapitel tolle Ideen für fruchtige Desserts und praktische Tipps für Einkauf und Vorbereitung.

Rezepte mit Früchten

5 am Tag – das ist die Devise der Experten für Gemüse und Obst. Wer sich für die Trennkost entschieden hat, hält sich längst an diese Empfehlung. Denn neben Salat und Gemüse ist auch Obst unverzichtbar.

Das Geheimnis der süßen Früchte liegt unter der Schale. Aufgrund des hohen Wasseranteils hat Obst wenig Kalorien, enthält viele Vitamine, Mineralstoffe, sekundäre Pflanzenstoffe, Fruchtsäuren, Pektine, Gerbstoffe und leicht resorbierbare Kohlenhydrate.

Dieser Inhalt macht Obst so wertvoll. Besonders die zahlreichen sekundären Pflanzenstoffe gewinnen immer mehr an Bedeutung. Sie werden unter anderem als Farb-, Duft- und Geschmacksstoffe in Pflanzen gebildet und fördern unsere Gesundheit. Carotinoide sind gelbe und rote Farbstoffe. Aprikosen, Kiwis und Melonen enthalten besonders viel davon. Phenolsäuren geben Weintrauben den leicht herben Geschmack und Flavonoide verleihen Kirschen, Heidelbeeren und Himbeeren die typische Farbe.

Obst trennkostgerecht kombinieren

In der Trennkost gehört frisch geerntetes und säurereiches Obst zur Eiweißgruppe, obwohl Obst Basenbildner ist. Nach dem Trennkost-Prinzip stört der hohe Fruchtsäurenanteil die Verdauung von kohlenhydrathaltigen Lebensmitteln. Das bedingt auch die Zwitterstellung der Äpfel: frisch geerntet gehören sie in die Eiweißgruppe, abgelagert und mürbe wechseln sie in die Kohlenhydratgruppe.

Beerenfrüchte, Kernobst, Steinobst, Weintrauben und Zitrusfrüchte gehören ebenfalls in die Eiweißgruppe. Diese Früchte können mit Fleisch und Käse kombiniert werden. Eine Portion Erdbeeren, eine Mango oder ein Stück frische Ananas passt immer als Abschluss einer Eiweißmahlzeit.

Bananen, Feigen, Datteln, Trockenobst und mürbe, süße Äpfel gehören zur Kohlenhydratgruppe. Sie lassen sich gut mit Getreide, Reis, Hirse, Bulgur, Amaranth und Quinoa kombinieren. Jedes Kohlenhydratgericht können Sie mit frischen Feigen, einer Banane oder ein paar Trockenfrüchten süß beenden.

Ausnahmen sind Heidelbeeren und Rosinen, sie sind neutral und passen sowohl zu Lebensmitteln aus der Eiweiß- als auch aus der Kohlenhydratgruppe.

Die passenden Gewürze:

Agavendicksaft, Ahornsirup, Apfel- und Birnendicksaft, Frutilose, Honig, Ingwer, Kardamom, Kokosraspel, Pfefferminze, grüner Pfeffer, Vanilleschote, Zitronenmelisse, Zimtstangen und -pulver.

Frische sehen, riechen und schmecken

Die meisten Früchte sind das ganze Jahr über erhältlich, doch am besten schmecken sie, wenn sie Hochsaison haben. Ob Steinobst, Kernobst, Beeren, Zitrusfrüchte oder Exoten, es muss frisch aussehen und angenehm duften. Frisches Obst darf weder zu hart noch zu weich sein und sollte möglichst keine Druckstellen haben. Bitten Sie Ihren Obsthändler um eine Kostprobe. Das ist zwar nicht üblich, doch nur so können Sie prüfen und sicher sein, dass das Obst geschmacklich hält, was das makellose Äußere verspricht.

Obst vorbereiten

Waschen oder feucht abreiben – das genügt bei den einen Früchten, andere müssen Sie schälen oder häuten, entkernen oder entsteinen, in Spalten schneiden oder filetieren.

Entsteinen und entkernen

Ganze Äpfel oder Birnen lassen sich mit der scharfen Kante des Entkerners entkernen. Pfirsiche, Nektarinen und Aprikosen mit einem Messer an der Naht bis zum Stein durchschneiden. Die Hälften gegeneinander drehen und den Stein entfernen. Kirschen lassen sich mit Hilfe des Kirsch-Entsteiners vom Stein befreien. Trauben einfach halbieren und die Kerne mit der Messerspitze herauslösen.

Steinobst häuten

Pfirsiche und Nektarinen an einer Stelle kreuzweise einschneiden, mit kochendem Wasser übergießen und je nach Reifegrad kurz darin liegen lassen. Herausnehmen, Haut einfach abziehen, dann weiterverarbeiten.

In Spalten schneiden

Äpfel oder Birnen längs halbieren, vierteln, achteln oder je nach Rezept in noch dünnere Spalten schneiden. Dabei das Kerngehäuse herausschneiden.

Zitrusfrüchte filetieren

Die Schale mit einem Messer abschneiden. Mit einem scharfen Messer die Fruchtfilets aus den Trennhäuten herauslösen, dabei die Frucht über eine Schüssel halten, um den abtropfenden Saft aufzufangen.

Fruchtschalen zum Anrichten

Ausgehöhlte Melonen, Ananas und Zitrusfrüchte eignen sich hervorragend zum Anrichten von Desserts und Salaten. Am besten klappt es mit Melonen: Eine Melone in der Mitte mit einem scharfen Messer im Zick-Zack-Schnitt halbieren, mit einem Löffel von den Kernen befreien und mit einem Kugelausstecher das Fruchtfleisch herauslösen. Ein etwa 2 cm breiter Rand sollte dabei übrig bleiben. Die Unterseiten der Melonenhälften gerade abschneiden, damit sie nicht umkippen.

Früchte genießen

Normalerweise sollten Sie Obst möglichst unverarbeitet genießen. Doch wer die Abwechslung liebt, kann davon auch mal abweichen. Frische Früchte lassen sich vielseitig verwenden. Die Palette reicht von frisch gepressten Fruchtsäften über Obstalate, Kaltschalen und Kompott bis hin zu Milchshakes, Eis und Sorbets. Sie lassen sich einfrieren, trocknen, einkochen, zu Gelee und Marmelade verarbeiten, passen ins Müsli und verschönern als essbare Dekoration so manches Dessert. Um Ihr Obst-»Soll« zu erfüllen, müssen Sie also nicht (nur) an Äpfeln knabbern. Hier ein paar weitere Varianten – ganz frisch aus meiner Küche.

Melonensorbet

Für 2 Personen: 400 g Fruchtfleisch von 1 Netzmelone mit 2 EL Zitronensaft und 3 EL Agavendicksaft pürieren. 1 Stück Ingwer (haselnussgroß) fein hacken und unterrühren. Püree in einer Metallschüssel 2 Std. ins Gefrierfach stellen, ab und zu umrühren. In Sektkelche geben, mit etwas Sekt aufgießen und mit Minze garniert servieren.

Milchshakes

Für 2 Shakes 100 g frische Früchte (z. B. Erdbeeren, Himbeeren, Ananas, Orangen, Mango, Johannisbeeren, Brombeeren) mit 2 EL Frutilose pürieren, dann 300 g eiskalten Kefir untermixen.

Mit Heidelbeeren wird der Shake neutral, mit Banane gehört er zur Kohlenhydratgruppe.

Fruchteis

350 g gefrostete Früchte (z. B. Erdbeeren, Ananas, Orangen, Mango, Himbeeren, Brombeeren) kurz antauen lassen und mit 2 EL Ahornsirup pürieren. 50 g Sahne steif schlagen und unterziehen. Sofort servieren.

Mit Heidelbeeren wird das Eis neutral, mit Banane gehört es zur Kohlenhydratgruppe.

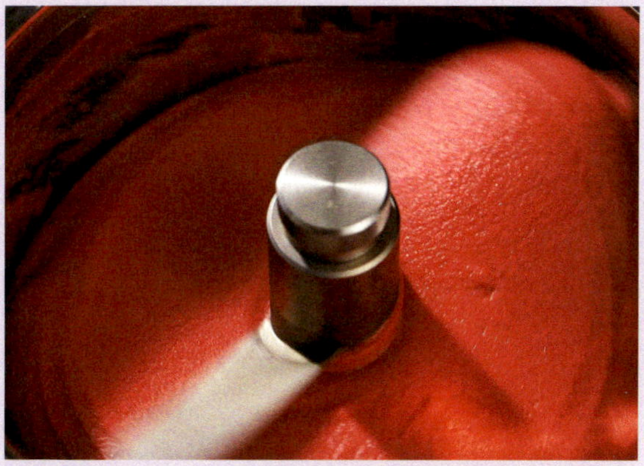

Feigen im Honigsud

Zubereitungszeit: 35 Min.
Kühlzeit ca. 2 Std.

Für 2 Personen (pro Portion ca. 85 kcal)
1 EL Honig
6 frische Feigen
1 unbehandelte Zitrone

1. 150 ml Wasser mit dem Honig in einen Topf geben und unter Rühren zum Kochen bringen.

2. Die Schale der Feigen vorsichtig abreiben. Feigen zum Honigwasser geben und zugedeckt bei schwacher Hitze 15 Min. köcheln lassen, dabei gelegentlich umrühren.

3. Die Zitrone waschen, abtrocknen und 1 EL Schale abreiben. Die Zitronenschale unter die Feigen rühren und die Feigen abkühlen lassen.

4. Das Feigenkompott in Schälchen servieren.

Variante:
Für Gäste die abgekühlten Feigen nach Belieben mit 2 EL Wodka abschmecken.

Heidelbeerkompott

Zubereitungszeit: 15 Min.
Kühlzeit ca. 30 Min.

Für 2 Personen (pro Portion ca. 100 kcal)
4 getrocknete ungeschwefelte Aprikosen
200 g Heidelbeeren
1 EL Honig
1 TL abgeriebene Schale einer unbehandelten Zitrone
1 geh. TL Speisestärke
einige Minzeblättchen

1. Die Aprikosen in kleine Würfel schneiden. Die Heidelbeeren verlesen, eventuell waschen und abtropfen lassen. Mit 350 ml Wasser, Honig und Zitronenschale aufkochen und 1 Min. kochen lassen.

2. Die Speisestärke mit wenig kaltem Wasser glatt rühren und unter die Heidelbeeren rühren. Nochmals 1 Min. kochen lassen. Die Aprikosenwürfel unterrühren und das Kompott abkühlen lassen.

3. Mit Minzeblättchen garniert servieren.

Apfelmus

Zubereitungszeit: ca. 25 Min.

Für 2 Personen (pro Portion ca. 125 kcal)
4 abgelagerte mürbe Äpfel
1 EL Frutilose
1 TL Zimtpulver

1. Die Äpfel schälen, vierteln und vom Kerngehäuse befreien. Die Apfelviertel mit 120 ml Wasser in einen Topf geben. Alles aufkochen und bei schwacher Hitze 10 Min. köcheln lassen.

2. Die Äpfel fein zerstampfen und mit dem Schneebesen locker aufschlagen. Frutilose und Zimtpulver unterrühren. In zwei Schälchen geben und kalt stellen.

Variante:
Apfelmus aus abgelagerten mürben Äpfeln zubereitet schmeckt gut gekühlt am besten und passt hervorragend zu süßen Nudeln, Reibekuchen oder anderen kohlenhydratreichen Gerichten.
Apfelmus aus säuerlichen Äpfeln können Sie dagegen als Dessert nach einer Eiweißmahlzeit verzehren.

Pfirsichsalat

Zubereitungszeit: 15 Min.

Für 2 Personen (pro Portion ca. 175 kcal)
3 EL ungeschwefelte Rosinen
4 Pfirsiche
(ersatzweise Nektarinen)
1 1/2 EL Honig

1. Die Rosinen mit kochendem Wasser überbrühen und 10 Min. ziehen lassen. Die Pfirsiche waschen, halbieren, von den Kernen befreien und in kleine Würfel schneiden. Die Rosinen abgießen.

2. Den Honig mit 1/8 l warmem Wasser verrühren, die Rosinen hinzufügen und alles mit den Pfirsichen mischen. Gut gekühlt servieren.

Varianten:
An Stelle von Pfirsichen können Sie auch Nektarinen, Aprikosen und Pflaumen klein würfeln und wie beschrieben zubereiten.
Gästen oder Familienmitgliedern, die nicht bei der Trennkost mitmachen, können Sie den Salat mit einer Kugel Vanille- oder Walnusseis servieren.

Bananen-Dickmilch-Eis mit Heidelbeersauce

Zubereitungszeit: 15 Min.
Gefrierzeit: 3 Std.

Für 2 Personen (pro Portion ca. 165 kcal)
2 vollreife Bananen
150 g Heidelbeeren (frisch oder tiefgekühlt)
2 EL Ahornsirup | 100 g eiskalte Sahnedickmilch
2 TL gehackte Pistazienkerne

1. Die Bananen schälen und auf einem Teller etwa 3 Std. ins Tiefkühlfach stellen.
2. Die Heidelbeeren verlesen, eventuell waschen und abtropfen lassen. Die Beeren mit 2 EL Wasser und 1 EL Ahornsirup pürieren und kalt stellen.
3. Die Bananen aus dem Tiefkühlfach nehmen und in Stücke schneiden. Mit der Sahnedickmilch und dem restlichen Ahornsirup im Mixer pürieren.
4. Das Bananeneis in zwei Dessertgläser füllen und das Heidelbeerpüree darüber geben. Mit Pistazien bestreut servieren.

Variante:
Statt Sahnedickmilch können Sie auch jeweils 50 g saure Sahne und Joghurt mit den Bananen pürieren.

Bananen mit Dattel-Mascarpone-Creme

Zubereitungszeit: 15 Min.

Für 2 Personen (pro Portion ca. 625 kcal)
6 Datteln
1 frisches Eigelb
2 EL flüssiger Honig
2 EL Birnengeist (ersatzweise Birnensaft)
150 g Mascarpone
2 Bananen
2 TL gehackte Pistazienkerne

1. Die Datteln in kleine Stücke schneiden. Das Eigelb mit Honig und Birnengeist cremig verschlagen. Den Mascarpone esslöffelweise unterrühren und die Dattelstücke untermischen.
2. Die Bananen schälen, in Scheiben schneiden und auf zwei Desserttellern anrichten.
3. Die Mascarponecreme auf den Bananenscheiben verteilen und mit Pistazien bestreuen.

Birnenjoghurt »geeist«

Zubereitungszeit: 20 Min.
Gefrierzeit: 1 Std.

Für 2 Personen (pro Portion ca. 240 kcal)
2 reife Birnen
1 Zimtstange
1 EL Honig
300 g Sahnejoghurt
3 TL Mandelblättchen

1. Die Birnen vierteln, schälen und vom Kerngehäuse befreien. Die Birnenviertel mit 80 ml Wasser, Zimtstange und Honig in einen Topf geben. Alles aufkochen und zugedeckt bei schwacher Hitze 10 Min. köcheln lassen.

2. Die Zimtstange entfernen und die Birnen mit dem Pürierstab pürieren. Das Birnenpüree abkühlen lassen und mit dem Joghurt verrühren. Den Birnenjoghurt 1 Std. ins Tiefkühlfach stellen und zwischendurch mehrmals umrühren.

3. Die Mandelblättchen in einer kleinen Pfanne ohne Fett goldbraun rösten. Den Birnenjoghurt anrichten und mit Mandelblättchen bestreuen und servieren.

Haselnuss-Zimt-Joghurt

Zubereitungszeit: 15 Min.

Für 2 Personen (pro Portion ca. 250 kcal)
2 leicht geh. EL gemahlene Haselnüsse
3 TL flüssiger Honig
300 g Sahnejoghurt
Zimtpulver
6 Haselnusskerne

1. Die gemahlenen Nüsse in einer kleinen Pfanne ohne Fett rösten, bis sie duften.

2. Den Honig mit dem Joghurt cremig verrühren. Die gerösteten Nüsse und 2 TL Zimtpulver zugeben und untermischen.

3. Den Haselnuss-Zimt-Joghurt in zwei Dessertgläsern anrichten. Mit 1 Prise Zimtpulver bestäuben und mit den Haselnusskernen garnieren.

Variante:
Dieses Dessert können Sie auch mit Sahnedickmilch zubereiten oder mit kernigen Haferflocken verrühren und dann als Müsli zum Frühstück oder nachmittags als Snack mit Banane servieren.

Erdbeer-Joghurt-Sorbet

Zubereitungszeit: 20 Min.
Gefrierzeit: ca. 1 Std.

Für 2 Personen (pro Portion ca. 310 kcal)
300 g Erdbeeren
3 EL Ahornsirup
125 g Sahne
100 g Joghurt

1. Die Erdbeeren waschen, putzen und in einem Sieb abtropfen lassen. Einige Erdbeeren beiseite legen, die übrigen klein schneiden und in eine Metallschüssel geben. 2 EL Ahornsirup darüber träufeln.

2. Die Beeren erst etwas Saft ziehen lassen, dann etwa 3 Std. ins Tiefkühlfach stellen, dabei gelegentlich umrühren.

3. Die Erdbeeren im Mixer pürieren. Die Sahne steif schlagen.

4. Den Joghurt mit dem übrigen Ahornsirup verrühren. Das Erdbeerpüree untermischen und die Sahne unterheben.

5. Das Sorbet in hohen Gläsern anrichten und mit den beiseite gelegeten Erdbeeren garnieren.

Obstsalat mit Zitronen-Joghurt-Sauce

Zubereitungszeit: 15 Min.

Für 2 Personen (pro Portion ca. 170 kcal)
2 EL ungeschwefelte Rosinen
250 g Beeren (z. B. Erdbeeren, Himbeeren, Johannisbeeren oder Brombeeren)
1/2 Netzmelone
1 EL Zitronensaft
2 EL Frutilose
150 g Joghurt
einige Minzeblättchen

1. Die Rosinen mit kochendem Wasser überbrühen, 10 Min. ziehen lassen.

2. Die Beeren putzen, waschen und in eine Schüssel geben. Die Melone mit einem Löffel von den Kerne befreien, in kleine Würfel schneiden und zu den Beeren geben.

3. Die Rosinen abgießen und unter den Obstsalat mischen. Den Obstsalat in zwei Dessertgläser geben.

4. Zitronensaft und Frutilose mit dem Joghurt verrühren und über den Obstsalat gießen. Mit der Minze garnieren.

Marinierte Kiwis

Zubereitungszeit: 15 Min.

Für 2 Personen (pro Portion ca. 115 kcal)
2 Orangen
3 Kiwis
2 EL Wodka
2 EL Frutilose
2 TL Kokosraspel

1. Eine Orange schälen und die Fruchtfilets mit einem scharfen Messer zwischen den Trennhäuten herauslösen.

2. Die Kiwis schälen und in Scheiben schneiden. Die Kiwischeiben fächerartig auf zwei Tellern anrichten.

3. Die zweite Orange halbieren und den Saft auspressen. Den Orangensaft mit Wodka und Frutilose verrühren. Die Marinade über die Kiwis träufeln.

4. Die Kiwischeiben mit den Orangenfilets garnieren und mit den Kokosraspeln bestreuen.

Variante:
Für dieses Dessert können Sie statt Kiwis auch Orangen in Scheiben schneiden. Diese mit Orangenlikör beträufeln und mit Pistazien bestreuen.

Orangen-Trauben-Salat mit Mascarpone

Zubereitungszeit: 15 Min.

Für 2 Personen (pro Portion ca. 535 kcal)
2 Orangen | 200 g Weintrauben
einige Tropfen Wodka (nach Belieben)
Für die Creme:
1 TL Zitronensaft
2 EL Wodka (ersatzweise Orangensaft)
2 EL Ahornsirup
150 g Mascarpone
3 TL gehackte Pistazienkerne
einige Minzeblättchen

1. Die Orangen schälen, in dünne Scheiben schneiden und auf zwei Desserttellern dachziegelartig anrichten.

2. Die Trauben waschen, halbieren, eventuell entkernen und auf den Orangenscheiben verteilen. Mit Wodka beträufeln und kalt stellen.

3. Den Zitronensaft mit Wodka, Ahornsirup und Mascarpone verrühren. Die Mascarponecreme auf die Früchte geben.

4. Mit Pistazien bestreuen und mit Minze garnieren.

Mandarinen-Trauben-Salat mit Quarkcreme

Zubereitungszeit: 15 Min.

Für 2 Personen (pro Portion ca. 330 kcal)
6 Mandarinen
100 g blaue Weintrauben
2 EL Himbeergeist (ersatzweise Himbeersirup)
125 g Quark (40 % Fett i.Tr.)
2 EL Ahornsirup

1. Die Hälfte der Mandarinen schälen, in Spalten teilen und 4 Spalten zum Garnieren beiseite legen. Die übrigen Mandarinenspalten in grobe Würfel schneiden.

2. Die Trauben waschen, von den Stielen zupfen und 4 Trauben beiseite legen. Die übrigen halbieren und entkernen.

3. Mandarinenwürfel und Traubenhälften in einer Schüssel mischen, mit Himbeergeist begießen und 5 Min. ziehen lassen.

4. Die restlichen Mandarinen auspressen. Den Quark mit Mandarinensaft und Ahornsirup verrühren.

5. Den Mandarinen-Trauben-Salat in zwei Dessertgläsern anrichten und den Quark darüber geben. Mit den restlichen Mandarinen und Trauben garnieren.

Mein Tipp

Obstsalat – saisonal variiert

Nutzen Sie das saisonale Angebot und mixen Sie, was die Natur hergibt: im Herbst beispielsweise blaue und weiße Weintrauben mit Zwetschgen und gehackten Walnüssen.

Im Winter schmeckt der Mix aus Orangefilets und Filets von rosa Grapefruits und gehackten Pistazienkernen. Die Quarkcreme passt zu beiden Obstsalaten.

Gebratene Kokosananas mit Rumsahne

Zubereitungszeit: 15 Min.

Für 2 Personen (pro Portion ca. 215 kcal)
2 frische Ananasscheiben
2 EL Kokosraspel
50 g Sahne
1 EL weißer Rum (nach Belieben)
1 EL Ahornsirup
1 EL Butter

1. Die Ananasscheiben schälen, von den braunen Augen und dem mittleren Strunk befreien.

2. Die Kokosraspeln auf einen Teller geben und die Ananas darin wenden.

3. Die Sahne steif schlagen. Nach Belieben den Rum und Ahornsirup tropfenweise unterrühren.

4. Die Butter in einer beschichteten Pfanne erhitzen und die Ananasscheiben darin bei schwacher Hitze von beiden Seiten jeweils 3–4 Min. braten.

5. Die Ananas mit der Sahne dekorativ anrichten und servieren.

Variante:
Für Honigbananen 2 Bananen schälen und jeweils längs halbieren. In einer Pfanne 1 EL Butter und 1 El Honig erhitzen. Die Bananenhälften dazugeben und darin bei mittlerer Hitze 2 Min. braten und auf Tellern anrichten. Nach Belieben mit Kokosraspeln bestreuen. Die Honigbanane ist ein Kohlenhydrat-Dessert und als süßer Abschluss für eine Kohlenhydratmahlzeit gut geeignet.
Für Gäste die Bananen auf Desserttellern anrichten und jeweils mit einer Kugel Schokoladen- oder auch Kokoseis servieren.

Ziegenkäse mit Früchten

Zubereitungszeit: 15 Min.

Für 2 Personen (pro Portion ca. 515 kcal)
100 g blaue Weintrauben
1 Birne
1 EL Zitronensaft
12 Litschis
150 g halbfester Ziegenkäse

1. Die Trauben waschen, von den Stielen zupfen, halbieren und entkernen.

2. Die Birne waschen, vierteln, vom Kerngehäuse befreien und in kleine Würfel schneiden. Sofort mit dem Zitronensaft beträufeln.

3. Die Litschis schälen und vom Kern befreien.

4. Den Käse mit den Früchten dekorativ auf zwei Tellern anrichten. Wenn Sie es pikanter mögen, können Sie den Salat auch mit etwas frisch gemahlenem Pfeffer bestreuen.

Variante
Für Gäste den Fruchtsalat nach Belieben zusätzlich mit Apfelstückchen oder anderem Obst der Saison zubereiten. 1/2 TL frischen, fein gehackten Ingwer und 2 EL grob gehackte Walnüsse darüber streuen und statt Ziegenkäse einen etwas festeren Blauschimmelkäse darüber bröckeln.

1

2

3

1 Ziegenkäse mit Früchten
2 Gebratene Kokosananas mit Rumsahne
3 Mandarinen-Trauben-Salat mit Quarkcreme

Glossar

Agavendicksaft

Dieses Süßungsmittel wird aus der Blauen Agave gewonnen. Es ist ein guter Ersatz für Zucker, hat eine stärkere Süßkraft und ist sparsam im Verbrauch. Der Dicksaft, chemisch ein Einfachzucker, wird vom menschlichen Körper leicht verwertet und schnell in Energie fürs Gehirn und für die Muskeln umgewandelt. Wie andere alternative Süßungsmittel gehört auch er in die Kohlenhydratgruppe.

Basenbildner

Basen sind alkalische Mineralien. Kalium, Kalzium, Natrium und Magnesium sind am wichtigsten, da sie einen Säureüberschuss im Körper neutralisieren können. Sie sind reichlich in grünem Gemüse und Wurzelgemüse, Obst, Sprossen, Keimen sowie in Kernen und Samen enthalten. Bei Basenmangel baut der Körper seine Depots in Knochen und Gewebe ab.

Cidre

Cidre ist ein erfrischendes alkoholisches Getränk aus Äpfeln und gehört zur Eiweißgruppe. Das Getränk gibt es in zwei Geschmacksrichtungen: Cidre brut ist leicht herb und hat etwa vier Prozent Alkohol. Cidre doux mit zwei Prozent Alkohol schmeckt etwas lieblicher.

Fette

Besonders die gehärteten Fette sollten Sie in der Trennkost meiden. Ihr Anteil an Trans-Fettsäuren lässt den Cholesterinspiegel ansteigen. Achten Sie auf die Zutatenliste, denn gehärtete Fette sind auch in Fertigprodukten, Eis, Schokolade, Süßwaren, Platten- und Frittierfetten enthalten. Empfehlenswert sind in der Trennkost dagegen Butter, ungehärtetes Kokosfett oder andere ungehärtete Pflanzenfette aus dem Reformhaus, allerdings nur in kleinen Mengen.

Fruchtjoghurt

Joghurt mit Zucker und Obst vermischt lässt sich in der Trennkost schwer einordnen. Denn das Obst enthält zwar kein Eiweiß, braucht zur Verdauung jedoch ein saures Milieu, während der Zucker ein basisches benötigt. Das kann zu Verdauungsproblemen führen. Eine gute Alternative sind Joghurt mit Heidelbeeren aus der neutralen Gruppe oder Joghurt mit Früchten aus der Kohlenhydratgruppe, z. B. Bananen und Trockenfrüchten, gesüßt mit Honig oder Ahornsirup.

Gesäuerte Milchprodukte

Sie sind zwar eiweißreich, gehören jedoch zur neutralen Gruppe. Besonders beliebte Produkte sind Buttermilch, Kefir, Joghurt und Quark. Bei der Herstellung werden der schwer verdaulichen Milch Milchsäurebakterien zugesetzt, wodurch die Milch verändert und somit leichter verdaulich wird.

Milch

Der Fettgehalt spielt keine Rolle: Milch zählt immer zur Eiweißgruppe und sollte nicht mit Kohlenhydraten kombiniert werden. Im sauren Milieu des Magens gerinnt sie, bildet einen Käseklumpen und wird schwerverdaulich. Kuhmilchallergiker können Soja- oder Ziegenmilch verwenden. Sojamilch ist eiweißreich, enthält viele essenzielle Aminosäuren, aber weniger Kalzium als Kuhmilch. Ziegenmilch hat dagegen weniger Eiweiß und Fett als Kuhmilch, dafür mehr Spurenelemente und Mineralstoffe. Für Kinder bis zu 12 Monaten ist Ziegenmilch jedoch ungeeignet.

Milchersatz

Zur Zubereitung von Kartoffelpüree, Gratins, Pudding, Pfannkuchen oder Müsli ist statt Milch eine Mischung aus einem Drittel Sahne und zwei Dritteln Wasser ideal, da diese Mischung neutral ist. Im gleichen Verhältnis können Sie Soja Creme mit Wasser mischen und als neutralen Milchersatz verwenden.

Säurebildner

Eiweiße und Kohlenhydrate verstärken die Säurebildung im Körper. Auch Ärger und Stress treiben den Säurespiegel in die Höhe. Deshalb zum Neutralisieren mehr Basenbildner, also Obst und Gemüse, essen.

Schokolade

Dieses Genussmittel, das das Glückshormon Serotonin im Körper ansteigen lässt, enthält viel Zucker, Kakao und Fett. Wenn Sie auf Schokolade nicht verzichten können, dann greifen Sie zu einer Sorte mit einem Kakaoanteil von 60 bis 70 Prozent und genießen diese nur in winzigen Mengen.

Tatar

Das rohe Schabefleisch vom Rind ist zwar durch diverse Fleischskandale in Verruf geraten. Doch wer es gerne isst und Vertrauen zu seinem Metzger hat, sollte sich diesen Genuss gelegentlich gönnen. Denn neben Enzymen enthält rohes Fleisch auch Vitamin D und es gehört zur neutralen Gruppe. Das gilt auch für Rinder-Carpaccio. Bei dieser italienischen Spezialität wird rohes Rinderfilet in hauchdünne Scheiben geschnitten, mit Olivenöl bestrichen und mit Parmesanspänen bestreut.

Rezeptregister

■ = Eiweißgerichte
■ = Kohlenhydratgerichte
■ = Neutrale Gerichte

Genehmigte Lizenzausgabe für Verlagsgruppe Weltbild GmbH, Steinerne Furt, 86167 Augsburg

Redaktionsleitung: Birgit Rademacker
Redaktion: Nina Pohlmann
Lektorat: Dipl. oec. troph. Maryna Zimdars
Umschlaggestaltung: Maria Seidel, atelier-seidel.de
Herstellung: Petra Roth
Satz: Knipping Werbung GmbH, München
Titelfoto: Michael Brauner
Autorenfoto: Gaby Gerster

Foodfotografie: Michael Brauner, außer: Dirk Albrecht: S. 146; Foodfotographie Eising: S. 92 (oben links); Gaby Gerster: S. 4; GU: S. 9 (Tom Roch), 10 (Manfred Jahreiß), 14 (Studio Schmitz); Kai Mewes: S. 18, 131; Jörn Rynio: S. 8, 94, 95, 111 (2. von rechts), 128 (oben links); Reiner Schmitz: S. 66 (oben links, unten rechts); Stockfood/Eising: S. 22 (unten rechts), 36 (unten rechts), 52 (unten rechts), 108 (unten links), 144 (unten rechts); Stockfood/Studio Adna: S. 52 (oben links); Teubner: S.39, 55, 69, 95, 179, 111 (1. und 2. von links)

Druck und Bindung: Appl, Wemding
Printed in the EU
978-3-8289-4302-5

2014 2013 2012
Die letzte Jahreszahl gibt die aktuelle Lizenzausgabe an.

Weitere Informationen zu Ursula Summ und zum Thema Trennkost finden Sie im Internet unter: **www.trennkost.de**

Der Fotograf Michael Brauner
Nach Abschluss der Fotoschule in Berlin arbeitete er als Fotoassistent bei namhaften Fotografen in Frankreich und Deutschland und machte sich 1984 selbstständig. In seinem Studio in Karlsruhe setzt er die Rezepte zahlreicher GU-Titel stimmungsvoll ins Bild.